ANALYSIS AND PROSPECT OF
ECONOMIC DEVELOPMENT

拉丁美洲和加勒比
经济发展分析与展望
（2019）

IN LATIN AMERICA AND
CARIBBEAN IN 2019

陈朝先　刘学东　主编

社会科学文献出版社
SOCIAL SCIENCES ACADEMIC PRESS (CHINA)

本书获得教育部国别和区域研究培育基地
——西南科技大学拉美研究中心资助

目 录

地区报告

国别报告

专题报告

地区报告

拉美和加勒比地区 2018 年以来
经济形势分析与展望

刘学东 *

摘 要：2018 年，除了极少数国家之外，拉美和加勒比地区大部分经济体延续了之前的低水平运行状态，根据联合国拉丁美洲和加勒比经济委员会的初步计算，经济增长速度仅为 0.9%，比 2017 年降低了 0.2 个百分点。2019 年，在面临内外不利因素影响的情况下，该地区经济增长会进一步走低。与 2018 年同期相比，2019 年第 1 季度初步数据显示，全地区经济增长速度下降了 0.1 个百分点。根据联合国拉丁美洲和加勒比经济委员会 2019 年 7 月的预测，拉丁美洲与加勒比地区 2019 年的经济增长仅为 0.5%，与 2018 年年底预期数据（1.7%）相比，下调了 1.2 个百分点，而与实际数据相比，则下降了 0.4 个百分点。可以预测的是，2019 年以后拉美和加勒比地区经济不仅继续面临低水平运行压力，而且将会出现低水平运行下的进一步减速。

关键词：拉美和加勒比地区 经济增长 财政政策 货币政策

一 拉美和加勒比地区 2018 年以来经济发展特点

拉丁美洲和加勒比地区（以下简称"拉美地区"）整体经济在经历过 2015 年、2016 年两年连续衰退之后，2017 年呈现 1.1% 的增长速度，

---

* 刘学东，现为墨西哥国立自治大学终身教授，西南科技大学拉美研究中心特聘教授、博士生导师，主要从事土地制度变更与城市建设、汇率制度与货币政策对经济发展的影响等研究。

由此开始了缓慢的经济恢复过程。但是，2018年4月份之后，在本币大幅贬值打击之下，阿根廷又重新陷入经济负增长，到2019年第1季度为止，已经连续4个季度经济衰退。受其影响，南美地区各国经济也表现出一定程度的减速。因此，尽管国际市场上的原油以及其它当地出口的主要大宗商品价格进入回升轨道，但是在2018年里，该地区经济增长则出现回落迹象，初步数据显示经济增速仅为0.9%。

根据联合国拉丁美洲和加勒比经济委员会（以下简称"拉美经委会"，CEPAL）发布的《2019年拉丁美洲和加勒比经济研究》，2019年第1季度数据已经出炉，从该地区一些主要国家的经济运行情况来看，经济增长速度明显低于预期，综合来讲，目前呈现如下几大基本特点。

第一，面对严峻的全球经济发展放缓形势，尤其是在贸易保护主义抬头以及世界主要经济体之间贸易摩擦不断升级的情况下，拉美地区各国的经济发展遇到了严重挑战，极有可能的情况是，将会在连续两年低水平增长的情况下进一步减速，并且各国之间存在较大差异。

除了极少数几个经济体之外，拉美地区各国经济增长对外依赖性较强，并且其出口产品往往过于单一①。目前，在全球经济增长速度放缓，贸易保护主义日益加剧的态势下，这些经济体将承受财政收入减少和经济增长低水平运行的双重压力。

表1具体反映了拉美地区17个国家的主要贸易伙伴的经济发展状况，这有助于我们详细了解外部经济发展环境对拉美国家的影响。2013

---

① 拉美经委会的调查报告指出，根据2000~2013年经济发展的平均数据，尽管出口依赖属于该地区经济结构的一个重要特点，但是具体到各个经济体，对外出口所依赖的产品往往表现出较大差异。其中：阿根廷、巴拉圭和乌拉圭属于农产品出口依赖国家，净出口指数位居该地区前列，都在40以上；智利、秘鲁则在矿产资源和金属产品出口方面表现突出；委内瑞拉、玻利维亚、哥伦比亚与厄瓜多尔则严重依赖原油出口贸易。正是这个原因，2017年以来，随着国际市场上原油价格的缓慢回升，石油净出口国的贸易条件累积改善了13%，与此同时，矿产资源净出口国和农产品贸易依赖经济体，则分别仅仅提高了3%和2%。另外，由于中美洲国家和加勒比地区（特里尼加和多巴哥除外）属于石油产业净进口国和粮食净进口国，其贸易条件则分别恶化了2.0%和0.3%。具体分析，可参阅CEPAL，"Estudio Económico de América Latina y el Caribe 2018，Evolución de la inversión en América Latina y el Caribe：hechos estilizados，determinantes y desafíos de política"，第48~49页，2018。

年到 2019 年，拉美经济体各自贸易伙伴经济增长速度整体下降了 0.2 个百分点，其中南美地区更是下降 0.4 个百分点，而中美与墨西哥地区则改善了 0.2 个百分点。从国别来看，变化较大的是巴拿马，由 2013 年的 2.5% 降至 2019 年的 0.6%，幅度达 1.9 个百分点，降幅其次按顺序则分别是巴拉圭（0.9 个百分点）、玻利维亚和乌拉圭（均为 0.7 个百分点）。

表 1　2013～2019 年拉美地区和国家各自贸易伙伴的经济平均增长速度*

单位：%

	2013	2014	2015	2016	2017	2018	2019**
南美地区	3.2	2.8	2.9	2.5	3.4	3.1	2.8
阿根廷	3.1	2.4	2.0	2.1	3.0	3.0	2.9
玻利维亚	2.9	1.1	1.2	0.9	2.7	1.9	2.2
巴西	3.3	2.9	3.3	2.8	3.6	3.1	2.8
智利	3.7	3.4	3.4	3.2	3.7	3.5	3.3
哥伦比亚	2.8	2.9	2.6	1.7	2.8	2.5	2.2
厄瓜多尔	2.6	2.5	2.7	2.3	2.9	3.2	2.9
巴拉圭	2.7	1.5	0.3	0.0	2.4	1.7	1.8
秘鲁	3.1	3.2	3.1	3.0	3.7	3.7	3.4
乌拉圭	2.9	1.8	1.5	1.2	2.8	2.3	2.2
中美与墨西哥地区	2.1	2.5	2.8	1.7	2.4	2.7	2.3
哥斯达黎加	2.5	3.0	3.2	2.3	2.8	2.4	2.2
萨尔瓦多	2.5	3.1	3.4	2.6	3.0	2.5	2.2
危地马拉	2.4	2.5	2.9	2.4	3.0	2.5	2.2
洪都拉斯	2.4	2.6	2.7	2.1	2.4	2.1	1.8
墨西哥	2.1	2.5	2.8	1.7	2.4	2.8	2.4
尼加拉瓜	1.8	2.1	2.4	1.6	2	2.2	1.8
巴拿马	2.5	2.0	2.0	1.0	1.2	1.1	0.6
多米尼加共和国	2.3	2.4	2.7	2.1	2.5	2.7	2.4
拉美地区	2.7	2.7	2.8	2.1	2.8	2.8	2.5

注：* 这里拉美地区国家外部环境数据是以它们各自对贸易伙伴国的出口结构作为权重，并结合它们的经济增长速度而计算出的平均水平。

** 2019 年数据为预测值。

资料来源：CEPAL, La Comisión Económica para América Latina y el Caribe, 2019，第 47 页。

除极少数国家外，拉美经济体 2019 年第 1 季度在上年低增长的情况下经济进一步减速。从次区域看，经济增长速度延续了历史上的不平衡发展局面。其中，2019 年第 1 季度数据显示，南美地区在阿根廷负面因素影响之下经济衰退，经济增长速度为 - 0.7%，明显低于上年同期的 1.5% 水平。在 10 个经济体中，4 个已经处于负增长（委内瑞拉、阿根廷、巴拉圭和乌拉圭），其余 6 个国家中，玻利维亚处于领先地位，2019 年第 1 季度的经济增长速度为 4.0%。与此同时，中美洲地区，经济增长速度达 3.3%，比 2018 年同期下降了 0.7 个百分点。如果将墨西哥考虑在内，该地经济增长速度为 1.5%，基本与 2018 年持平。①

从全地区具体国别来看，多米尼加共和国依然如过去十几年一样，继续引领该地区的经济发展速度，2019 年第 1 季度增长速度达 5.7%。玻利维亚位居第二，巴拿马、危地马拉和哥伦比亚则分别处于第三、第四和第五，达 3.1%、3.0% 和 2.8%。经济发展陷入衰退状态的国家中，除了南美地区的 4 个经济体之外，中美洲地区的尼加拉瓜经济也处于负增长。余下的国家则居于 0.6% ~2.6%②，该地区的前两大经济体，巴西和墨西哥则在连续两年经济低增长的情况下，呈现明显的进一步减速，分别为 0.5% 和 1.2%③（见表 2）。

面对不利的外部条件以及 2019 年度第 1 季度的低速增长表现，国际上的主要多边经济组织，譬如国际货币基金组织、世界银行以及拉美经委会等，自 2019 年 4 月份以来，纷纷对其前期的经济增长预测做出调整，而拉美地区的经济增长速度更是被不断调低。其中，拉美经委会则是从

---

① CEPAL, "2019 Estudio Económico de América Latina y el Caribe El nuevo contexto financiero mundial: efectos y mecanismos de transmisión en la región", 第 17 页。

② CEPAL, "Estudio Económico de América Latina y el Caribe El nuevo contexto financiero mundial: efectos y mecanismos de transmisión en la región", 2019, 第 55~56 页。

③ 拉美经委会在其 2019 年度经济形势分析报告中指出，墨西哥第 1 季度的经济增长速度为 1.2%。需要指出的是，该数据没有考虑到季节性因素（2018 年，圣周期间是在 3 月份；2019 年，则为 4 月份），如果剔除季节性因素影响，墨西哥第 1 季度增长速度仅为 0.3%。更为严重的是，根据墨西哥国家地理、统计与信息局公布的数据，与第 1 季度数据相比，剔除季节因素影响，第 2 季度经济增长速度为零。

表2 2017年第1季度至2019年第1季度拉美地区主要国家经济增长季度数据

单位：%

	2017 – I	2017 – II	2017 – III	2017 – IV	2018 – I	2018 – II	2018 – III	2018 – IV	2019 – I *
阿根廷	0.3	2.1	3.8	4.5	4.1	– 3.8	– 3.7	– 6.1	– 5.8
玻利维亚	3.3	3.8	4.3	5.2	4.9	4.8	4.0	3.3	4.0
巴西	0.1	0.6	1.4	2.2	1.2	0.9	1.3	1.1	0.5
智利	– 0.4	0.4	2.0	3.0	4.7	5.3	2.6	3.6	1.6
哥伦比亚	1.2	1.3	1.6	1.3	2.0	2.9	2.6	2.7	2.8
哥斯达黎加	3.7	3.7	2.8	3.4	3.0	3.8	2.5	1.4	4.8 **
厄瓜多尔	1.7	2.1	2.9	2.8	1.8	1.4	1.5	0.8	0.2 ***
危地马拉	3.2	2.2	2.7	2.9	1.8	3.6	3.6	3.5	3.0
墨西哥	3.5	1.9	1.5	1.5	1.2	2.6	2.5	1.7	1.2
巴拿马	6.6	5.1	5.2	4.4	4.0	3.1	3.6	4.0	3.1
巴拉圭	7.8	2.4	4.6	5.0	5.4	6.6	1.4	1.2	– 2.7
秘鲁	2.2	2.5	2.9	2.4	3.2	5.5	2.4	4.8	2.3
多米尼加共和国	5.5	3.1	3.1	6.5	6.6	7.2	7.4	6.6	5.7

注：* 拉美经委会2019年7月份经济报告数据。

** 哥斯达黎加数据是2019年1~4月份经济活动月度数据（Índice Mensual de Actividad Económica，IMAE）。

*** 厄瓜多尔为2019年年度预测数据。

资料来源：CEPAL，"Estudio Económico de América Latina y el Caribe 2019，Ecuador"，第5页，2019；CEPAL，"Estudio Económico de América Latina y el Caribe 2019，Costa Rica"，第5页，2019。

2018年12月底的1.7%，降至2019年4月份的1.3%，在7月份的经济形势分析中，该地区的整体增长速度又进一步下调至0.5%，即在半年多的时间里，减少了1.2个百分点。

第二，在2018~2019年两年时间里，拉美地区大部分国家都先后迎来总统选举，由此极有可能会在各国许多方面产生相关不确定性因素，将会对正常的投资环境稳定和经济发展造成程度不同的影响。

自 2017 年底至 2019 年 10 月，在 20 个传统拉美地区国家中①，14 个即接近 3/4 先后举行总统选举，产生政府更替，具体来讲，包括智利、洪都拉斯、哥斯达黎加、巴拉圭、哥伦比亚、墨西哥、巴西、委内瑞拉②、玻利维亚、阿根廷、乌拉圭、萨尔瓦多、巴拿马和危地马拉共 14 个国家。古巴也在该期间进行政府改选，因此，仅尼加拉瓜、多米尼加、海地、厄瓜多尔和秘鲁 5 国不在该范围。

譬如持左派执政理念的墨西哥现政府。2018 年 12 月 1 日，面对参加其就职典礼的各国政要和嘉宾，墨西哥总统洛佩斯在该国下议院的政府交接仪式上反复阐明，实施 30 多年的新自由主义经济政策，不仅给墨西哥带来了经济发展的低速增长，年均只有 2% 左右，而且还造成了进一步的收入分配不公和贫困。同时，各级政府腐败现象也日益严重，社会安全问题越来越超出人们的忍受能力，进一步拖累了经济发展和人民生活的改善。为此，他誓言在其执政期间，力主与新自由主义思想彻底决裂，坚决摒弃带有新自由主义色彩的经济政策。

执政理念完全不同的巴西新政府，则在许多方面表现出较大的相似性。博索纳罗总统提出了与社会主义完全脱钩的主张，提出要同社会治安严峻、腐败现象与低速经济发展做斗争，取消任何特权。为了彻底消除前期工党执政时留下的影响，博索纳罗宣布在其执政期间，将以宪法作为指导思想，秉持"上帝和巴西至上"原则。在上任当天进行的全民演讲中，博索纳罗更是祭出巴西国旗，高呼"国旗颜色永远不会成为红色"，以此作为同工党和左派政治主张相异的标志。

拉美一些国家在政府更替期间尤其是执政党发生变化之时，短期内投资环境变得不稳定，从而导致包括公共投资和私人投资在内的总量下

---

① 拉美经委会（CEPAL）成立于 1948 年，最初由 20 个成员国组成。其中南美地区 10 国：阿根廷、巴西、玻利维亚、智利、厄瓜多尔、哥伦比亚、秘鲁、巴拉圭、乌拉圭和委内瑞拉；中北美洲地区 7 国：哥斯达黎加、萨尔瓦多、危地马拉、洪都拉斯、墨西哥、尼加拉瓜和巴拿马；加勒比地区 3 国：古巴、海地与多米尼加共和国。其中，巴西官方用语为葡萄牙语，海地属于法语国家，其他 18 个经济体使用西班牙语。

② 按照规定，委内瑞拉大选日期为 2018 年 12 月，但是，由于国内政治经济形势严峻，大选提前至同年 5 月 20 日进行。

滑。再加上新政府在财政支出方面经验不足，也会导致财政预算执行不力以及资金往往不能及时到位，出现公共消费不足，进一步影响投资和消费对拉动经济增长的作用，从而使本来就处于减速状态的经济形势更为严峻。

第三，尽管新旧政府执政理念各不相同，但是各国宏观经济政策基本会保持不变，调整主要是微观上的，并且各个经济体之间差别不大。

首先，拉美地区现阶段的政府更替和执政理念变化，基本上是对以往政府执政不力和腐败严重的一种惩罚，因此，很难做出执政理念发生方向性、趋势性变化的判断（向左明显一些还是向右明显一些）。

其次，尽管新当选政府存在执政理念方面的诸多差异，不但在国家之间，而且与各自前任相比，围绕着国家扶持弱势群体、调整分配机制等问题上存在一定程度的区别；但是在提倡国际贸易自由、保持政府财政收支平衡、维护央行自治和货币政策制定实施的独立性、充分利用市场机制并刺激私人投资等诸多宏观经济政策领域，极有可能会沿袭各自前任的做法并在该地区范围内基本保持一致。

譬如，由于长期以来实施对外开放、贸易自由以及鼓励私人资本和外商投资等经济发展政策，目前墨西哥政府无法放弃之前的经济政策。在能源改革方面，目前做的只是暂停油区勘探与开采招标工作。在加强政府在收入分配领域的职能方面，新政府实施了一系列改善民生民计的措施。但由于经济发展不佳，税收政策延续不变，政府收入受到极大影响，收入分配中弱势群体的经济状况可能无法得到明显改善。因此，新自由主义经济政策，诸如提倡国际贸易自由、保持政府财政收支平衡、维护央行自治和货币政策制定实施的独立性、充分利用市场机制并刺激私人投资等基本领域，在实际中往往无法摒弃。[1]

---

① 法国政治学家阿拉因·鲁基耶（Alain Rouquié）在墨西哥学院接受科西奥奖章时指出，持左派执政理念的墨西哥总统属于后新自由主义者，这是因为他没有任何选择而必须执行自由主义经济政策，"他在执政一个国家之时，必须面对现实，只能接受或者继承那些对经济发展有利的方面，同时，改变那些可以改变的东西"。El País，"López Obrador es posneoliberal"，https：//elpais. com/internacional/2019/03/25/mexico/155353 4021_924591. html。

最后，各国新政府都把提高当地经济发展速度和改善民众生活作为各自经济政策的出发点。因此，不管是左派执政的国家，譬如墨西哥，还是右派执政的经济体，譬如巴西，都在制定和实施公共财政收支平衡并保障基础预算略有顺差的政策，在公共投资和公共消费方面，更是极力主张和实施节约以及低成本运行。从这个角度来看，该地区各个经济体之间制定和实施的主要公共经济政策，整体上维持了新自由主义所倡导的思想，与其保持了一致做法。

第四，2014 年至 2016 年，为了应对不利的外部增长环境，拉美地区各国纷纷提高了财政预算赤字和加大了外债使用力度，导致本轮新政府上台之后制定和实施财政政策空间大大缩小，从而进一步加大了经济下行压力（这部分将在接下来的"主要经济体财政政策制定与实施中所遇到的挑战"中进行具体分析）。

二 主要经济体财政政策制定与实施中所遇到的挑战

自 2014 年以来，随着国际市场上大宗商品价格的下滑，拉美地区国家面临极为不利的外部经济增长环境，由此导致它们不得不围绕财政政策做出较大调整。具体来讲，在公共财政收支平衡和调整内外债额度两个领域，分别制定和实施了相关促进经济发展的措施，但考虑到各个主要经济体负债率较高，为了防止各自主权债务投资级别的下滑，它们现在不得不采取较为保守的财政预算手段。因此，各国新政府经济下行压力增大，继续使用前期的各种相关财政政策，以及制定实施新政策的空间都受到极大限制。

（一）2014 年以来的经济增长波动下行

具体来讲，随着国际市场上大宗商品价格滑坡，拉美地区被迫进入了一个经济调整时期。由于拉美地区大多数国家经济结构较为单一，不少经济体对第一产业产品的出口依赖程度较高，在外部不利因素影响较大的冲击之下，经济发展很快出现了程度不同的放缓甚至负增长。

需要指出的是，本次的经济调整，该地区并没有出现20世纪80年代初的大衰退，也没有在根本上动摇经济发展的基础。实际上，除了巴西与阿根廷出现经济负增长之外，其他大多数拉美国家经济基本保持了发展势头。

经济发展水平相对稳定，大多数经济体没有出现负增长，应该归功于两个积极因素。其一，这个时期，国际金融市场的融资条件相对优惠。在对外贸易条件出现不利的情况下，出口减少和经济下滑造成财政收入萎缩，不少国家选择通过适度增加在国际金融市场的融资力度，部分缓解了其财政拮据状况。其二，2000年以来，主要新兴经济体的崛起和全球经济发展速度加快，特别是中国和印度等经济体快速发展，不仅带来了世界经济的繁荣，而且带来了国际贸易尤其是对大宗商品需求量的提高，单位价格也随之节节攀升。在这种情况下，高度依赖大宗商品出口的拉美各国收益颇丰，出现了短期财政收入增加。

但是，同一时期，各个国家在财政支出方面也纷纷加大了改善民生和收入分配不均方面的政策实施力度。这是因为，通过对80年代初以来新自由主义经济政策实施效果的反思，拉美地区不少国家开始了一个新的发展期，从而开启了新一轮的经济发展模式调整。在该调整时期，出现了政府执政理念的改变，巴西、阿根廷、玻利维亚以及委内瑞拉等国的新上任总统，基本秉持左派思想①，其突出特点则是在财政支出方面，加大了民生民计等方面的安排力度，强调政府力量在收入分配和减

---

① 在1988年至2014年，拉美地区举行的49次总统选举中，持左派执政理念的候选人获得22次胜利。除了墨西哥和哥伦比亚之外，该地区的主要经济体则由不同的左派总统执政，包括委内瑞拉的查韦斯、玻利维亚的莫拉莱斯、厄瓜多尔的科雷亚，以及阿根廷总统基什内尔夫妻。正是在此形势之下，BBC驻乌拉圭记者Larry Rohter开始使用"粉色浪潮"一词，用来代表当时拉美地区左派执政时期特点。Tine Aartun Sandersen，"Nosotrxs，El alza y la caída de la Marea Rosa en AL"，*El Sol de México*，17 de diciembre de 2018，https：//www.elsoldemexico.com.mx/analisis/nosotrxs – el – alza – y – la – caida – de – la – marea – rosa – en – al – 2812018.html；Francisco López Segrera，"América Latina：crisis del posneoliberalismo y ascenso de la nueva derecha"，*Ediciones CICCUS*，2016。

轻贫困中的作用。① 尽管如此，该地区的大多数国家，不管持左派执政理念还是持右派执政理念，对外开放、贸易自由以及鼓励私人资本和外商投资等带有新自由主义色彩的经济政策，依然是各个国家积极倡导的经济发展工具。它们之间的区别在于：那些持左派执政理念的经济体，在强调政府力量方面迈出的步伐较大，譬如巴西、玻利维亚、阿根廷等国；相反，其他个别经济体并没有做出相应调整或者调整甚微。换句话说，在这个时期，政府开支较大，但是，受益于同期国际市场大宗商品价格高企以及世界经济增长强劲，这些国家的财政收支状况较为健康，并由此为后期执政留下较多空间，即在大宗商品价格下降之时，可以通过适度增加财政赤字和国际金融市场融资两种方式，克服经济发展方面暂时遇到的瓶颈。

（二）提高财政支出来刺激经济增长（2013～2018 年）

拉美地区各国的财政收支数据显示，在国际市场大宗商品价格下滑影响之下，2014 年的政府全部支出额度（包括基础预算和偿还债务本息）大大超过收入，导致其财政赤字占当地国内生产总值的比重从 2013 年的 2.6% 上升至 2.8%；2015 年和 2016 年，更是连续提高，分别达到 3.1% 和 3.2%。尽管 2017 年和 2018 年的数据有所减少，但依然处于 3.1% 和 2.9% 的高位（见表 3）。

表 3　2013～2018 年拉美地区 18 个国家财政预算执行情况（占国内生产总值比例）

单位：%

	基础预算占国内生产总值比例						最终预算占国内生产总值比例					
	2013	2014	2015	2016	2017	2018	2013	2014	2015	2016	2017	2018
拉美地区	-0.9	-1.0	-1.0	-1.0	-0.8	-0.4	-2.6	-2.8	-3.1	-3.2	-3.1	-2.9
阿根廷	-1.3	-2.3	-1.9	-2.1	-2.8	-1.6	-2.5	-4.2	-3.7	-5.7	-5.8	-5.2
玻利维亚	2.0	-1.7	-3.6	-2.8	-4.4	—	1.4	-2.5	-4.5	-3.4	-5.0	—

---

① 许多人认为，这个时期可以称为后新自由主义阶段。Francisco López Segrera, "Nueva derecha, neoliberalismo y posneoliberalismo", *Rebelión*, 21 de mayo de 2016, https://www. rebelion. org/noticia. php? id = 212452.

	基础预算占国内生产总值比例						最终预算占国内生产总值比例					
	2013	2014	2015	2016	2017	2018	2013	2014	2015	2016	2017	2018
巴西	1.4	-0.3	-1.9	-2.5	-1.8	-1.7	-2.6	-5.0	-9.1	-7.6	-7.7	-7.3
智利	0.0	-1.0	-1.5	-2.0	-1.9	-0.8	-0.6	-1.6	-2.1	-2.7	-2.7	-1.6
哥伦比亚	-0.1	-0.4	-0.8	-1.6	-1.1	-0.6	-2.3	-2.4	-3.0	-4.0	-3.7	-3.1
厄瓜多尔	-4.5	-4.9	-2.1	-3.6	-3.5	-0.9	-5.7	-6.3	-3.8	-5.6	-5.9	-3.6
巴拉圭	-1.4	-0.6	-0.9	-0.5	-0.5	-0.5	-1.7	-0.9	-1.3	-1.1	-1.1	-1.3
秘鲁	1.8	0.8	-1.0	-1.1	-1.8	-0.8	0.7	-0.2	-2.0	-2.2	-2.9	-2.0
乌拉圭	0.9	0.0	-0.5	-1.0	-0.3	0.7	-1.5	-2.3	-2.8	-3.7	-3.0	-2.1
哥斯达黎加	-2.8	-3.0	-3.0	-2.4	-3.0	-2.3	-5.4	-5.6	-5.7	-5.2	-6.1	-5.9
萨尔瓦多	0.6	0.9	1.5	1.9	3.0	2.3	-1.8	-1.7	-1.2	-0.9	-0.1	-1.1
危地马拉	-0.6	-0.4	-0.1	0.4	0.1	-0.3	-2.1	-1.7	-1.5	-1.1	-1.3	-1.8
洪都拉斯	-5.8	-2.1	-0.5	-0.3	0.0	0.9	-7.9	-4.3	-3.0	-2.7	-2.7	-2.1
墨西哥	-0.5	-1.2	-1.2	-0.2	1.2	0.4	-2.3	-3.1	-3.4	-2.5	-1.1	-2.0
尼加拉瓜	1.0	0.5	0.3	0.4	0.5	-0.9	0.1	-0.3	-0.6	-0.6	-0.4	-2.0
巴拿马	-1.9	-2.2	-2.0	-2.1	-1.4	-1.1	-3.8	-3.9	-3.7	-3.8	-3.1	-2.9
多米尼加共和国	-0.4	-0.1	0.3	0.5	0.0	1.2	-2.7	-2.5	-2.4	-2.4	-2.4	2.0
海地	-1.0	-0.5	0.3	0.9	0.7	-2.4	-1.4	-0.9	0.1	0.6	0.4	-2.7

资料来源：CEPAL，"Estudio Económicode América Latina y el Caribe Evolución de la inversión en América Latinay el Caribe：hechos estilizados，determinantesy desafíos de política"，2016，2017，2018。

从该地区的三大主要经济体（巴西、墨西哥和阿根廷）的具体情况来看，2018 年，只有墨西哥局面略有改善，巴西与阿根廷面临的形势严峻，其财政赤字在国内生产总值中所占比例，分别高达 7.3% 和 5.2%。

（三）适度增加外债规模来刺激经济增长（2013～2018 年）

前面提到，面对外部不利因素影响，拉美地区主要经济体从两个方面寻找解决方案：第一，在原来基础上适度增加财政赤字；第二，通过增加在国际金融市场的融资金额弥补财政收入缺口，从而保证财政所需支出并由此继续保持财政收支平衡或者维持原来的水平。从表 3 可以看出，尽管大多数拉美国家在此期间不同程度地增加了财政赤字，但是与

20 世纪 80 年代时期相比，涨幅并不是很高。这是因为，在此期间，它们在国际市场上融资数量有所增加，并由此导致各国政府外债增加。其中，阿根廷政府外债增加幅度最大，2013 年至 2018 年累计增长115.8%，由 2013 年的 914.4 亿美元上升至 2018 年的 1973.3 亿美元；墨西哥外债绝对数量增加最多，2018 年达 2023.6 亿美元，比 2013 年的1344.4 亿美元增加了 679.2 亿美元，增长了 50.5%（见表 4）。

表 4　2013～2018 年拉美地区主要经济体外债变化情况[*]

单位：%

国家	2014	2015	2016	2017	2018	2013～2018	
						累计增长率	年均增长率
阿根廷	7.4	3.5	19.8	32.5	22.3	115.8	16.6
玻利维亚	8.1	9.6	9.9	29.7	8.0	82.3	12.8
巴西^{**}	13.4	-6.1	-0.2	-3.7	2.9	5.3	1.0
智利	11.8	1.7	12.1	33.0	7.3	81.8	12.7
哥伦比亚	14.5	10.7	7.4	1.1	1.6	39.8	6.9
哥斯达黎加	20.1	15.6	5.8	0.3	6.3	56.5	9.4
墨西哥	9.8	9.6	11.6	7.2	4.3	50.5	8.5
秘鲁	-0.5	11.8	10.6	11.3	5.9	45.0	7.7

注：[*] 2014～2018 年的年平均增长率是以 2013 年为基数，因此，表中所用数据为 2013～2018 年。

^{**} 从巴西情况来看，2013 年，其公共外债数额增加较多，由 2012 年底的 822.5 亿美元上升至 2013 年底的 1226.4 亿美元，增加了近 404 亿美元，幅度达 49.1%。此后，基本保持微小波动，至 2018 年底，数额为 1291.4 亿美元。

资料来源：笔者根据拉美经委会公布数据整理。

不仅如此，而且从各国政府整体债务水平来看，自 2013 年以来，上升幅度也较大。拉丁美洲与加勒比地区非金融机构公共债务占国内生产总值比例，由 2013 年底的 54.8% 上升至 2018 年底的 59.5%。但是，如果将拉丁美洲与加勒比两个地区单独考虑，可以发现，加勒比地区 13个经济体的整体公共债务水平，占其全部国内生产总值的比重下降了 3.9个百分点；而拉丁美洲地区的 18 个国家，则从 2013 年底的 34.7% 攀升至2018 年底的 45.7%，即增加了 11 个百分点（见表 5）。

表 5　2011～2018 年拉美与加勒比地区非金融机构公共债务占国内生产总值比重变化 *

单位：%

地区与国家	2011	2012	2013	2014	2015	2016	2017	2018
拉美与加勒比地区	51.6	53.4	54.8	55.5	56.6	58.0	59.2	59.5
拉丁美洲地区	32.0	33.3	34.7	36.5	39.2	41.4	42.7	45.7
阿根廷	28.9	40.4	43.5	44.7	52.6	53.1	56.6	86.0
玻利维亚	33.7	31.3	30.4	30.0	31.6	34.1	37.2	38.7
巴西	50.8	55.2	56.7	58.9	66.5	70.0	74.0	77.2
智利	17.6	18.9	20.5	24.2	27.6	30.7	31.9	34.1
哥伦比亚	43.1	40.7	43.1	46.0	50.1	54.9	54.4	57.6
厄瓜多尔	18.3	21.1	24.0	29.6	33.0	38.2	44.5	45.1
巴拉圭	8.1	10.7	10.8	13.5	15.1	17.3	18.2	19.4
秘鲁	22.0	20.4	19.6	20.0	20.9	22.7	23.1	24.3
乌拉圭	43.4	45.7	41.5	44.6	52.2	50.2	51.7	54.1
哥斯达黎加	37.2	41.5	44.1	46.9	49.2	52.8	58.3	63.3
萨尔瓦多	50.3	53.3	51.3	51.8	52.2	52.8	52.3	51.4
危地马拉	23.9	24.5	24.7	24.5	24.3	24.1	23.9	24.8
洪都拉斯	32.8	34.9	43.4	44.7	43.5	47.1	49.0	50.1
墨西哥	34.1	33.9	36.8	40.1	44.2	49.4	46.9	46.8
尼加拉瓜	32.6	32.0	31.5	30.7	30.4	31.8	34.3	38.0
巴拿马	36.9	35.3	34.9	36.5	37.4	37.4	37.5	39.5
多米尼加共和国	28.5	32.2	37.4	36.0	35.1	37.0	38.9	39.6
海地	23.9	28.0	30.5	35.1	39.7	40.8	35.1	32.7
加勒比地区	78.8	81.2	82.5	81.7	80.8	81.1	821.0	78.6

注：* 整体公共债务包括联邦中央政府以及国有非金融企业。

资料来源：笔者根据拉美经委会公布数据整理。

具体分析各个主要经济体政府公共负债情况，可以发现，表 5 所列的 18 个拉美地区国家中，只有危地马拉基本保持没有变化，2013 年底至 2018 年底仅仅增加了 0.1 个百分点，其他的 17 个经济体中，都有较大幅度的提高。巴西、墨西哥和阿根廷三大经济体公共债务扩张速度尤为突出，其在各自国内生产总值中的比重，分别由 2013 年底的 56.7%、36.8% 和 43.5%，增加到 2018 年底的 77.2%、46.8% 和 86.0%，提高幅度分别为 20.5 个、10.0 个和 42.5 个百分点，只有墨西哥基本保持了拉美地区国家的平均水平①。

在这种情况下，现任政府继续利用财政手段刺激经济发展，无疑将会遇到巨大阻力，尤其会受到国际主要主权债务评级机构的严格监督。这些国家如果扩大债务水平，极有可能导致投资级别下调，进而导致其债务利率水平提高，由此大大压缩其制定和实施相关财政政策的空间。

三 拉美三大经济体面临经济下行压力实施的货币政策

通过分析拉美地区 2013 年以来的经济增长数据，可以看到该地区三大主要经济体运行状况大为不同。阿根廷 2019 年第 1 季度还在继续与经济衰退抗争，2019 年 4 月份单月通胀数据为 3.4%，年度为 55.8%②，依然保持高位并且前景不容乐观；巴西尽管已经走出负增长，经济复苏却步履维艰。墨西哥虽然在此次经济下行过程中免于衰退，但遇到经济增长进一步减速甚至止步的困境：根据该国国家地理、统计和信息局公布的 2019 年第 1 季度数据，剔除季节性因素影响，其国内生产总值与 2018 年同期相比只有 0.1% 的增幅，而与上一季度相比则显示出了负增长（-0.2%）③；进入第 2 季度，尽管避免了经济连续负增长以及技术上的"经济衰退"，低水平增长情况下的进一步减速却是不争之事实。2019 年 1~6 月份，与 2018 年同期相比，经济增长速度为 0.2%，是自

---

① 2016 年，墨西哥公共债务占其国内生产总值比重达到最高水平，为 49.4%。正是这一原因，引起了国际主要债务信用评价机构当时的警惕，并降低了墨西哥债务信誉级别，而墨西哥政府为了恢复国际市场融资信誉，不得不大力缩减其财政支出，并于 2017 年收到效果，又重新获得了之前的融资信誉。

② 阿根廷国家统计局（Instituto Nacional de Estadística y Censos, Indec），https://www.indec.gob.ar/。

③ 2019 年第 1 季度年经济增长幅度，属于过去 37 个季度中最低（2010 年第 1 季度至 2019 年第 1 季度），从季度增长数据看，则是自 2010 年以来首次出现的第 1 季度负增长。资料来源：墨西哥国家地理、统计和信息局（Instituto Nacional de Geografía, Estadística e Informática, INEGI），https://www.inegi.org.mx/sistemas/bie/。

2009 年以来的最低水平①。

（一）拉美地区三大经济体金融指标变化（2013～2019 年）

面对 2014 年以来的经济困境，巴西、阿根廷和墨西哥三国分别推出了相应的货币政策，但是墨西哥有别于其他两国，没有陷入经济衰退。更为重要的是，在同期内，墨国不仅在国际市场大宗商品价格下滑和美联储货币措施正常化等方面，与巴、阿两个经济体面临着同样的挑战，而且在特朗普竞选期间以及上任之后，《北美自由贸易协定》和墨美边境安全等问题造成投资环境恶化，该国经济正常发展遇到了前所未有的不确定性。面对这种极为不利的外部条件，墨西哥经济发展依然保持正增长，不能不说是一种奇迹，其意义显得尤其重要。

首先，在国际市场大宗商品价格下滑和美联储货币措施正常化影响之下，巴西、墨西哥和阿根廷三国的金融领域受到直接冲击，其中在第一波受影响的因素中，包括股票交易价格、各国货币对美元汇率以及主权债务风险程度等指标，都出现了较大波动。2014 年和 2015 年，三个经济体货币累计贬值幅度分别为 67.7%、31.8% 和 98.5%；2016 年，巴西雷亚尔出现了短期 17.8% 的升值，其他两个国家的货币则依然处于贬值区间，分别为 20.6% 和 22.6%（见图 1）。

其次，根据摩根大通集团计算的新兴经济体主权债务指数②：巴西由 2013 年的 224 个基本点上升至 2015 年的 523 个基本点；同期，墨西哥则分别为 155 个基本点和 232 个基本点，提高了 77 个基本点。需要指出的是，阿根廷在克里斯蒂娜任职期间出现的债务违约，曾使其主权债

---

① 受到当时全球范围的金融危机影响，墨西哥 2009 年上半年的经济增长速度为 -6.6%，此后，墨西哥经济一直处于正增长轨道。资料来源：墨西哥国家地理、统计和信息局（Instituto Nacional de Geografía, Estadística e Informática, INEGI），https：//www. inegi. org. mx/sistemas/bie/。

② 新兴市场债务指数（Emerging Markets Bonds Index, EMBI）由摩根集团计算，用来评价一个国家主权债务的风险程度。具体来讲，它是指发展中国家发行的美元债券与美国财政部发行债券两者的利息差别，即该指数越小，则意味着发展中国家投资风险低，也表明该经济体在国际金融市场融资成本越少；反之，则意味着融资成本越高。

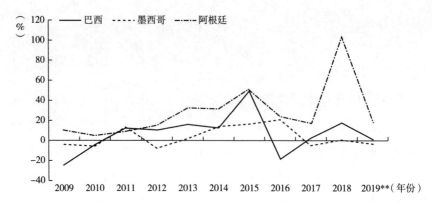

图 1　2009～2019 年拉美地区三大经济体本币对美元汇率* 变化

注：* 各国货币对美元汇率，为每年最后一天外汇市场停止营业时的报价。

　　** 2019 年数据为 4 月 30 日报价。

资料来源：笔者根据投资网站（https：//mx. investing. com/currencies/usd - ars - historical - data）提供的数据整理。

务指数攀升至接近 1000 点水平，几乎切断了该国从国际金融市场的融资渠道。自马克里 2015 年上台以来，形势逐渐好转，因此，阿根廷债券风险程度有了较大水平的好转。但是，受到不良外部环境影响，其发行美元债券所付利息依然高于美国 438 个基本点。

　　通常情况下，当金融市场在受到第一波打击之后，尤其是在本币对外汇汇率贬值情况下，其后果将会慢慢延伸至金融市场的其他指标。这是因为本币贬值将会逐渐带来价格指数的普遍上升，在各个经济体之间，由于情况不同，价格指数的上升则会出现程度上和时间上的差别。有的国家在短期之内就会出现通胀后果，有的国家则可能推迟一段时间。对此，各国央行则会根据具体情形制定和实施相应的货币政策。需要指出的是，巴西、墨西哥与阿根廷央行很久以来实施的是一种通胀指数目标制度，也就是根据价格变化来调整各自的参考利率。当通胀上升幅度或者预期上升幅度超过制定的目标，央行则会做出上调利率的决定；反之，在通胀上升幅度或者预期上升幅度低于制定的目标时，央行实施的参考利率就需要做相应下调。另外，面临消费者价格指数上扬，参考利率的变化也存在量的差别，这是因为，各国央行既可能会同时利用汇率和利率两个机制做出调整，消化内外不利因素的影响，也会对两者实行不同力度的调整，或者大幅使用汇率手段，或者大幅使用利率手段，达到消化负面影响的目的。当然，还存在其他的政策选择，譬如，在一定时期里，主要使用汇率手段，而在其他时间，则会通过利率调整消化负面影响，达到稳定通胀目的。

因此，从某种程度上来讲，价格波动幅度以及由此可能引起的利率调整，属于金融市场承受到的第二轮打击后果。而本币贬值是否转移到价格变化以及价格变化是否会导致利率调整，并不存在自动的相关关系。譬如，在许多情况下，如果本币贬值没有引起价格的变化或者通胀上升幅度处于可控范围，央行出于不影响经济正常发展和减轻财政支出压力的目的，往往会选择保持利率的相对稳定。另外，虽然本币贬值引起通胀上升幅度较大，但是利率的调整幅度可以相对较小，从而达到通过利率调整和本币贬值两个渠道共同消化外部不利因素影响的目的。

具体到拉美地区的三大经济体，可以看到，2014 年下半年出现的外部环境变化，各国货币兑换外汇都出现了不同程度的贬值，特别是墨西哥，在两年时间里，其比索兑美元价值几乎下调了一半，从 2013 年底的 13.0365 比索兑 1 美元，上升至 2015 年底的 17.1810 比索兑 1 美元。但是，与其他两个国家不同的是，墨西哥同期的通胀率并没有出现因本币贬值而引起的上升，2013 年和 2014 年基本稳定在该国央行制定的目标值（2%~4%）附近，分别为 4.0% 与 4.1%。2015 年和 2016 年，虽然该国比索兑美元持续贬值，但是消费者价格指数不仅没有上升，反而有所下降，分别为 2.1% 和 3.3%。① 与其不同的是，巴西与阿根廷本币贬值幅度低于墨西哥，但是其各自的通胀率则分别在 2015 年达到了 27.5% 和 10.7%，与 2013 年数据相比，上升幅度分别为 16.6 个和 4.8 个百分点。也就是说，受外部不利因素的影响，尽管三大经济体的本币都没有避免贬值的厄运，通胀影响的传递效应（pass - through）却存在巨大差别。2016 年之前，这种传递效应在墨西哥几乎表现为零，而在其

---

① 墨西哥央行（Bancode México），https：//www.banxico.org.mx/tipcamb/main.do？page = inf&idioma = sp。

他两国短期之内马上反映出来了（见图2）。

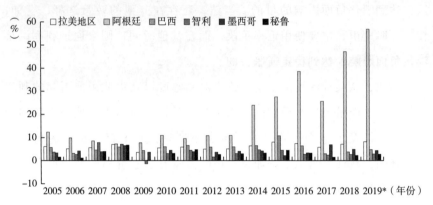

图2　2005～2019年拉美地区主要经济体年通胀率变化

注：* 2019年为5月份数据。

资料来源：笔者根据拉美经委会公布数据整理。

正是上述原因，在此期间，巴西、墨西哥、阿根廷三国央行制定和实施了不同的货币政策。具体表现：巴、阿两国面临通胀压力的不断上升，分别在2014～2016年大幅提高参考利率，从2013年的14.6%和5.4%上升到2016年的28.8%和14.2%；而墨西哥则是2015年底，随着美联储在货币政策正常化大环境下第一次加息，做出了上调参考利率的决定，利率从3.0%上升至3.25%（见图3）。

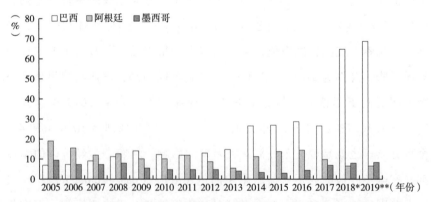

图3　2005～2019年巴西、阿根廷和墨西哥三国央行参考利率变化

注：* 2018年数据为第4季度数据。

　　** 2019年为第2季度数据。

资料来源：笔者根据拉美经委会公布数据整理。

（二）拉美地区三大经济体当前的金融市场形势

2016 年之后，拉美地区三大经济体金融市场发生了新的变化。一方面，外汇市场本币贬值压力出现了短暂的好转，其中巴西雷亚尔兑美元 2016 年升值 17.8%，墨西哥比索兑美元 2017 年升值 5.2%。[①] 另一方面，从通胀指标来看，巴西与阿根廷两国的压力在 2017 年开始有所减弱，而墨西哥因本币贬值对通货膨胀的传递效应，消费者价格指数上升 6.8%，这不仅远远超过其央行制定的目标，而且也高于巴西和其他拉美地区的平均水平。

在这种情况下，为了使通胀率回落至设定的目标值范围之内，墨西哥央行开始不断调整其参考利率。在 2015 年底开始上调 25 个基本点之后的 3 年时间里，该国央行共提高参考利率 14 次，至 2018 年 12 月 20 日调整为 8.25%[②]。2019 年前 5 个月的通胀数据显示，该指标已经开始向目标值范围靠拢，其央行面临的压力因此不断减少，下调参考利率的概率增大。与此同时，巴西在通胀压力逐渐减弱的形势下，自 2016 年起则采取了与墨西哥央行相反的做法，即下调其参考利率。实际上，2015 年 7 月，该国央行的参考利率在达到 14.25% 的峰值之后，于同年 10 月下调至 14.0%，至 2018 年 2 月，更是降至 6.75%，为近 20 年的最低水平。1 个月之后，又调整到 6.50%。在其后举行的一次会议中，巴西央行决定继续维持该利率水平，并且宣布在 2019 年保持不变。具体到阿根廷，受 2018 年 3 月份之后出现的国际金融危机影响，通胀指标和比索贬值都出现大幅度上调，尽管与国际货币基金组织达成协议之后，情况有所缓和，金融市场压力却没有得到根本消除，通胀压力依然巨大。根据 2019 年 5 月的数据，该国央行制定的参考年利率浮动

[①] 墨西哥央行和巴西央行数据库。

[②] 2019 年 8 月 15 日，墨西哥央行下调参考利率 25 个基本点，由 8.25% 降至 8.00%。https：//www. banxico. org. mx/SieInternet/consultarDirectorioInternetAction. do？sector = 18& accion = consultarCuadro&idCuadro = CF101&locale = es，最后访问日期：2020 年 4 月 2 日。

为 66.8%①。

从上面分析可以看到，因为墨西哥与巴西两国都属于新政府开始执政的第一年，各自制定和实施的经济政策需要一个相应的磨合期，政府公共开支与投资也往往会出现短暂慢节奏调整，所以，2019 年的经济发展并不看好。对于墨西哥来讲，拉美经委会与国际货币基金组织分别预测其经济增长 0.9% 和 1.0%（拉美经委会，2019 年 7 月；国际货币基金组织，2019 年 7 月）；墨西哥央行同期汇集各方专家意见做出的判断是，2019 年该国经济其经济增长速度将处于 0.2% ~0.7%。而该国财政部在 9 月底上交到国会的下年财政预算方案中，更是提出了 0.6% ~1.2% 的增长预期。在这个方面，巴西情况基本一致，而阿根廷面临负增长压力。

从金融市场来看，墨西哥情况则要略好于巴西。这是因为，首先，墨西哥央行制定的参考利率与巴西相比，投资回收率高出 175 个基本点。其次，2019 年 4 月 26 日的数据显示，巴西投资风险度（EMPI + JP Morgan）高出墨西哥 58 个基本点。基于上述理由，可以毫无悬念地认为，那些流向拉美地区的国际资本，基本集中在墨西哥。也正是该因素在很大程度上解释了墨西哥比索兑美元汇率，背离所有的前期判断，在 2019 年稳中有降，处于 19 比索兑 1 美元的水平。

（三）拉美地区经济发展前景

2018 年，除了极少数国家之外，拉美地区大部分经济体基本延续了之前的低水平运行状态，根据拉美经委会的初步计算，经济增速仅为 0.9%，比 2017 年降低了 0.2 个百分点。2019 年，在面临内外不利因素影响的情况之下，该地区经济增长将会进一步走低。2019 年第 1 季度数据显示：阿根廷经济已经连续 4 个季度衰退；其他主要地区性经济大国，譬如巴西、

---

① 目前，阿根廷央行利用流动票据（Letras de Liquidez, Leliq）通过竞标方式每天向外汇市场提供流动性，该流动票据不同期限利率平均值则是参考利率。2019 年 2 月底，流动票据即央行负债额累计达 233.67 亿美元，占其外汇储备的 35% 以及国内生产总值的 5.3%，分别比 2018 年 7 月份水平（66% 和 7.6%）降低了 31 个和 2.3 个百分点，https：//www.infobae.com/economia/2019/03/25/el - bcra - subio - la - tasa - de - referencia - y - expandio - en - 10 - 000 - millones - de - pesos/，最后访问日期：2019 年 5 月 9 日。

墨西哥，尽管暂时避免了经济负增长，经济增长却基本处于停滞。因此，与2018年同期相比，全地区经济增长速度下降了0.1个百分点。[①] 根据拉美经委会最近一次（2019年7月份）的预测[②]，拉丁美洲与加勒比地区2019年度的经济增长仅为0.5%，与2018年底预期数据（1.7%）相比，下调了1.2个百分点，而与上年数据同比，则下降了0.4个百分点。

进入2019年之后，面临内外不利因素影响，拉美地区经济形势继续呈现进一步走低趋势，地区内的一些经济大国甚至不排除经济衰退的可能性。

参考文献

1. Francisco López Segrera, "América Latina: crisis del posneoliberalismo y ascenso de la nueva derecha", *Ediciones CICCUS*, 2016.

2. Francisco López Segrera, "Nueva derecha, neoliberalismo y posneoliberalismo", *Rebelión*, 21 de mayo de 2016, https://www.rebelion.org/noticia.php?id=212452.

3. Instituto de Estadísticas, Geografía e Informática, https://www.inegi.org.mx/.

4. International Monetary Fund (IMF), "World Economic Outlook, Update", 2019年7月23日。

5. La Comisión Económica para América Latina y el Caribe (CEPAL), "Estudio Económico de América Latina y el Caribe El nuevo contexto financiero mundial: efectos y mecanismos de transmisión en la región", 2019.

6. La Comisión Económica para América Latina y el Caribe (CEPAL), "Estudio Económico de América Latina y el Caribe 2018, Evolución de la inversión en América Latinay el Caribe: hechos estilizados, determinantesy desafíos de política", 2018.

7. Tine Aartun Sandersen, "Nosotrxs, El alza y la caída de la Marea Rosa en AL", *El Sol de México*, 17 de diciembre de 2018, https://www.elsoldemexico.com.mx/analisis/nosotrxs-el-alza-y-la-caida-de-la-marea-rosa-en-al-2812018.html.

---

① CEPAL, "Estudio Económico de América Latina y el Caribe El nuevo contexto financiero mundial: efectos y mecanismos de transmisión en la región", 2019, 第17页, Santiago, Chile。

② CEPAL, https://www.cepal.org/sites/default/files/pr/files/ee2019_cuadro_proyecciones_prensa_final-31julio_esp.pdf, 2019年7月。

拉丁美洲和加勒比经济发展分析与展望（2019）

Situación económica en la actualidad para América Latina y el Caribe y sus perspectivas

Liu Xuedong[*]

Resumen: Durante los últimos dos años, la economía en América Latina y elCaribe ha registrado tasas del crecimiento ligeramente positivas al revertir las caídas consecutivas arrojadas en 2015 y 2016, respectivamente. Para presente año 2019, se prevé un comportamiento similar a lo observado anteriormente con una dinámica todavía de menor magnitud. En cuanto a las tres economías más importantes de la zona, la situación es aún más desafiante; pues, por un lado, Argentina no ha podido salir de la recesión que se ha persistido desde mayo pasado; por otro lado, si bien Brasil y México han evitado decrecimiento hasta la fecha, sin embargo, el riesgo todavía no se ha podido disipar completamente.

Este trabajo consiste en 4 secciones. En la primera parte, se presenta una descripción breve sobre la situación actual de la economía y sus respectivas particularidades registradas. En la segunda sección, se analizan las políticas fiscales que se han venido instrumentando en lo que va presente año. En la tercera se revisarán las políticas monetarias aplicadas por las principales economías de la región. Finalmente se intentará realizar un pronóstico del crecimiento económico para la zona.

---

[*] Liu Xuedong, doctor en Economía y profesor de carrera adscrito en la División de Estudios de Posgrado e Investigación, Facultad de Estudios Superiores, Aragón, Universidad Nacional Autónoma de México.

Palabras Claves: Crecimiento Económico, Políticas Fiscales, Tasa de Interés.

1 Situación económica en América Latina y el Caribe y sus principales características

En términos generales, la situación económica de la región, sobre todo las economías más importantes, ha sidodesalentadora hasta principio de 2019. A pesar del crecimiento débil registrado en 2017 y 2018, la desaceleración persiste en este año 2019. Por su parte, la heterogeneidad observada entre los países sigue siendo un carácter particular en cuanto a la tasa del crecimiento. Finalmente, el cambio del gobierno que se encuentra realizando en la mayoría de los países de la zona ha impactado el comportamiento económico negativamente.

1.1 Desaceleración económica persisteante un panorama poco alentador

En 2018, la economíaen la región de América Latina y el Caribe creció con una tasa de 0.9%, 0.2 puntos porcentuales menor a la registrada en 2017; es decir, a pesar de lograr a salir de la recesión económica durante dos años consecutivos de 2015 a 2016, la dinámica se encuentra en una etapa de persistente debilidad. Para 2019, de acuerdo con las cifras proyectadas por la Comisión Económica Para América Latina y el Caribe (CEPAL), se prevé una desaceleración adicional todavía. Al final de 2018, la institución perteneciente a la Organización de las Naciones Unidas (ONU), pronosticaba una tasa del crecimiento económico de 1.7%, sin embargo, al entrar al presente año de 2019, las proyecciones han mantenido ajustes constantes con tendencia a la baja; pues, en julio de 2019, apenas fue de 0.5%, y en noviembredel mismo año aún menor, de 0.1%, esto es, 1.2 y 1.6 puntos porcentuales menores a la proyectada al final del año 2018.

Lo anterior se debe básicamente al panorama poca alentador que se ha venido registrando por las tres economías más grandes de la región. Para Brasil y México, en lo va el primer semestre de 2019, el fantasma de recesión se ha persistido y hasta la fecha no se ha podido disipar de manera completa, sobre todo para la 2da economía más importante de la región, que la probabilidad que México se ubicaría en estancamiento es cada vez mayor que antes[①]. Para Brasil, a pesar de las mejorarías observadas durante el segundo trimestrede 2019 en el cual las actividades económicas obtuvieron una tasa del avance de 0. 4% con respecto al lapso inmediatamente anterior y evitando de esta manera, la recesión técnica, los pronósticos siguen ubicado por debajo de lo proyectado al final del 2018 por la Cepal. Finalmente, en el caso de Argentina, la recesión no solamente no se detuvo, sino que se ha agudizado, ya que, después de registrar una tasa de caída de 5. 8% durante el primer trimestre de 2019, la Cepal ajustó nuevamente en noviembre del mismo añosu pronóstico del crecimiento económico para este país, para ubicarse en − 3. 0% , en contraste con − 1. 8% realizado al final de 2018 (Cuadro 1) .

Cuadro 1　Pronósticos del crecimiento económico de 2019 para la región de América Latina y el Caribe, de acuerdo con la fecha

unit：%

País/región	Diciembre de 2018	Julio de 2019	Noviembre de 2019
América Sur	1. 4	0. 2	− 0. 2
Argentina	− 1. 8	− 1. 8	− 3. 0
Brasil	2. 0	0. 8	0. 8

---

① De acuerdo con la encuesta realizada por el Banco de México en noviembre de 2019 sobre la perspectiva económica para 2019, se prevé que la tasa del crecimiento se encuentra en un rango de − 0. 2% a 0. 2% , con un promedio de 0. 0% .
Fuente：https：//www. banxico. org. mx/publicaciones − y − prensa/encuestas − sobre − las − expectativas − de − los − especialis/% 7BE10EBF19 − 2D5E − 9127 − 26FD − 4ª178B4D94FE%7D. pdf
Última fecha de consulta：15 de diciembre de 2019.

País/región	Diciembre de 2018	Julio de 2019	Noviembre de 2019
América Central y México	2. 4	1. 4	0. 7
México	2. 1	1. 0	0. 2
El Caribe	2. 1	2. 1	1. 5
Toda la región	1. 7	0. 5	0. 1

Fuente: Elaboración propia de acuerdo con las proyecciones realizadas por la Comisión Económica Para América Latina y el Caribe (CEPAL).

Es decir, se prevé que la economía de la región seguirá registrado un ritmo de menor dinámica y la desaceleración podría llegar a su extremo, cercando al estancamiento.

1. 2　Heterogeneidad – carácter bien marcado por las economías de la región

En un conjunto de 33 países, sus respectivas economías evidencian una propiedad sobresaliente, esta es, la heterogeneidad. En primer lugar, la diferencia no solamente se refleja en las tasas del crecimiento sino también en el tamaño que significara cada país. En segundo lugar, si bien la economía regional depende en gran escala de las exportaciones de materias primas y de productos alimentarios, las actividades primarias específicas que cuenta cada nación registran una amplia diversidad[1].

De acuerdo con las cifras publicadas por la Cepal, en 2018, la economía de la región tuvo una dinámica débil debido a la desaceleración registrada por Brasil, México, y a la recesión sufrida por Argentina, respectivamente, a pesar de que la mayoría de los demás países de la región tuvo un comporta-

---

[1]　Fondo Monetario Internacional (FMI), América Latina y el Caribe: En Movimiento, Pero a Baja Velocidad, pág. 33. WASHINGTON, DC (EDT): 13 DE OCTUBRE DE 2017, 14. 00 H.

Cepal, Estudio Económico de América Latina y el Caribe 2018, Evolución de la inversión en América Latina y el Caribe: hechos estilizados, determinantes y desafíos de política, pág. 47.

miento aceptable.

Por un lado, la economía brasileña creció con una escasa tasa de 1. 1% en el último trimestre de 2018, mientras que la mexicana con 1. 7% durante el mismo lapso, ambas cifras inferiores a las observadas anteriormente. Al mismo tiempo, Argentina se encontraba todavía en la recesión, con una tasa del crecimiento de −6. 1% （Cuadro 2）. Cabe mencionar que enel primer trimestre de este año 2019, estas tres economías más importantes de la zona no solamente no han dado señales de mejoría, sino que la situación podría empeorarse aún más, puesto que la amenaza de caer en recesión no se ha podido disipar completamente ni para México ni para Brasil.

Cuadro 2　Tasa del crecimiento trimestral de los países seleccionados de América Latina y el Caribe, 1er trimestre de 2017 a 1er trimestre de 2019[1]

（Variación porcentual con respecto al mismo periodo del año anterior）

País	2017 – I	2017 – II	2017 – III	2017 – IV	2018 – I	2018 – II	2018 – III	2018 – IV	2019 – I
Argentina	0. 3	2. 1	3. 8	4. 5	4. 1	− 3. 8	− 3. 7	− 6. 1	− 5. 8
Bolivia	3. 3	3. 8	4. 3	5. 2	4. 9	4. 8	4. 0	3. 3	4. 0
Brasil	0. 1	0. 6	1. 4	2. 2	1. 2	0. 9	1. 3	1. 1	0. 5
Chile	− 0. 4	0. 4	2. 0	3. 0	4. 7	5. 3	2. 6	3. 6	1. 6
Columbia	1. 2	1. 3	1. 6	1. 3	2. 0	2. 9	2. 6	2. 7	2. 8
Costa Rica[2]	3. 7	3. 7	2. 8	3. 4	3. 0	3. 8	2. 5	1. 4	4. 8
Ecuador[3]	1. 7	2. 1	2. 9	2. 8	1. 8	1. 4	1. 5	0. 8	0. 2
Guatemala	3. 2	2. 2	2. 7	2. 9	1. 8	3. 6	3. 6	3. 5	3. 0
México	3. 5	1. 9	1. 5	1. 5	1. 2	2. 6	2. 5	1. 7	1. 2
Panamá	6. 6	5. 1	5. 2	4. 4	4. 0	3. 1	3. 6	4. 0	3. 1
Paraguay	7. 8	2. 4	4. 6	5. 0	5. 4	6. 6	1. 4	1. 2	− 2. 7
Perú	2. 2	2. 5	2. 9	2. 4	3. 2	5. 5	2. 4	4. 8	2. 3
República Dominicana	5. 5	3. 1	3. 1	6. 5	6. 6	7. 2	7. 4	6. 6	5. 7

1: Cepal, "Estudio Económico de América Latina y el Caribe, El nuevo contexto financiero mundial: efectos y mecanismos de transmisión", julio de 2019, Santiago, Chile.

2: Cifras de 2019 correspondientes al Índice Mensual de Actividad Económica, IMAE, "Estudio Económico de América Latina y el Caribe 2019, Costa Rica", página 5, 2019.

3: Cifra de 2019 referentes a la proyección anual. Cepal, "Estudio Económico de América Latina y el Caribe 2019, Ecuador", página 5, 2019.

Por otro lado, se observa que en la mayoría de los demás países de la región se tuvo un comportamiento diferente con respecto a lo registrado en las tres economías más importantes del mismo bloque geográfico (Gráfica 1). En el caso de la República Dominicana, sigue liderando el crecimiento económico de la zona, con una tasa de 7.0% en 2018, sigue por Perú, Chile y Panamá, de 4.0% para primeros dos países y de 3.7% para el último, respectivamente. Finalmente, entre los 8 países seleccionados, Columbia se ubica en el quinto sitio, de 2.6% en el mismo lapso.

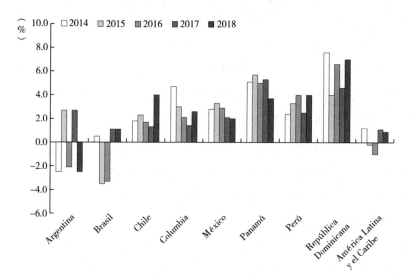

Gráfica 1   Tasa de crecimiento económico anual en países seleccionados, 2014 – 2018

Fuente: Elaboración propia de acuerdo con las cifras publicadas por la Cepal (2019), Estudio Económico de América Latina y el Caribe, El nuevo contexto financiero mundial: efectos y mecanismos de transmisión, julio de 2019, Santiago, Chile.

2   Políticas fiscales instrumentadas en América Latina y el Caribe

Durante los últimos 5 años (2014 – 2018), ante un entorno desfavorable en el ámbito del crecimiento económico derivado de los ajustes a la baja en los precios de los principales productos primarios en el mercado internacional, los países de la región han tenido que realizar esfuerzos múltiples para lograr el

拉丁美洲和加勒比经济发展分析与展望（2019）

equilibrio de las finanzas públicas respectivas y al mismo tiempo tratar de detener la caída del crecimiento económico.

En primerlugar, para compensar el menor ingreso público, la mayoría de los países de la región ha aumentado el nivel de la deuda externa a través de conseguir financiamientos en los mercados internacionales. Por su parte, es importante recordar que, durante ese mismo lapso, se ha prevalecido un ambiente relativamente tranquilo en la emisión y la colocación de deudas de sus distintas formas realizadas por las economías latinoamericanas. Esta situación se persistió al menos hasta el final de 2016, cuando la Reserva Federal de los Estados Unidos empezó a subir su tasa de referencia.

Así pues, se detecta que México acumuló un total de 67. 9 mil millones de dólares en el lapso de cinco años por la deuda externa, al pasar de 134. 4 mil millones de dólaresa 202. 4 mil millones de dólares, cifras desde final de 2013 hasta final de 2018. Por su parte, en el caso de Argentina, los saldos respectivos en los dos lapsos fueron de91. 4 mil millones de dólares y 197. 3 mil millones de dólares. Para Brasil, a pesar de mantener el monto total de la deuda externa sin una gran variación en el periodo en discusión, de 122. 6 y 129. 1 respectivamente, en los dos años, ambas en términos de mil millones de dólares, ha sido alto en términos relativos, ya que, en 2018, la economía brasileña todavía no ha podido recuperar su nivel registrado en 2014. De esta manera, la deuda externa representaba un crecimiento ligero en su participación en el PIB, al pasar de 5. 7% a 6. 2%.

A consecuencia de mayor nivel de endeudamiento y menor tasas del crecimiento económico durante los últimos cinco años, la mayoría de los países en laregión registró aumentos importantes de las participaciones de deuda púbica (incluyendo tanto interna como externa) en el PIB. De acuerdo con las cifras publicadas por la Cepal, en toda la zona, el aumento fue de 4. 0 puntos porcentuales al pasar de 55. 5% en 2014 a 59. 5% en 2018. Por su parte, solamente en la subregión de América Latina conformada por 20 países, las cifras respectivas fueron de 36.5% y 45.7%, respectivamente en los dos años, con un incremento de 9.2puntos porcentuales (Cuadro 3)

Cuadro 3   Participación de deudas públicas brutas del sector no financiero en el PIB, 2011 – 2018 *

unit: %

Región o país	2011	2012	2013	2014	2015	2016	2017	2018
América Latina y el Caribe	51.6	53.4	54.8	55.5	56.6	58.0	59.2	59.5
América Latina	32.0	33.3	34.7	36.5	39.2	41.4	42.7	45.7
Argentina	28.9	40.4	43.5	44.7	52.6	53.1	56.6	86.0
Bolivia	33.7	31.3	30.4	30.0	31.6	34.1	37.2	38.7
Brasil	50.8	55.2	56.7	58.9	66.5	70.0	74.0	77.2
Chile	17.6	18.9	20.5	24.2	27.6	30.7	31.9	34.1
Columbia	43.1	40.7	43.1	46.0	50.1	54.9	54.4	57.6
Ecuador	18.3	21.1	24.0	29.6	33.0	38.2	44.5	45.1
Paraguay	8.1	10.7	10.8	13.5	15.1	17.3	18.2	19.4
Perú	22.0	20.4	19.6	20.0	20.9	22.7	23.1	24.3
Uruguay	43.4	45.7	41.5	44.6	52.2	50.2	51.7	54.1
Costa Rica	37.2	41.5	44.1	46.9	49.2	52.8	58.3	63.3
El Salvador	50.3	53.3	51.3	51.8	52.2	52.8	52.3	51.4
Guatemala	23.9	24.5	24.7	24.5	24.3	24.1	23.9	24.8
Honduras	32.8	34.9	43.4	44.7	43.5	47.1	49.0	50.1
México	34.1	33.9	36.8	40.1	44.2	49.4	46.9	46.8
Nicaragua	32.6	32.0	31.5	30.7	30.4	31.8	34.3	38.0
Panamá	36.9	35.3	34.9	36.5	37.4	37.4	37.5	39.5
República Dominicana	28.5	32.2	37.4	36.0	35.1	37.0	38.9	39.6
Haití	23.9	28.0	30.5	35.1	39.7	40.8	35.1	32.7
El Caribe	78.8	81.2	82.5	81.7	80.8	81.1	821.0	78.6

* : Deuda pública bruta Incluye la deuda externa del sector público no financiero y la deuda interna del gobierno central.

Fuente: Elaboración propia de acuerdo con las cifras publicadas por la Cepal (2019), Estudio Económico de América Latina y el Caribe, El nuevo contexto financiero mundial: efectos y mecanismos de transmisión, julio de 2019, Santiago, Chile.

En casos concretos, Argentina casi se duplicó la cifra y pasó de 44.7% en 2014 a 86.0% en 2018; Brasil lo hizo desde 58.9% a 77.2% en los dos años respectivos. Para México, en 2016 llegó su nivel máximo, de 49.4%, 9.3 puntos porcentuales más alto a lo registrado en 2014. Sin embargo, ante el ajuste a la baja de su grado de inversión efectuado por las principales calificadoras crediticias internacionales, ese país realizó esfuerzos adicionales para consolidar sus finanzas públicas. De esta manera, durante dos años consecutivos de 2017 y 2018, la participación de deuda pública bruta en el PIB se descendió hasta 46.9 y 46.8% respectivamente.

En segundo lugar, cabe recordarse que durante un buen lapsoantes de la llegada de los sucesos negativos recientemente impactados en las economías de la región, la mayoría de los países, sobre todo los de la subregión de América del Sur, tuvo un periodo de auge del crecimiento económico. Al mismo tiempo, varios de ellos realizaron ajustes importantes en sus políticas públicas destinando cantidad considerable de recursos públicos para combatir la pobreza y mejorar el bienestar social. Sin embargo, la bonanza del ingreso adicional derivado del crecimiento económico había permitido a esos países mantener sus finanzas públicas respectivas en un estado sano y equilibrado, hasta con saldos positivos en los balances fiscales primarios.

Derivado de lo anterior, inicialmente, en los primeros años (2014 – 2016) de la dificultad económica en el lapso de 2014 – 2018, la región de América Latina y el Caribe había podido solventar las finanzas públicas a través de generar el déficit y ampliar dicho rango en las finanzas públicas primarias. No obstante, con el transcurso del tiempo, sobre todo cuando la participación de las deudas del sector público en el PIB se ha elevado constantemente, el pago de los intereses y del capital de ellas se ha convertido en una carga cada vez más pesada que antes para las finanzas públicas. De tal manera, añadiendo el aumento del déficit en las balanzas públicas primarias, el saldo del resultado final de balance fiscal representa un porcentaje cada vez mayor que antesdentro del PIB （Cuadro 4）.

Cuadro 4　Balance fiscal primario y global en América Latina y el Caribe,
2013 – 2018　（ Participación en el PIB , % ）

Región o país	Balance fiscal primario						Balance fiscal global					
	2013	2014	2015	2016	2017	2018	2013	2014	2015	2016	2017	2018
América Latina y el Caribe	− 0. 6	− 0. 3	− 0. 2	− 0. 2	− 0. 1	0. 5	− 2. 9	− 2. 7	− 2. 8	− 2. 9	− 2. 9	− 2. 1
América Latina	− 0. 9	− 1. 0	− 1. 0	− 1. 0	− 0. 8	− 0. 4	− 2. 6	− 2. 8	− 3. 1	− 3. 2	− 3. 1	− 2. 9
Argentina	− 1. 3	− 2. 3	− 1. 9	− 2. 1	− 2. 8	− 1. 6	− 2. 5	− 4. 2	− 3. 7	− 5. 7	− 5. 8	− 5. 2
Bolivia	2. 0	− 1. 7	− 3. 6	− 2. 8	− 4. 4		1. 4	− 2. 5	− 4. 5	− 3. 4	− 5. 0	
Brasil	1. 4	− 0. 3	− 1. 9	− 2. 5	− 1. 8	− 1. 7	− 2. 6	− 5. 0	− 9. 1	− 7. 6	− 7. 7	− 7. 3
Chile	0. 0	− 1. 0	− 1. 5	− 2. 0	− 1. 9	− 0. 8	− 0. 6	− 1. 6	− 2. 1	− 2. 7	− 2. 7	− 1. 6
Columbia	− 0. 1	− 0. 4	− 0. 8	− 1. 6	− 1. 1	− 0. 6	− 2. 3	− 2. 4	− 3. 0	− 4. 0	− 3. 7	− 3. 1
Ecuador	− 4. 5	− 4. 9	− 2. 1	− 3. 6	− 3. 5	− 0. 9	− 5. 7	− 6. 3	− 3. 8	− 5. 6	− 5. 9	− 3. 6
Paraguay	− 1. 4	− 0. 6	− 0. 9	− 0. 5	− 0. 5	− 0. 5	− 1. 7	− 0. 9	− 1. 3	− 1. 1	− 1. 1	− 1. 3
Perú	1. 8	0. 8	− 1. 0	− 1. 1	− 1. 8	− 0. 8	0. 7	− 0. 2	− 2. 0	− 2. 2	− 2. 9	− 2. 0
Uruguay	0. 9	0. 0	− 0. 5	− 1. 0	− 0. 3	0. 7	− 1. 5	− 2. 3	− 2. 8	− 3. 7	− 3. 0	− 2. 1
Costa Rica	− 2. 8	− 3. 0	− 3. 0	− 2. 4	− 3. 0	− 2. 3	− 5. 4	− 5. 6	− 5. 7	− 5. 2	− 6. 1	− 5. 9
El Salvador	0. 6	0. 9	1. 5	1. 9	3. 0	2. 3	− 1. 8	− 1. 7	− 1. 2	− 0. 9	− 0. 1	− 1. 1
Guatemala	− 0. 6	− 0. 4	− 0. 1	0. 4	0. 1	− 0. 3	− 2. 1	− 1. 7	− 1. 5	− 1. 1	− 1. 3	− 1. 8
Honduras	− 5. 8	− 2. 1	− 0. 5	− 0. 3	0. 0	0. 9	− 7. 9	− 4. 3	− 3. 0	− 2. 7	− 2. 7	− 2. 1
México	− 0. 5	− 1. 2	− 1. 2	− 0. 2	1. 2	0. 4	− 2. 3	− 3. 1	− 3. 4	− 2. 5	− 1. 1	− 2. 0
Nicaragua	1. 0	0. 5	0. 3	0. 4	0. 5	− 0. 9	0. 1	− 0. 3	− 0. 6	− 0. 6	− 0. 6	− 2. 0
Panamá	− 1. 9	− 2. 2	− 2. 0	− 2. 1	− 1. 4	− 1. 1	− 3. 8	− 3. 9	− 3. 7	− 3. 8	− 3. 1	− 2. 9
República Dominicana	− 0. 4	− 0. 1	0. 3	0. 5	0. 0	1. 2	− 2. 7	− 2. 5	− 2. 4	− 2. 4	− 2. 4	2. 0
Haití	− 1. 0	− 0. 5	0. 3	0. 9	0. 7	− 2. 4	− 1. 4	− 0. 9	0. 1	0. 6	0. 4	− 2. 7

Fuente: Elaboración propia de acuerdo con las cifras publicadas por la Cepal （2019）, Estudio Económico de América Latina y el Caribe, El nuevo contexto financiero mundial: efectos y mecanismos de transmisión, julio de 2019, Santiago, Chile.

En resumen, se puede inferir que el margen de maniobra para paliar los efectos negativos derivados del entorno poco alentador sobre el crecimiento económico a través de instrumentos fiscales se encuentra cada vez más pequeña que antes. Por ello, los gobiernos actuales están enfrentando enormes dificultades en el ajuste de gastos gubernamentales y de inversiones públicas para impulsar las actividades económicas.

3 Políticas monetarias llevadas a cabo por los bancos centrales

Antes de 2019, las economías de la región en cuestión habían tenido una etapa difícil en el manejo de políticas monetarias. Pues durantecasi 4 años consecutivos de 2015 a 2018, sobre todo en 2015 y 2016, se vieron obligadas a ajustar las tasas de intereses de referencia al alza por los bancos centrales para enfrentar la debilidad registrada en el valor de las monedas locales y frenar la fuga de capitales（Cuadro 5）.

Cuadro 5　Tasa de interés de referencia fijada por los bancos centrales en países seleccionados, 2005 – 2018

Año	Argentina	Brasil	Chile	México	Perú
2005	6. 7	19. 1	3. 5	9. 2	3. 0
2006	7. 3	15. 4	5. 0	7. 2	4. 3
2007	9. 1	12. 0	5. 3	7. 2	4. 7
2008	11. 3	12. 4	7. 2	7. 9	5. 9
2009	14. 0	10. 1	1. 8	5. 4	3. 3
2010	12. 3	9. 9	1. 5	4. 5	2. 1
2011	11. 8	11. 8	4. 8	4. 5	4. 0
2012	12. 8	8. 5	5. 0	4. 5	4. 3
2013	14. 6	5. 4	4. 9	3. 9	4. 2
2014	26. 7	11. 0	3. 7	3. 2	3. 8
2015	27. 0	13. 6	3. 1	3. 0	3. 4

Año	Argentina	Brasil	Chile	México	Perú
2016	28. 8	14. 2	3. 5	4. 2	4. 2
2017	26. 4	9. 8	2. 7	6. 8	3. 8
2018	65. 1	6. 5	2. 8	8. 0	2. 8

Fuente: Elaboración propia de acuerdo con las cifras publicadas por la Cepal (2019), Estudio Económico de América Latina y el Caribe, El nuevo contexto financiero mundial: efectos y mecanismos de transmisión, julio de 2019, Santiago, Chile.

Al entrar al año presente 2019, a diferencia de las políticas fiscales, el panorama en el ajuste de las medidas monetarias encaminadas a promover el crecimiento económico parecería haber sido mejorado gracias a la modificación desde unapostura tomada por la Reserva Federal de los Estados Unidos, con tendencia al alza de tasas de referencia a una con senda a la baja modera- da. Bajo este escenario, las autoridades responsables de implementar las políticas monetarias en América Latina y el Caribe han empezado a mostrar menores preocupaciones para enfrentar las presiones inflacionarias y de man- tener los tipos de cambio respectivos en estabilidad. De hecho, la decreciente presión ha traducido a ajustes a la baja en las tasas de interés de referencia en varios países.

Para Brasil, desde que el ultraderechista Jair Bolsonaro asumió la Presi- dencia de Brasil, al 1er de enero pasado, puso en marcha una política económica de tinte totalmente liberal. Hasta octubre de 2019, se han producci- do tres relajaciones en el manejo de las políticas monetarias por medio de ajustes de la tasa de interés de referencia con tendencia a la baja por su banco central. Con estas medidas, el gobierno espera que la reducción gradual de los intereses reduzca el costo del crédito para los empresarios y para los consumi- dores, y que, por lo mismo, incentive tanto la inversión como el consumo, el mayor motor de la economía.

Al 1er de agosto de 2019, después de sostener una reunión celebrada por su banco central, el Comité de Política Monetaria (Copom) anunció un

拉丁美洲和加勒比经济发展分析与展望（2019）

recorte del 6.5% al 6.0% anual en la tasa de referencia denominada como Selic, el cual se encuentra en el nivel más bajo de la serie histórica hasta esa fecha. Se trató de la primera reducción en la tasa de interés referencial anunciada desde marzo del 2018.

Posteriormente, el costo de financiamiento en ese país se ha reducido todavía en dos ocasiones. Así, pues, El Banco Central brasileño ha reducido la tasa básica de intereses del país con 0.5 puntos porcentuales iguales, en 19 de septiembre y 30 de octubre de 2019, respectivamente, desde el 6.0% hasta el 5.5% y desde el 5.5% hasta el 5.0% anual, en un intento adicional por impulsar una economía que ha crecido a ritmo muy lento desde la severa recesión que sufrió Brasil en 2015 y 2016 de manera consecutiva.

En el caso de México, las políticas monetarias han estado en la misma tendencia que la registrada en el país sudamericano para 2019, ante la convergencia de la tasa inflacionaria hacia su meta predeterminada de 3.0 ± 1.0%.

Hasta el 11vo mes de este año 2019, el Banco de México también realizó un total de tres veces en el ajuste de las tasas de interés de referencia (15 de agosto, 26 de septiembre y 14 de noviembre, con una reducción de 25 puntos de base iguales, respectivamente), al bajarla desde 8.25% a 7.50%.

Al mismo tiempo, el Banxico precisó quemantendrá una postura monetaria prudentey dará un seguimiento especial, en el entorno de incertidumbre prevaleciente, al traspaso potencial de las variaciones del tipo de cambio a los precios, a la posición monetaria relativa entre México y Estados Unidos, en un contexto de riesgos, y a la evolución de las condiciones de holgura y presiones de costos en la economía.

Al igual que los ajustes realizados por Brasil y México, Chile también ha tenido tres reducciones de sus tasas de referencia desde junio, con ajustes de 50 puntos de base respectivamente en 10 de junio y 4 de septiembre, para llegar a 2.0%. Últimamente y la más reciente fue en 25 puntos básicos, para ubicar este indicador en 1.75% en 24 de octubre. En ese momento, se decía quese podría necesitar más relajación, mientras las violentas protestas amenazaban con desacelerar su economía. Desde entonces, sin embargo, los inversionistas han reducido las apuestas de recortes de tasas adicionales, a medida que los continuos disturbios sociales han socavado el valor de la moneda local, lo que amenaza con aumentar los costos de importación.

Finalmente, Durante los primeros 11 meses de 2019, la tasa de interés de referencia determinada por el Banco Central de Argentina pasó desde una tendencia al alza durante los primeros 9 meses a una a la baja posteriormente. De acuerdo con las cifras publicadas por la institución argentina, durante el 9no mes de este año, este indicador se mantuvo en un nivel superior a 80%, sobre todo durante el lapso de los días 10 a 12, llegó el máximo, de 85.99%. Posteriormente, la situación ha mantenido en calma relativa y con tendencia descendente, a pesar de mantenerse en rangos altos, en 63% en diciembre desde 14 de noviembre.

En este sentido, el diseño y la instrumentación de políticas monetarias por el banco central de Argentina no son tareas fáciles ante un panorama complicado en materia del crecimiento económico y de volatilidad frecuente registrada en el ajuste cambiario. Por su parte, la pesada carga en los servicios de deudas tanto internas como externas y el vencimiento próximo de las mismas tampoco le da márgenes grandes para realizar adecuaciones oportunas en la tasa de interés.

4 Perspectivas del crecimiento económico para América Latina y el Caribe

Para 2019, la región de América Latina y el Caribe podría registrar otro año de desaceleración del crecimiento económico después de sostener ya dos años consecutivos en 2017 y 2018. Esto, por un lado, se debe al comportamiento desfavorable arrojado por las tres economías más importantes de la zona：el casi nulo crecimiento en México, el avance lento de la economía brasileña y la recesión persistente en la argentina. Por su parte, aunque en el resto de los países, el panorama se ve alentador, sobre todo para la República Dominicana, Panamá, entre otros, la menor importancia que representan ellos en conjunto en la zona no alcanzará compensar el poco dinamismo observado por las principales economías.

En el corto y hasta el mediano plazos, esta situación se ve difícil de revertir considerando que el margen de maniobra en el ajuste de las políticas fiscales se ha reducido significativamente, ya que varios países de la región habían subido la participación de las deudas en el PIB nacional y al mismo tiempo, el déficit de balance fiscal global también se ha ampliado.

A pesar de las facilidades arrojadas en los ajustes de medidas monetarias, tanto el efecto como el alcance todavía han sido limitados ante un entorno al nivel internacional lleno de incertidumbres derivadas no solamente de un ámbito poco dinámico del crecimiento económico mundial sino también de la desaceleración en el flujo de los intercambios comerciales.

Por ello, con propósito de incentivar el crecimiento económico de la región, se requieren esfuerzos adicionales para impulsar el consumo interno y la innovación tecnológica.

国别报告

阿根廷经济发展分析与展望

李仁方[*]

摘　要：2018 年以来，阿根廷通货膨胀居高不下，比索大幅度对外贬值，进出口贸易增长缓慢，经济持续衰退，失业率上升，贫困人口增加。尽管马克里政府采取了一系列振兴经济的政策措施，政策效果却不令人满意。在民粹主义盛行的阿根廷，新自由主义经济政策缺乏良好的社会政治基础，许多看似美好的政策实施起来总是阻力重重。贸易自由化没有显著扩大阿根廷出口，金融自由化也无助于吸引更多 FDI 进入阿根廷，但自由化给短期投机资本进入和逃离阿根廷创造了便利条件。2018 年大面积旱灾沉重地打击了阿根廷农业及农产品出口，2019 年大选进一步冲击阿根廷的经济稳定基础。总体来看，2019 年阿根廷经济衰退基本已难避免，短期内阿根廷经济实现复苏的难度很大。持续的经济衰退不仅使时任总统马克里失去了连任机会，而且也给下一届阿根廷政府带来了诸多困扰。

关键词：阿根廷　经济增长　宏观经济政策　中阿合作

一　阿根廷年度经济发展概况

马克里总统执政以来，阿根廷经济状况总体表现不理想。在经历了 2016 年衰退 2.1% 和 2017 年恢复性增长 2.7% 之后，2018 年阿根廷经济

---

[*]　李仁方，硕士，西南科技大学副教授，主要从事拉美经济、制度经济和农村经济等领域研究。

再次陷入困境。在全球贸易局势紧张、债务持续增加、金融市场动荡以及灾害性气候影响等诸多因素影响下，虽然马克里政府采取了一系列刺激经济发展措施，但2018年阿根廷经济仍然衰退2.5%，这是马克里执政3年内阿根廷第二次经济衰退（见图1）。

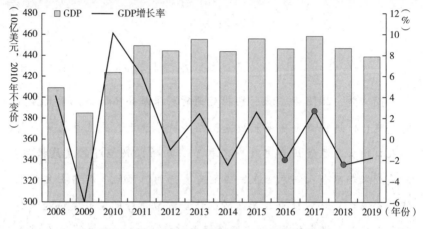

图1　2008～2019年阿根廷GDP及其增长率

资料来源：世界银行数据库，https://data.worldbank.org.cn/indicator? tab = all。2019年GDP增长率为拉美经委会（CEPAL）预测数据，Estudio Económico de América Latina y el Caribe 2019。

尽管2019年没有自然灾害的影响，但恰逢总统选举，大选结果的不确定性对阿根廷经济的冲击效应明显，尤其是8月11日初选结果导致了严重的外汇流失和比索贬值问题。根据阿根廷国家统计局数据，2019年第1季度阿根廷GDP总量为6894.8亿比索，比上年同期下降5.8%，这是该国连续5个季度经济衰退了。从2018年6月至2019年4月，阿根廷经济活跃度指标已连续11个月下降，而且该指标下降趋势仍在延续。

拉丁美洲政治经济协会主任、阿根廷经济学家豪尔赫·马奇尼认为，汇率风险犹存，加上利率居高不下，阿根廷经济或将继续衰退。[①]根据2019年7月29日拉美经委会（CEPAL）发布的预测数据，阿根廷

---

① 《财经观察：阿根廷经济2019年继续面临稳汇率与降通胀挑战》，新华网，http://m.xinhuanet.com/2019 - 04/23/c_1124406371.htm。

2019 年经济增长率为 – 1.8%。① 1960 年以来世界银行可查询数据显示，如果 CEPAL 和 IMF 的预测成真，那么马克里将成为第一位在同一个任期内出现 3 次经济衰退的阿根廷总统。

严重的通货膨胀、剧烈的汇率波动和不断增加的债务规模，这些问题与阿根廷经济衰退紧紧相随。2018 年阿根廷通货膨胀率达到 40.4%，2019 年预期通货膨胀率将超过 50%。2018 年阿根廷比索贬值幅度为 50.9%，在此基础上 2019 年 9 月底又进一步贬值 35.8%。2018 年末阿根廷债务规模为 3321.9 亿美元，2019 年第 2 季度末达到 3347.8 亿美元，债务余额占 GDP 比例已达 88.5%。此外，财政赤字、对外贸易逆差和国内产业发展都持续困扰着阿根廷经济发展。

2019 年阿根廷经济正处于低谷，债务违约风险、严重的通货膨胀、比索大幅度对外贬值的影响都将持续一段时期，经济衰退可能进一步延续。综合各方面情况看，阿根廷经济真正摆脱衰退，可能要等到新政府的各项经济稳定政策产生实际效果之后。

二 当前影响阿根廷经济发展的主要因素

(一) 新自由主义与民粹主义对阿根廷经济影响显著

众所周知，马克里经济政策具有明显的新自由主义倾向。马克里政府积极推行贸易与金融自由化，开放外汇及资本市场，放松对外资的管制，紧缩社会福利和各项公共开支，努力吸引外国企业到阿根廷投资，力图通过重建自由市场机制来恢复阿根廷经济健康。但是，在新自由主义与普遍的民粹主义遭遇之时，马克里经济政策不得不面临诸多的实施障碍，并影响阿根廷经济发展。

---

① 国际货币基金组织 (IMF) 2019 年 7 月 29 日预测阿根廷经济 2019 年将衰退 1.3%，参见 "Outlook for Latin America and the Caribbean: A Stalling Recovery"，https: // blogs. imf. org/2019/07/29/outlook – for – latin – america – and – the – caribbean – a – stall-ing – recovery/；拉美经委会 (CEPAL) 2019 年 7 月 29 日预测阿根廷经济 2019 年将衰退 1.8%，参见 "Estudio Económico de América Latina y el Caribe 2019"。

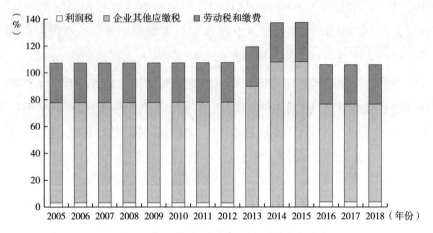

图 2　2005～2018 年阿根廷总税率及其构成

注：这里税率以税收额度占商业利润的百分比计算。

资料来源：世界银行数据库，https：//data. worldbank. org. cn/indicator? tab = all。

　　马克里倾向于为市场和企业"松腰带"，降低企业税收负担，减少社会公共开支，但民众坚决反对政府削减福利支出，以至于阿根廷总税率比企业商业利润率还高。根据世界银行数据，2018 年阿根廷企业总税率高达 106%，其中利润税 3.9%，劳动税和缴费合计 29.3%，其他应缴税种税率 72.8%（见图 2）。税率水平居高不下，福利支出难以削减，企业就很难获利。在微利甚至无利可图的情况下，金融自由化、开放外汇市场及放松外资管制等措施，都难以有效吸引投资者投资阿根廷，不论国内还是国外的投资者皆如此（见图 3）。简单地说，在总税率超过商业利润率的阿根廷，企业很难有高涨的投资热情，资本形成会面临税收抑制效应，马克里微弱的减税政策难以有效刺激企业投资增长。

　　此外，阿根廷工会势力强大，使得企业工资成本上涨趋势难以控制。在宏观层面上，工会政治影响力足以改变政府政策，或影响政策的有效实施。自 2016 年以来，在民粹主义盛行的阿根廷，各种罢工和社会运动持续不断，马克里政府削减非生产性公共支出的努力一再受挫，工会与马克里政府之间难以协调。不过，选举压力还是让马克里政府不得不向民粹主义妥协，2019 年 9 月 16 日他与全国劳工总工会代表共同

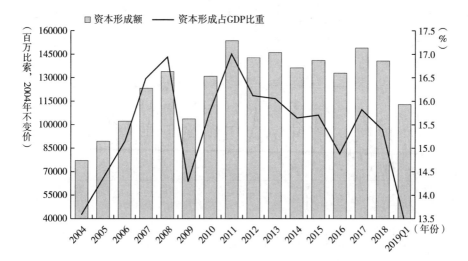

图3　2004～2019年阿根廷资本形成额及其占GDP比率

注：2019年数据为第1季度数据。

资料来源：阿根廷国家统计局，https：//www.indec.gob.ar/indec/web/Nivel3－Tema－3－9。

提议，要求私营企业向其员工支付5000比索奖金。在微观层面上，不论企业盈利水平是否可以承受涨薪压力，工会都可通过罢工、游行甚至暴力打砸企业资产等方式，强制企业接受其持续的涨薪要求，而阿根廷在社会、政治甚至法律上总是宽容工会的要求和行为。在这种情况下，绝大多数企业只能接受工会涨薪要求，然后以涨价方式将成本转嫁给消费者。如此这般，工会涨薪和企业涨价交替发生，最终引发工资推动型通货膨胀（见图4和图5），这是阿根廷通货膨胀问题长期难以解决的重要根源之一。

（二）　总统选举及其冲击效应促使马克里经济政策转向

2019年是阿根廷总统选举年，由此带来的政治冲击对马克里经济政策产生了显著影响。这些影响在两个方面表现尤为突出，一是马克里政府削减社会福利支出的政策发生转向，二是马克里政府在2019年8月11日初选失利后不得不恢复外汇管制政策。

从上台执政以来，马克里力图压缩社会福利支出及其增长速度，以削减财政赤字。随着下届总统选举临近，2019年上半年社会福利支出月

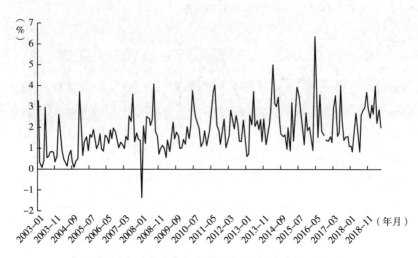

图4 2003~2018年阿根廷工资指数月度环比增长率

注：这里工资指数以 2016 年 10 月为 100 计算。

资料来源：阿根廷国家统计局，https：//www. indec. gob. ar/indec/web/Nivel4 – Tema – 4 – 31 – 61。

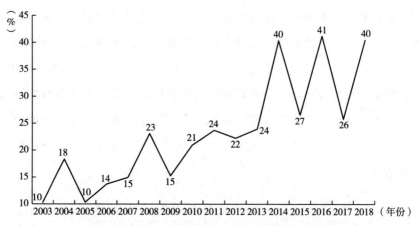

图5 2003~2018年阿根廷按 GDP 平减指数衡量的年通货膨胀率

资料来源：世界银行数据库，https：//data. worldbank. org. cn/indicator？ tab = all。

均增速达到了 9.4%。2019 年前 6 个月阿根廷社会福利支出额同比增速 36.9%，比 2018 年高出 9.2 个百分点，社会福利支出占财政支出总额比例也比上年提高了 4.6 个百分点（见图6）。此外，2019 年前 5 个月行政费用月均仅增长 1.24%，但 6 月份大幅度增长了 17.4%，这主要是司法人员涨工资所致。

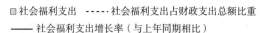

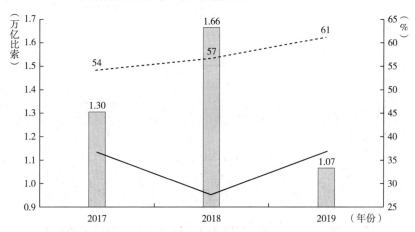

**图6 2017～2019年阿根廷社会福利支出及其占财政支出
总额比重和同比增长情况**

注：2019年数据为上半年数据。

资料来源：阿根廷财政部，https：//www.minhacienda.gob.ar/en/。

马克里总统在2015年12月上台后进行了汇率并轨等市场化思路的改革，取消了前任政府的严格外汇管制政策。但是，在2019年8月11日下届总统大选初选中，时任总统马克里以出人意料的差距落败于反对党候选人费尔南德斯，这个结果导致阿根廷金融市场震动，阿根廷比索大幅度贬值（见图7），外汇储备难以控制地严重流失，央行不得不在9月1日宣布恢复外汇管制政策，这可以说是马克里经济政策从新自由主义向实用主义转变的重大事件之一。阿根廷央行规定，出口商须在5日内将海外销售的利润汇回国内，机构和银行需要授权才能在外汇市场购买美元，阿根廷公民每月的美元购买额度不超过1万美元。从短期效应来看，马克里恢复外汇管制政策不仅阻止了外汇储备不可控制地流失，也有利于避免比索汇率大幅度波动影响。

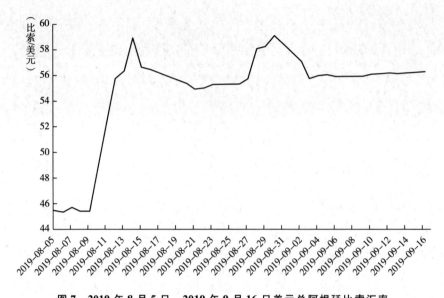

图 7　2019 年 8 月 5 日～2019 年 9 月 16 日美元兑阿根廷比索汇率

资料来源：WIND 数据库。

（三）严重旱灾对阿根廷 2018 年经济衰退影响不容忽视

农业是阿根廷的重要产业之一，通常情况下农产品出口额占阿根廷出口总额比重超过 50%。2018 年阿根廷遭遇了严重旱灾，给农业发展带来了沉重打击，尤其是对大豆等重要出口农产品及其加工品。根据 Estudio Broda 在 2018 年初的预测，阿根廷持续干旱导致阿根廷大豆减产至 4250 吨。① 2018 年阿根廷农业增加值比上年下降了 14.17%（见图 8），这是 2009 年以后最严重的衰退。从 2018 年阿根廷出口产品结构情况看，同上年相比，除了谷物和蔬菜、水果等少数农产品出口保持微弱增长之外，其他绝大多数农产品及其加工品出口都出现负增长，其中油籽、子仁、工业或药用植物、饲料出口额减少了 14.23 亿美元，比上年下降了 45.2%（见表 1）。

---

① 中国驻阿根廷大使馆经济商务处：《阿根廷持续干旱将导致 2018 年经济减速 0.7—0.8 个百分点》，http://ar.mofcom.gov.cn/article/jmxw/201803/20180302720084.shtml。

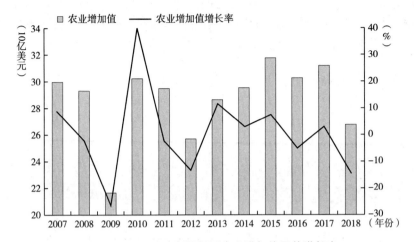

图8　2007~2018年阿根廷农业增加值及其增长率

资料来源：世界银行数据库，https：//data. worldbank. org. cn/indicator? tab = all。

表1　2017~2018年阿根廷主要农产品及其加工品的出口变化

单位：百万美元，%

HS 编码	商品类别	2017 年出口额	2018 年出口额	2018 年同比增长率	2018 年占出口总额比重
章	总值	58384	61559	5.4	100
23	食品工业的残渣及废料；配制的饲料	9822	7954	-19	12.9
87	谷物	6966	7152	2.7	11.6
10	动、植物油、脂、蜡；精制食用油脂	4853	3618	-25.5	5.9
15	油籽；子仁；工业或药用植物；饲料	3149	1726	-45.2	2.8
02	食用蔬菜、根及块茎	735	589	-19.9	1
71	谷物粉、淀粉等或乳的制品；糕饼	263	230	-12.7	0.4
27	蔬菜、水果等或植物其他部分的制品	1149	1157	0.7	1.9

资料来源：中国商务部国别报告网，https：//countryreport. mofcom. gov. cn/。

（四）贸易保护主义盛行不利于阿根廷产品出口增长

全球结构失衡导致的贸易紧张局势在 2018 年集中爆发，尤其是美国贸易保护主义政策影响日趋严重，而贸易保护主义升级则直接削弱了全球贸易量。尽管马克里政府表现出强烈的亲美态度，阿根廷出口却仍然深受影响，尤其是对美国出口在 2018 年下降 5.6% 的基础上，2019 年上半年又进一步下降了 0.8%。在有"巴西特朗普"之称的博索纳罗

（Jair Bolsonaro）上台后，2019 年上半年阿根廷对最大贸易伙伴国巴西的出口也下降了 3.8%（见图 9）。

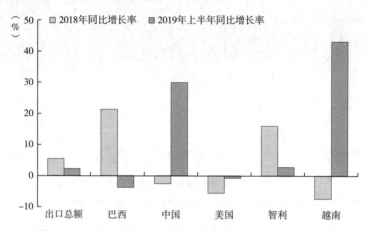

图 9 2018～2019 年上半年阿根廷出口总额及其前五大出口市场增长状况
资料来源：中国商务部国别报告网，https：//countryreport. mofcom. gov. cn/。

与此同时，中美贸易摩擦不断升级，全球供给秩序被打乱。美国以更有利的条款完成了与韩国自贸协定的重新谈判，并用新的《美墨加协定》取代了《北美自由贸易协定》，但阿根廷没有在进一步改善对美贸易关系中取得任何新的进展。为了反对美国对华加征贸易关税，中国将农产品从美大规模进口策略调整为多元化进口策略，但阿根廷在 2018 年严重旱灾影响下对华出口下降了 2.6%。从 2019 年上半年出口情况看，东亚国家对阿根廷出口增长的拉动力最强，阿根廷对中国、越南和印尼出口分别同比增长 29.9%、43.1% 和 25%。此外，阿根廷对印度、沙特和伊朗等其他亚洲国家的出口也都保持两位数以上的增长率。

（五）马克里对外经济合作重点及其方向偏离国际经济环境变化趋势

尽管特朗普贸易保护主义政策对阿根廷存在明显不利影响，马克里及其政府却始终表现出明显的亲美态度。除了在出口贸易方面寻求美欧支持而不得之外，马克里对外经济合作重点及其方向也偏离了国际经济环境变化的大趋势。马克里政府始终不懈地寻求美欧资本投资阿根廷，但特朗普一贯坚持美国资本应更多回归本土的主张,而欧洲经济持续不景气又削弱了其对外投资能力。此外,受发达国家货币政策正常化进程推动,特别是美国加息及美元升值的影响,全球融资条件随之发生变化,并引发多国货币动荡问题,其中阿根廷比索持续大幅度贬值尤为突出。以中国为代表的新兴经济体拥有投资阿根廷的能力和意愿,马克里政府本可以与新兴经济体在贸易及投资合作方面有更大作为,但实际上表现较为冷淡。

三 当前阿根廷经济发展状况

(一)2019 年阿根廷经济进一步衰退几成定局

2018 年阿根廷 GDP 总量为 4467.3 亿美元(2010 年不变价美元),比上年下滑 2.5%,这是最近 10 年里阿根廷第 5 次经济负增长。根据阿根廷国家统计局数据,阿根廷私人部门消费和资本形成总额已分别持续 4 个季度和 5 个季度环比下降(见图 10);公共部门消费在持续 4 个季度环比下降后,2019 年第 1 季度终于环比上涨 1.97%(见图 11)。截至 2019 年第 1 季度末,阿根廷私人部门消费、公共部门消费、资本形成总

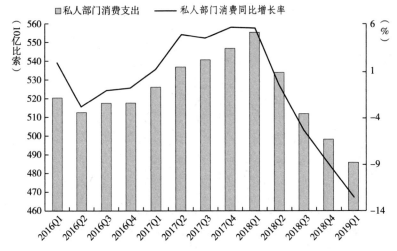

图 10　2016～2019 年阿根廷各季度私人部门消费支出及其增长率

资料来源:阿根廷国家统计局(INDEC),https://www.indec.gob.ar/indec/web/Nivel3 - Tema - 3 - 9。

额和进口额分别比上年同期下降了 12.54%、10.71%、24.79% 和 24.66%（见图 12 和图 13），只有出口额比上年同期增加了 0.97%（净出口额为 −193 亿比索）（见图 13），GDP 总量比上年同期下降 5.8%。虽然 2019 年全年数据经济数据尚未最终公布，但 2019 年阿根廷经济进一步衰退几成定局。

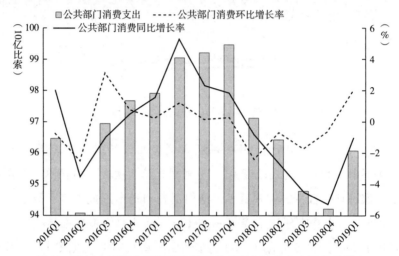

图 11　2016～2019 年阿根廷各季度公共部门消费支出及其增长率

资料来源：阿根廷国家统计局（INDEC），https：//www. indec. gob. ar/indec/web/Nivel3 - Tema - 3 - 9。

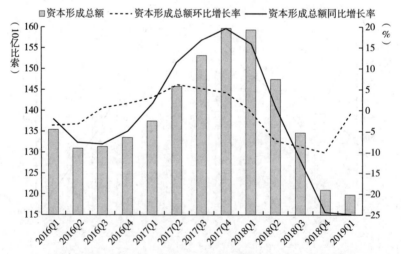

图 12　2016～2019 年阿根廷各季度资本形成总额及其增长率

注：2019 年为第 1 季度数据。

资料来源：阿根廷国家统计局（INDEC），https：//www. indec. gob. ar/indec/web/Nivel3 - Tema - 3 - 9。

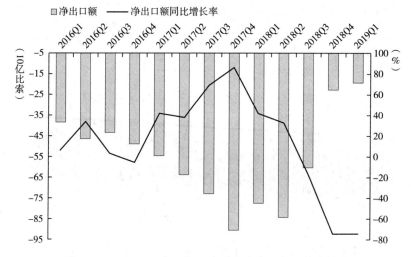

图 13　2016～2019 年阿根廷各季度净出口额及其增长率

资料来源：阿根廷国家统计局（INDEC），https：//www.indec.gob.ar/indec/web/Nivel3－Tema－3－9。

（二）阿根廷在短期内已难以摆脱持续高通货膨胀状态

在马克里总统首个 4 年任期里，阿根廷绝大多数时期处于经济衰退和高通货膨胀状态。在基什内尔夫妇执政 12 年里只有 2014～2015 年通货膨胀率超过 25%；在马克里执政 3 年里阿根廷有 2 年通货膨胀率超过 40%。从月度通货膨胀率来看，截至 2019 年 8 月马克里已执政 44 个月，其中 32 个月通货膨胀率超过 2%（以月度消费者价格指数环比变化率衡量，见图 14）。根据阿根廷国家统计局数据，2019 年 8 月阿根廷通胀率为 4%，前 8 个月累计通胀率为 30%，与上年同期相比通胀率达到 54.5%，其中食品饮料类商品价格截至 2019 年 8 月上涨 33.3%。在 2019 年前 8 个月里，阿根廷年通货膨胀率始终稳居 50% 以上，而马克里政府又无力解决高通货膨胀问题，因此可以预期 2019 年通货膨胀率很难低于 50%。根据阿根廷央行 2019 年 8 月的预测，未来 12 个月里通货膨胀率为 30.2%①，由此可知阿根廷在短期内已很难摆脱高通货膨胀状态。

---

① 阿根廷央行，http：//www.bcra.gov.ar/。

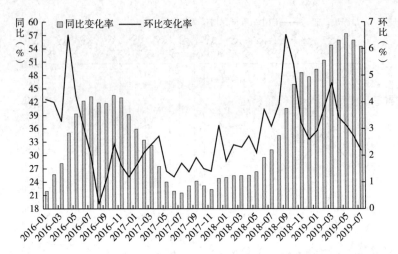

图 14　2016～2019 年阿根廷月度消费者价格指数同比变化率和环比变化率

资料来源：阿根廷国家统计局（INDEC），https：//www. indec. gob. ar/indec/web/Nivel3 - Tema - 3 - 5。

（三）阿根廷比索再现难以控制地大幅度贬值问题

2015 年 12 月 10 日马克里总统就职，阿根廷当日汇率为 9. 85 比索/美元。在艰难地维持了 26 个月缓慢贬值后，2018 年 2 月 8 日汇率突破 20 比索/美元；8 月 13 日突破 30 比索/美元；9 月 13 日突破 40 比索/美元（见图 15），至此阿根廷比索比马克里就职日贬值 75. 38%，汇率危机大举来袭。为了稳定比索汇率，马克里政府积极削减财政赤字，并向国际货币基金组织借债以充实国际储备；阿根廷央行实施基础货币零增长计划和汇率目标干预等措施。从 2019 年 2 月下旬起，阿根廷汇率基本站在 40 比索/美元以上。随后马克里政府再次进行强有力干预，但阿根廷比索已如脱缰的野马一样难以控制，2019 年 7 月 24 日终于稳定地突破了央行汇率目标上限 44 比索/美元。受马克里总统初选失利影响，2019 年 8 月 12 日阿根廷汇率达到 57. 3 比索/美元，并一度突破 60 比索/美元。截至 2019 年 8 月 30 日，阿根廷比索汇率已经比马克里总统就职日贬值 84. 1%。总体来看，马克里政府实施的自由浮动汇率制度并不成功，反而使得阿根廷比索再次呈现历史上反复出现的持续大幅度贬值趋势。

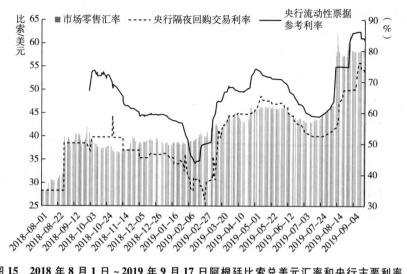

图 15　2018 年 8 月 1 日～2019 年 9 月 17 日阿根廷比索兑美元汇率和央行主要利率

资料来源：阿根廷央行（BCRA），http://www.bcra.gov.ar/PublicacionesEstadisticas/。

（四）阿根廷吸纳 FDI 流量略有增长而存量下降

马克里总统执政 3 年多以来，阿根廷营商环境虽然仍不太好，但比以前有所改善。根据世界银行《2019 年全球营商环境报告》，阿根廷营商便利指数在 2016～2019 年逐步提升，2019 年营商便利指数达到 58.8分，在 190 个经济体中排名第 119 位[①]，营商便利指数及全球排名都比上年有所改善。因此，虽然阿根廷经济增长态势不尽如人意，但吸纳外国直接投资（FDI）规模（流量）略有增长。联合国贸发会议数据显示，虽然 2016 年阿根廷吸纳 FDI 流量因政府更迭而比上年下降了72.28%，但 2017 年恢复性增长迅猛，年增长速度达到创纪录的253.26%，2018 年达到 121.62 亿美元，超过 2015 年水平（见图16）。根据阿根廷央行数据，2017 年第 1 季度以来阿根廷每个季度平均吸纳 FDI 净额基本保持在 25 亿美元以上。但是，2016 年和 2018 年阿根廷对外直接投资（OFDI）出现过快增长，导致同期国内 FDI 存量分别减少 6.15% 和 9.81%（见图 17）。显然，国内投资减少不利于阿

[①]　世界银行：《2019 年全球营商环境报告》，https://www.doingbusiness.org/。

根廷快速走出经济衰退困境。

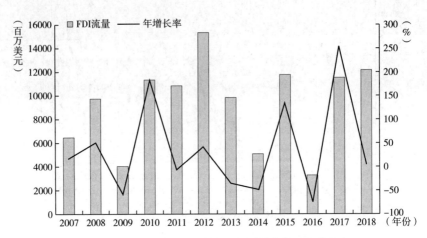

图16　2007～2018年阿根廷FDI流量及其年增长率

资料来源：联合国贸发会议数据库，https：//unctadstat. unctad. org/wds/ReportFolders/report-Folders. aspx.

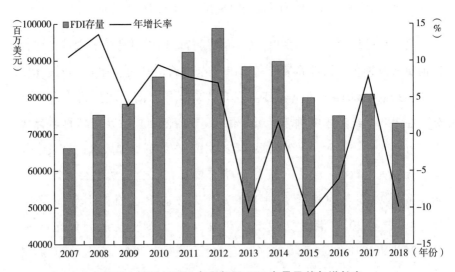

图17　2007～2018年阿根廷FDI存量及其年增长率

资料来源：联合国贸发会议数据库，https：//unctadstat. unctad. org/wds/ReportFolders/re-portFolders. aspx。

　　在国内经济衰退、营商环境不好及外汇和资本管制放松等诸多因素影响下，阿根廷对外直接投资（OFDI）在马克里执政期增长较快。联合国贸发会议数据显示，在国内经济负增长的2016年和2018年，阿根廷

OFDI 数额各为 17.87 亿美元和 19.11 亿美元，分别增长 104.12% 和 65.39%（见图 18）。

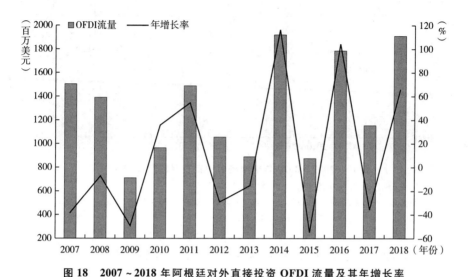

图 18　2007～2018 年阿根廷对外直接投资 OFDI 流量及其年增长率
资料来源：联合国贸发会议数据库，https：//unctadstat. unctad. org/wds/ReportFolders/report-Folders. aspx。

（五）阿根廷对外贸易额呈增长态势，贸易逆差逐年减少

马克里总统执政以来，阿根廷积极推行贸易开放政策，放宽进口限制，取消特别关税，调低关税税率，简化进出口行政管理程序和进出口手续，逐步扭转了 2011 年以来对外贸易额缓慢下降的趋势，并在 2017 年至 2019 年恢复了贸易增长态势。2018 年阿根廷货物进出口额达到 1270 亿美元，比 2015 年增长 8.98%（见图 19）。2019 年上半年，阿根廷因国内经济不景气进口同比大幅度下降 27.9%，但出口仍然同比增长 2.2%，对外贸易顺差 194.8 亿美元。

在马克里政府实施贸易开放政策后，阿根廷竞争力强大的农产品及其加工产品出口快速增长，但此前被抑制的进口也井喷式增长，对外贸易逆差问题凸显。2017 年阿根廷贸易逆差达到 851.5 亿美元，2018 年国内经济衰退而进口减少，贸易逆差也随之收缩到 388.2 亿美元。受国内需求减弱影响，2019 年上半年阿根廷因进口急剧减少而实现贸易顺差

阿根廷经济发展分析与展望

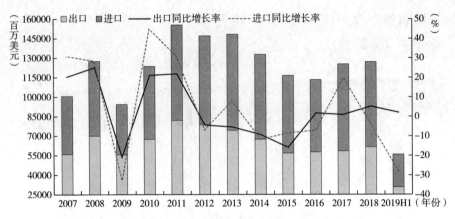

图 19　2007～2019 年阿根廷进出口贸易额及其增长率

注：2019H1 数据为 2019 年上半年（1～6 月）数据。

资料来源：中国商务部：《国别贸易报告（阿根廷，2019 年第 3 期）》，https：//countryreport. mofcom. gov. cn/record/qikan110209. asp？ id = 11383。

194.8 亿美元（见图 20）。从贸易差额来源看：2018 年阿根廷对外贸易顺差主要来自智利、阿尔及利亚、越南等国，其中对智利顺差额最大（23.3 亿美元）；同年对外贸易逆差主要来自中国、巴西、美国、德国、墨西哥等国，其中对中国逆差额最大（78.6 亿美元）。从 2019 年上半年数据看，阿根廷对越南贸易顺差达到 12.22 亿美元，越南超越智利成为阿根廷最大贸易顺差来源国；而中、美、德仍然是阿根廷贸易逆差三大主要来源国。

从出口目的地看，巴西、中国、美国是阿根廷三个最重要的出口市场。邻国巴西是阿根廷第一大出口市场：2018 年阿根廷对巴西商品出口112.9 亿美元，占阿根廷出口总额的 18.3%，同比增长 21.3%；2019 年上半年对巴西出口 50.95 亿美元，占阿根廷出口总额的 16.6%，同比下降 3.8%。中国是阿根廷第二大出口市场：2018 年阿根廷对华出口 42.1亿美元，同比下降 2.6%；2019 年上半年对华出口 22.33 亿美元，同比增长 29.9%。美国是阿根廷第三大出口市场：2018 年阿根廷对美出口41.8 亿美元，同比下降 5.6%；2019 年上半年对美出口 19.3 亿美元，同比进一步下降 0.8%。此外，阿根廷对邻国智利出口始终保持较高水平，近几年以来对越南和印度出口增长很快，其中越南已经连续 2 年成

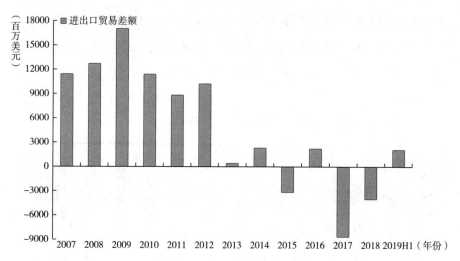

图 20　2007～2019 年阿根廷进出口贸易差额

注：2019H1 数据为 2019 年上半年（1～6 月）数据。

资料来源：中国商务部：《国别贸易报告（阿根廷，2019 年第 3 期)》，https：//countryre-port. mofcom. gov. cn/record/qikan110209. asp？id＝11383。

为阿根廷第五大出口市场，印度在 2019 年上半年也升至阿根廷第六大出口市场。

从进口来源地看，阿根廷商品进口主要来自巴西、中国、美国、德国等国家，这四个国家在 2016～2018 年稳定地排在阿根廷进口来源国的前 4 位。巴西为阿根廷第一大进口市场：2018 年阿根廷自巴西进口155.7 亿美元，占阿根廷进口总额的 23.8%，同比下降 14.2%；2019 年上半年自巴西进口 52.87 亿美元，占阿根廷进口总额的 21%，同比下降41.7%。中、美、德分别为阿根廷第二、三、四大贸易伙伴，2018 年阿根廷分别从这三个国家进口 120.7 亿美元、76.6 亿美元和 33.5 亿美元，合计占阿根廷进口总额的 35.3%，其中自中国和德国进口分别增长27.7% 和 12.9%，但自美进口下降了 18.3%。2019 年上半年，阿根廷自中、美、德分别进口 44.43 亿美元、32.71 亿美元和 14.09 亿美元，分别同比下降 30.4%、5.8% 和 21.2%。

（六）阿根廷失业率与名义工资率都呈现上升趋势

失业率的变化很好地反映了阿根廷 2018 年以来经济衰退问题。根据国际劳工组织估算，2018 年阿根廷失业人口为 193.07 万人，比 2015 年增加了 29.6%，失业率达到 9.48%，这是阿根廷 2007 年以来的最高水平。2019 年阿根廷失业人口将增加到 205.25 万人，失业率也将进一步攀升到 10%。如图 21 所示，从长期来看，截至 2019 年第 1 季度阿根廷失业率和失业人口数都处于历史上升趋势中。

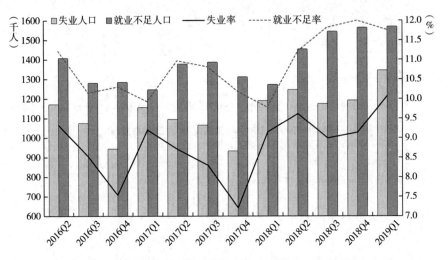

图 21　阿根廷 2016～2019 年各季度失业人口和失业率

资料来源：阿根廷国家统计局（INDEC），https：//www. indec. gob. ar/indec/web/Nivel3 – Tema – 4 – 31。

根据阿根廷国家统计局对代表其 60% 人口数的 31 个城市集群住户调查的数据，2019 年第 1 季度失业人数 133.8 万人，失业率达到 10.07%，就业不足（每周工作时间少于 35 小时）人数 156.2 万人，就业不足率 11.76%。与 2017 年第 4 季度相比，2019 年第 1 季度失业人数和就业不足人数分别增加了 41.2 万人和 25.7 万人，失业率和就业不足率也都达到了马克里总统执政以来的最高水平。

从各行业失业率状况看，2017 年第 4 季度到 2019 年第 1 季度都呈上升趋势。根据阿根廷国家统计局对 31 个城市集群住户调查的数据，2019 年第 1 季度制造业、建筑业、商业和家政服务业失业率分别比 2017 年第 4 季度上升了 0.2 个百分点、0.63 个百分点、0.36 个百分点和 0.28 个百分点。尤其值得注意的是，从未就业和失业 3 年以上（沮丧型）失业者的失业率达到了 2.03%，比 2017 年第 4 季度上升了 0.43 个百分点。

根据阿根廷国家统计局对 31 个城市集群住户就业调查的数据，2019 年第 1 季度就业人口达到 1194.7 万人，比 2017 年第 4 季度还多 5.5 万人，但由于参与经济活动人数增长更快，同期就业率相比反而下降了 0.77 个百分点。值得注意的是，2018 年阿根廷 31 个受调查城市集群的就业增长率有 3 个季度为负，而总人口增长率始终为正。就业增长速度赶不上人口正常增长速度，这也是 2018 年阿根廷经济衰退的重要表现之一。

从不同行业就业情况看，根据阿根廷国家统计局对 31 个城市集群就业调查的数据，对于劳动力吸纳能力最强的 8 个部门，2019 年第 1 季度数据有 5 个部门都低于 2017 年第 4 季度。其中，教育部门、建筑业、公共行政国防和社保、制造业、运输和通信等部门就业率分别下降了 0.34 个、0.27 个、0.18 个、0.17 个和 0.05 个百分点，累计下降幅度达 1.01 个百分点，比同期总体就业率的下降幅度（0.77 个百分点）还要多。

与阿根廷经济衰退和失业率趋高相伴随的是，其名义工资指数始终保持稳定增长态势。根据阿根廷国家统计局数据，2019 年 5 月名义工资指数（2016 年 10 月 = 100）达到 198.51，相当于 2015 年 12 月的 2.57 倍。比较而言，私人部门的名义工资指数涨幅比同期综合的月工资指数平均高出 1.6 个百分点。也就是说，阿根廷私人部门的名义工资增长更快。

当然，名义工资的增长速度总是很难赶上通货膨胀速度。根据阿根廷国家统计局数据，以 2016 年 10 月为基准，2019 年 5 月名义工资指数增长了 96.5%，而同期消费者价格指数增长了 125.9%，两者相差 29.4 个百分点。因此，2019 年底阿根廷人的实际工资处于下降趋势中。

四 阿根廷经济政策及其效果分析

（一）货币政策及其效果分析

在 2015 年底上台后，马克里总统积极实施各种经济政策，减缓比索贬值速度以实现本币汇率稳定，减轻货币超发导致的通货膨胀压力。马克里政府竭力恢复阿根廷央行的独立性，力图堵住过去央行印钞为中央财政"放水"的闸门。与此同时，马克里政府取消外汇管制和进口限制，允许汇率自由浮动和自由买卖外汇，废除高准备金制度，展现亲市场政策取向。此外，还就克里斯蒂娜政府时期违约债务与"秃鹫基金"达成偿还原则协议，使得阿根廷政府重返国际资本市场。经过一年多持续努力，这些政策逐步取得成效，2017 年阿根廷终于实现了 GDP 正向增长 2.7% 的好成绩。

但是，好景不长，2018 年 4 月阿根廷汇率危机再现，民众对经济前景悲观情绪浓厚。在债务持续增加和汇率管制放松影响下，市场对比索贬值预期上升，阿根廷出口创汇收入不肯回流。为应对汇率危机，阿根廷采取抛售美元、提高利率和减少赤字三大政策手段，以恢复市场对其经济前景及其本币价值的信心，并促使出口收入留在国内消费和投资，但政策效果不明显。随着财政状况恶化，货币供给量又难以遏制地持续增加，结果导致比索进一步贬值，通货膨胀率继续攀升，政治及社会危机频繁发生。尽管 2018 年底阿根廷比索汇率贬值速度有所缓解，但全年贬值幅度仍高达 53%。

随着 2019 年下届总统选举日益临近，潜在的政策变数给阿根廷经济增添了诸多不确定性，但稳定比索汇率和控制通货膨胀是阿根廷面临的最重要挑战。马克里要实现总统连任目标，如何避免在本届任期中出现第三次经济衰退很关键。为此，马克里政府自 2018 年 10 月 1 日起实行基础货币零增长的紧缩性货币政策，直到 2019 年 6 月。当然，阿根廷经济要走出低谷，短期内需要解决好通货膨胀及其带来的社会问题，长期内还需要调整产业结构并重建市场对比索的信心。总体上来看，阿根廷经济前途多艰险，复苏之路尚漫长。

1. 2018 年第 4 季度以来货币供给基本保持稳定

货币供给是影响汇率和物价的关键因素。从阿根廷经济发展史看，多次经济危机爆发都与政府滥发货币有重大关系，这也是马克里执政之初即强调维护央行独立性的根本原因。尽管马克里政府在 2018 年第 4 季度开始实施连续 9 个月内基础货币零增长计划，但是仍然未能控制住实际货币供给持续快速增长的势头。截至 2019 年 5 月底，在马克里执政三年多时间里，阿根廷货币供给量 M2 已相当于 2015 年底的 2.8 倍，每月平均增长率达到 2.5%（见图 22）。

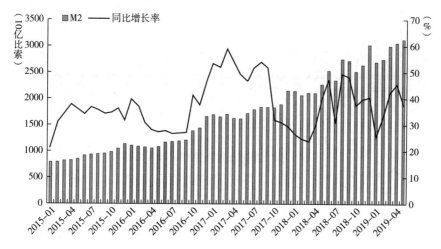

图 22　2015 年 1 月至 2019 年 5 月阿根廷每月 M2 供给存量及同比增长率
资料来源：阿根廷央行，http：//www.bcra.gob.ar/。

从 2018 年 4 月开始，比索贬值幅度越来越大，通货膨胀水平越来越高。2018 年 9 月，阿根廷央行推行基础货币零增长计划，确定基础货币供给目标控制量为 13432 亿比索，实施期限为当年 10 月至次年 6 月。[①] 该计划在 2018 年第 4 季度执行较为严格，但进入 2019 年后基础货币供给量又反复出现超出控制目标的状况，2 月初甚至超出目标控制量 7.3%（见图 23），结果使得 2019 年比索出现进一步贬值问题。

以总统就职月（当选年 12 月）货币供给量为基础，马克里与克里斯蒂娜执政的前 5 个月 M2 都出现了负增长，但此后都出现了明显的正增长，而且越接近下届总统选举期 M2 增长越快（见图 24）。比较而言，马克里总统在前 41 个月任期内有 35 个月 M2 供给增长率都大大高于克

---

① 阿根廷央行：《2018—2019 年系列货币政策报告》，http：//www.bcra.gov.ar/Publica-cionesEstadisticas/Informe_politica_monetaria.asp。

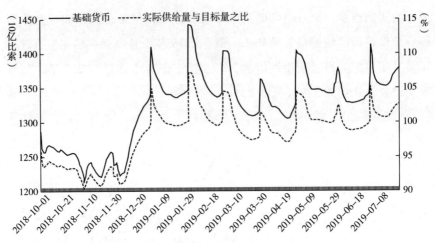

**图23　2018 年 10 月 1 日至 2019 年 7 月 15 日阿根廷基础货币
供给存量及其与控制目标量之比**

资料来源：阿根廷央行，http：//www.bcra.gob.ar/。

里斯蒂娜时期，其中第 41 个月任期 M2 增长幅度已接近克里斯蒂娜最后
一个月水平。考虑到马克里总统就职月货币供给量基数更大，实际上马
克里执政期内 M2 供给量绝对增加额要远远高出克里斯蒂娜时期。也正
因为如此，马克里政府面临着比克里斯蒂娜时期更为严峻的比索贬值和
通货膨胀压力。

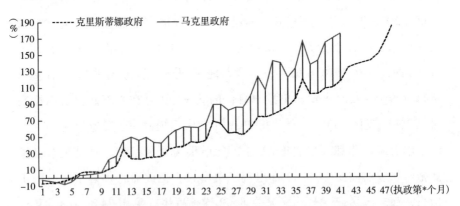

图24　克里斯蒂娜政府与马克里政府相同任期内 M2 供给存量增长率比较

资料来源：阿根廷央行，http：//www.bcra.gob.ar/。

2. 汇率政策：缩小波动，稳定比索

马克里政府执政初期确立的是自由浮动汇率政策，并允许自由买卖

外汇。在取消前任政府施行的外汇交易及汇率管制政策后，阿根廷比索虽然在最初15个交易日内对美元贬值了25.1%，但在2016~2017年绝大多数时间里基本保持稳定，两年内对美元合计贬值30.4%。毫无疑问，比索汇率稳定为2017年阿根廷经济增长奠定了重要基础。

2018年以后，阿根廷联邦政府债务开始骤然增加。2018年第1季度联邦债务余额占同期GDP比重为59.3%，第2季度达到77.4%，第3季度更是超过95%。2018年底阿根廷联邦债务余额达到3321.9亿美元，占当年GDP的比重为86%，分别比2015年高出915.3亿美元和33.4个百分点（见图25）。在阿根廷债务中，有近70%都以外币计算，外债相对较高使经济相对更加脆弱。根据路透社消息，阿根廷2019年到期外债达249亿美元。[①] 受此影响，国际市场对阿根廷央行偿还其短期债务的能力开始产生疑虑，并动摇了对比索的信任。

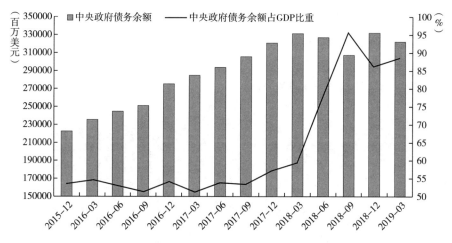

图25　2015年第4季度至2019年第1季度阿根廷中央政府债务余额及其占GDP比重

资料来源：阿根廷财政部，https://www.minhacienda.gob.ar/en/。

与此同时，阿根廷央行货币政策较为宽松，货币供应量总体保持快速增长趋势，在马克里执政前41个月里M2月平均增速超过2.5%，而

① 《比索贬值不止，阿根廷上调基准利率至60%》，新华网，http://www.xinhuanet.com/world/2018-09/01/c_129944563.htm。

同期阿根廷经济增长乏力，所以比索对内对外贬值都很难避免（见图26）。此外，2018年美联储4次提升联邦基金利率，以至于美国联邦基金有效利率持续上升，也进一步加快了美元对比索升值的步伐。从2018年4月份开始，阿根廷比索遭到大量抛售，投资者弃置阿根廷比索资产，转而支持避险美元资产，并迅速引发比索对美元汇率贬值。与2018年初相比，同年9月底阿根廷比索对美元汇率贬值幅度达54.7%（见图27）。

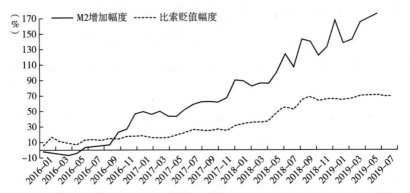

图26　阿根廷以2015年12月为基数的货币供给量M2增长率及比索贬值幅度

资料来源：阿根廷央行，http：//www.bcra.gob.ar/。

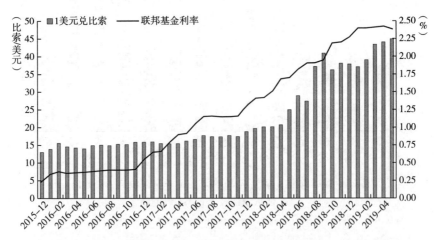

图27　2015年12月至2019年5月美国联邦基金有效利率变化趋势及1美元兑阿根廷比索汇率

资料来源：美国联邦储备委员会，https：//www.federalreserve.gov/。

面对阿根廷汇市大幅度波动以及比索持续贬值，马克里经济团队最初只是通过定期定量抛售美元来稳定比索汇率，但在损失了170亿美元外汇储备后，比索贬值趋势仍然未能得到有效遏制。为阻止本币进一步大幅度贬值，阿根廷央行一口气加息60%，但比索依然如自由落体般下滑。2018年9月，马克里政府终于决定摈弃自由浮动汇率政策，而代之以"限定性浮动汇率制"。为避免汇率波动过于剧烈并引发比索再次大幅贬值，阿根廷政府为汇率浮动空间设定上下限，浮动幅度在10%～15%，浮动上限大致在40～44比索/美元，而下限则在32～36比索/美元①。只要汇率波动不触及上下限，阿根廷央行就会放任汇率自由浮动。一旦汇率浮动超过上限或低于下限，阿根廷央行就会通过抛售或买入美元来干预汇市，使美元汇率回归该"安全地带"。

当然，阿根廷央行若要执行"限定性浮动汇率制"，还需要依赖充沛的外汇储备来干预汇市。在出口外汇收入来源增长不足情况下，阿根廷政府不得不依赖于国际融资增加外汇收入。2016年以来阿根廷联邦政府债务出现了持续增长趋势。2018年6月马克里政府与IMF达成3年期500亿美元贷款协议，但马克里总统当时并未打算动用这笔贷款。由于比索贬值趋势难以遏制，2018年8月29日马克里政府不得不请求IMF加快发放贷款，随后还额外贷款200亿美元，用以缓解汇率危机带来的金融困境。从2019年上半年比索汇率波动情况看，在IMF支持和帮助下，比索虽然比年初进一步贬值了13%（以2019年7月25日汇率计算），但马克里政府基本将比索汇率稳定在预定目标波动范围之内。

从执政期内各项汇率稳定政策的效果看，马克里时期比索贬值幅度和波动幅度都大于克里斯蒂娜时期。根据阿根廷央行数据，以总统就职日阿根廷比索对美元汇率为基础：在克里斯蒂娜48个月执政期内汇率波动范围为4.32～9.85比索/美元，比索累计贬值56%；在马克里前43个月（截至2019年7月25日）执政期内汇率波动范围为9.85～46.49比索/美元，比索累计贬值79%（见图28）。

---

① 数据来源于2018年9月21日阿根廷《号角报》。根据阿根廷央行2019年1月份货币政策报告，2018年第4季度汇率波动的不干预区间下限为34比索/美元，上限为44比索/美元。

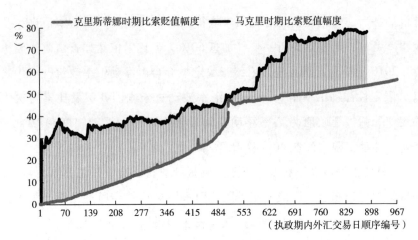

图 28　两任总统任期内以就职日为基准的各外汇交易日比索对美元贬值幅度比较

资料来源：阿根廷央行，http：//www.bcra.gob.ar/。

3. 利率政策：稳定比索，遏制通胀

长期以来，阿根廷都存在高通货膨胀和本币汇率不稳定问题，因此其利率水平通常会高于世界上绝大多数国家。在马克里总统执政期间，阿根廷央行日均隔夜回购交易利率最低为18%，最高为65%；私人银行同业拆借利率最低为 19.1%，最高为 77%；个人贷款利率最低为 37.7%，最高为 68.3%（见图 29）。当然，在 2018 年 4 月份以前，阿根廷各项利率虽然相对水平较高，但总体上利率波动幅度不大，2016 年央行甚至还多次下调了基准利率水平。

2018 年 4 月，阿根廷比索出现大幅度贬值，通货膨胀随之急剧上升，马克里经济团队不得不为稳定汇率和物价而频繁调整利率水平。截至 2018 年 8 月 30 日，阿根廷央行先后五次加息——4 月 26 日以前阿根廷央行基准利率基本维持在 30% 以下，4 月 27 日上调至 30.25%，5 月 3 日上调至 33.25%，5 月 4 日再次上调至 40%，8 月 13 日进一步上调至 45%，8 月 30 日罕见地上调至 60%[①]，这也是各国央行现行基准利率中的最高水平之一。2018 年 9 月 11 日，阿根廷央行再次强调，将维持

---

① 《阿根廷央行年内第五次上调利率至 60%，比索兑美元暴跌》，新京报网，http：//www.bjnews.com.cn/finance/2018/08/30/502313.html。

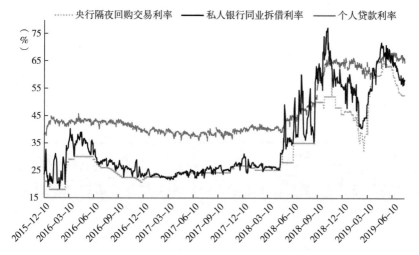

图 29　马克里执政期间阿根廷央行隔夜回购交易利率、私营银行同业拆借利率及个人贷款利率

资料来源：阿根廷央行，http：//www.bcra.gob.ar/。

60％的基准利率不变至少到 12 月，并将采取任何必要措施来控制通货膨胀，且保证阿根廷继续履行偿债责任①。

从利率政策效果来看，2018 年前 4 次加息政策的短期效果并不明显，比索汇率贬值幅度和通货膨胀率水平与各种利率基本保持同步上升趋势，直到阿根廷央行第 5 次加息后比索汇率才出现了短暂稳定期，通货膨胀率也在 12 月有微小回落（见图 30）。尤其值得注意的是，即使利率水平如此之高，阿根廷通货膨胀率也仍然不见明显回落，甚至还出现了逐步上升趋势。

当然，作为全球借贷利率最高的国家之一，阿根廷央行 60％基准利率也拉低了其经济增长率。因为 2018 年 10 月汇率暂时企稳，11 月通货膨胀率低于预期水平，加上 IMF 资金救助逐步进入实施阶段，阿根廷央行对经济发展前景表现出谨慎乐观情绪，于 12 月 5 日取消了基准利率 60％的下限。在货币市场上，阿根廷每月平均利率水平从 2018 年 10 月

① 《阿根廷央行称至少到 12 月都将维持利率在 60％！比索应声下跌》，环球外汇网，http：//www.cnforex.com/news/html/2018/09/12/97572e4abfc109884bf6454f5ab0ed42.html。

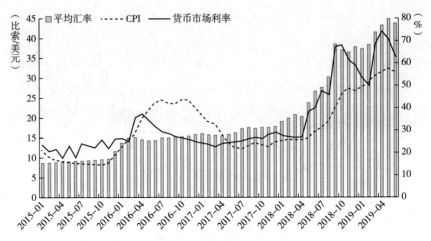

图 30　2015 年 1 月至 2019 年 6 月阿根廷每月平均汇率、
货币市场利率及 CPI 变化趋势

资料来源：平均汇率和货币市场利率来自 IMF 数据库，CPI 来自阿根廷国家统计局（IN-DEC）。

的 68.1% 逐步回调到 2019 年 2 月的 50.1%；央行流动性票据（Letras de Liquidez，LELIQ）参考利率也从 2018 年 10 月初最高水平的 73.5% 下调到 2019 年 2 月中旬的 43.9%（见图 31）。

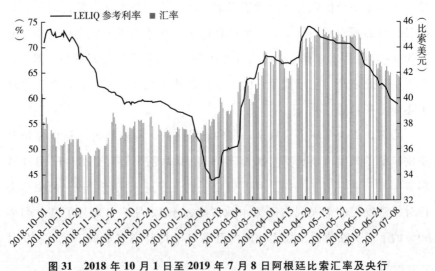

图 31　2018 年 10 月 1 日至 2019 年 7 月 8 日阿根廷比索汇率及央行
LELIQ 参考利率

资料来源：阿根廷央行，http://www.bcra.gob.ar/。

但是，从 2019 年 2 月开始阿根廷比索再次出现贬值趋势，通货膨胀率也进一步上升，央行不得不重新提高利率水平。2019 年 3 月至 9 月，阿根廷比索始终在不干预波动区间上限附近徘徊，因此央行干预力度再次加大，货币市场利率水平和央行流动性票据参考利率基本维持在 60% 以上水平。由于左派赢得新一届总统选举，阿根廷不能与美国和 IMF 达成相关合作协议，短期内稳定比索汇率的难度较大，高利率状况可能会更延续。

（二）财政政策及其效果分析

从 2018 年汇率危机发生以来，阿根廷面临稳定比索汇率的压力，也受制于与 IMF 所达成的贷款协议条款约束，马克里总统不得不采取了加征税收、削减部分财政支出、出台 2019 年平衡预算计划等政策措施。从政策性质来看，马克里政府的财政政策有明显的紧缩倾向。从财政收支数据来看，马克里财政政策结构性和相对性紧缩的特点突出，但财政收支规模呈现扩张趋势。针对经济持续衰退、失业率高企、通货膨胀不断上升和比索汇率危机并发的状况，政府应以结构性和靶向性财政改革来稳定经济和社会局势，马克里政府在财政政策选择上也因此做出了努力，但政策的灵活性和针对性仍显不足。

1. 财政政策调整与变化

自由市场经济是马克里总统秉持的基本经济政策理念。在 2018 年初以前，马克里政府主要采取了放松外汇管制、取消出口税、削减财政补贴、控制社会福利开支增长等政策措施。在 2018 年汇率危机发生后，阿根廷经济衰退风险骤然增大，财政状况随之陷入困境，加上与 IMF 达成贷款协议的要求，马克里政府不得已实施了多项紧缩性财政政策。

一是加征出口商品税。马克里总统上任后，立即宣布取消玉米和肉类等产品出口税，并提出分阶段下调大豆的出口税，调整出口税成为"力争恢复阿根廷的出口竞争力，向世界市场出售阿根廷的商品，创造优质就业岗位"的标志性政策。随着比索持续贬值和经济衰退越来越严重，马克里政府为阻止经济持续动荡，也为争取 IMF 贷款支持，在 2018 年 9 月 3 日宣布对出口商品加征税收，以力争 2019 年实现基础财政收支

拉丁美洲和加勒比经济发展分析与展望（2019）

盈余。阿根廷官方公报称："国家政府已通过决定，将修改谷物、油菜籽及其副产品的部分出口权。"

加征出口税是马克里政府力争 2019 年实现基础财政收支盈余的紧急财政重建措施，旨在优先应对财政赤字和恢复其财政信用。2018 年 9 月公布的出口税为 2020 年底之前实施的限时措施，农产品等初级产品额外加征税率为 1 美元征收 4 比索（按照 2019 年 10 月底汇率相当于加税 10%），其他产品加征税率为 1 美元征收 3 比索。[①] 当然，如果比索继续贬值，加征税率则相应下降。马克里对加征出口税表示"我们知道这是一个糟糕的税，与我们的愿景不符"，但"这是紧急情况"，并承诺一旦经济企稳将废除该税。

二是大力削减行政经费支出。为了进一步缩减政府支出，2018 年 9 月马克里政府又宣布将 19 个内阁部门缩减至 10 个，削减了一半内阁成员，以压缩执政团队及行政经费开支。马克里总统将能源部、劳工部、农业部、卫生部、文化部、科技部、现代化部、旅游部和环境部进行合并或裁撤，9 位时任部长作为国务秘书被调整到相关部门任职。在马克里努力下，阿根廷政府行政经费支出在 2018 年 8 月和 9 月比 7 月分别减少了 104 亿比索和 81 亿比索。

但随着下届总统选举临近，2019 年 7 月 19 日马克里政府又宣布为警察、宪兵以及海岸警卫队等司法机构人员涨薪，薪资增幅从 23% 至 58%。而实际上，马克里政府在 2019 年 6 月已经为司法人员实施了加薪政策，因此该月行政经费出现了较大幅度增长，比 5 月份增加了 93 亿比索。

三是削减和调整社会福利支出。在过去左翼执政的 12 年里，阿根廷政府为提升民众福利而不断扩大公共开支，尤其是 2008 年金融危机爆发后仍继续采取扩张性财政政策刺激消费，导致政府财政赤字不断上

---

① 根据一财网和环球网资料整理。钱小岩：《比索今年已暴跌逾 50%，阿根廷宣布紧缩政策自救》，一财网，https://www.yicai.com/news/100021374.html；王欢：《日媒：放弃贸易开放政策能让阿根廷走出困境吗？》，环球网，http://finance.huanqiu.com/gjcx/2018-09/12933402.html。

涨。对马克里政府而言，福利政策惯性不可能在朝夕之间改变，社会福利支出的紧缩性调整无疑会面临巨大的政治风险。尽管如此，马克里还是展开了外科手术式的改革。他削减公共服务补贴，提高水电煤气定价，部分公共服务产品涨价幅度高达500%。家庭水、煤气和电力价格大幅上涨，是马克里2019年下半年面临的主要问题之一，它严重降低了国民消费能力，引发了系列的街头抗议活动，激起了政治上的反对，并降低了马克里的支持率。此外，马克里还逐步调整政府补贴结构，补贴重点向最贫困和弱势群体转移。为减轻社会压力，马克里政府承诺延续甚至扩大一些福利制度，如提高退休金和家庭子女抚养补助等，同时提高收入所得税征收门槛。

2. 财政收支状况

从阿根廷财政收入状况来看：2018年收入总额为26006亿比索，比2017年增长30.2%；2019年上半年为17709.2亿比索，比2018年同期增长48.2%，相当于2017年全年收入的88.6%（见图32）。其中，2018年马克里政府加征出口税，促使税收收入加速增长，当年出口税收入就较上年增长了47.1%，2019年上半年出口税收入比上年同期又增长了355%。从月度数据变化情况来看，在2018年1月至2019年6月期间，阿根廷财政收入在18个月里基本保持连续上涨趋势，每月平均增长率达到3.2%。总体来看，税收（尤其是出口税）收入增加是2018~2019年财政收入增长的主要来源；而2019年资本性收入增长特别突出，1~6月资本性收入已相当于2017~2018年两年收入之和的4.5倍。

从阿根廷财政支出（包含公共债务利息支出）情况来看：2018年支出总额为29396亿比索，比2017年增长22.4%；2019年上半年为17407亿比索，比2018年同期增长33.8%（见图33和图34）。财政支出总额增长速度虽然相对慢于同期财政收入增速，但绝对增长速度并不慢，在2018年1月至2019年6月期间每月平均增长速度达到1.13%。其中，经常性支出在财政支出总额中占比最大，每个月占比为80%左右；公共债务的净利息支出增长最快，2017年、2018年和2019年前6个月净利息支出同比增长率分别达到71.3%、72.9%及118.4%。

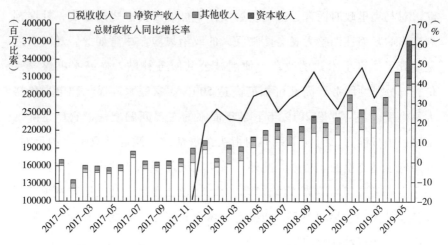

图 32　2017 年 1 月～2019 年 6 月阿根廷财政收入及其结构

资料来源：阿根廷财政部，https：//www. minhacienda. gob. ar/en/。

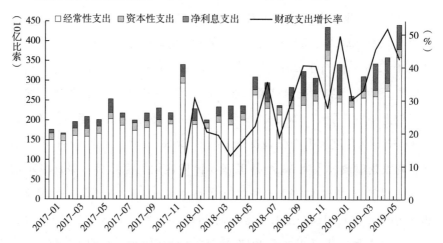

图 33　2017 年 1 月～2019 年 6 月阿根廷财政支出及其结构

资料来源：阿根廷财政部，https：//www. minhacienda. gob. ar/en/。

在经常性财政支出中，社会福利和行政业务两项支出每月占比分别为 60% 左右和 20% 左右。社会福利支出关系到国民福利及社会稳定，通常情况下具有刚性支出特点，政府很难削减该项开支。尽管 2018 年以来马克里政府减少了多项支出，但社会福利支出总体上保持增长态势。随着新一届总统选举临近，2019 年上半年社会福利支出每月平均增速达 9.4%。在行政业务支出项目上，马克里政府从 2018 年 9 月以来进行了严格控制，2019 年前 5 个月行政费用月均增长仅 1.24%，6 月份因大幅

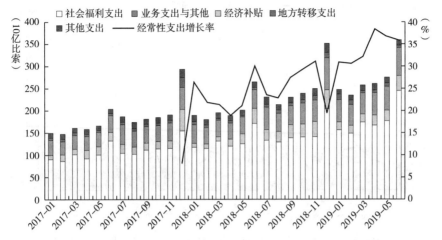

图 34　2017 年 1 月~2019 年 6 月阿根廷经常性财政支出及其构成

资料来源：阿根廷财政部，https://www.minhacienda.gob.ar/en/。

度增加司法人员工资而比 5 月份增长了 17.4%，但 6 月份行政业务支出占经常性支出比重下降到了 17.46%，为 2018 年以来的最低水平。总体来看，社会福利支出虽然增长速度得到适度控制，但支出额度始终保持增长；行政业务支出和经济补贴支出呈现阶段性减少状况，但两项支出规模仍略有增加；而地方转移支付和其他支出则受到严格控制，从 2017 年以来几乎没有增长。

从财政预算执行结果看，2017 年和 2018 年阿根廷财政赤字分别为 6290.5 亿比索和 7279.27 亿比索，比上年分别增长了 32.5% 和 15.7%；2019 年上半年财政赤字 2872.02 亿比索，比上年同期增长 14.3%。如果不考虑公共债务利息支出，那么 2018 年阿根廷基本财政赤字为 3389.87 亿比索，比 2017 年减少 16.1%，2019 年上半年甚至还出现了 302.21 亿比索的财政盈余，占同期国内生产总值的 0.1%（见图 35）。由此可见，迅速增加的公共债务利息支出已成为阿根廷财政赤字的重要根源之一。总体上看，阿根廷 2017~2019 年财政赤字的增长速度出现明显下降趋势，2018 年财政收支状况基本实现了马克里政府的预期目标，2019 年实现财政基础收支盈余可能性较大。

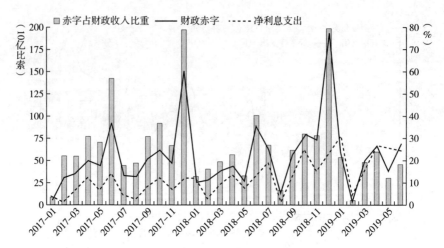

图35　2017 年 1 月～2019 年 6 月阿根廷净利息支出、财政赤字及其占财政收入比重
资料来源：阿根廷财政部，https：//www. minhacienda. gob. ar/en/。

3. 债务问题

　　长期以来，债务问题一直困扰着阿根廷经济社会发展。马克里总统上台后就着手解决前任政府遗留的阿根廷债务违约问题，并与"秃鹫基金"达成债务偿还协议，使得阿根廷重返国际资本市场，但债务规模增长速度更快了。在 2008～2015 年克里斯蒂娜执政期间，阿根廷债务余额增加了 637. 95 亿美元，每个季度平均增长 0. 97%（见图 36）。截至 2019 年 6 月，阿根廷债务余额达到 3347. 79 亿美元，在马克里执政的 14 个季度中增加了 941. 14 亿美元，每个季度平均增长 2. 39%。①

　　尤其值得注意的是，从 2017 年第 3 季度阿根廷债务规模突破 3000 亿美元以来，外债占比越来越高，2019 年第 1 季度达到了 85. 55%（见图 37）。与此同时，阿根廷比索持续对外贬值，物价持续大幅度上涨，当期财政收入难以满足下一个时期财政支出需求，这又将使得阿根廷债务负担随之进一步增加。阿根廷已经是新兴市场国家中债务规模增长最快的国家之一。在阿根廷经济发展史中，货币贬值与债务恶化多次交互促生，并构成螺旋式恶化的形势——货币贬值越严重，债务危机越严

---

　　① 根据阿根廷财政部 2019 年 6 月发布债务季度公报数据计算得出，https：//www. argen-tina. gob. ar/hacienda/finanzas/presentaciongraficadeudapublica。

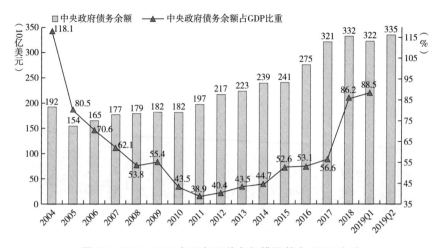

图 36　2004～2019 年阿根廷债务规模及其占 GDP 比重

注：2019 年中央政府债务余额为第 1 季度和第 2 季度数据，2019 年中央政府债务余额占 GDP 比重根据第 1 季度数据得出。

资料来源：阿根廷财政部 2019 年 6 月发布第 1 季度债务报告，https：//www. argentina. gob. ar/hacienda/finanzas/presentaciongraficadeudapublica。

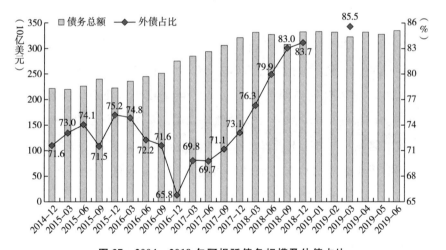

图 37　2004～2019 年阿根廷债务规模及外债占比

资料来源：根据阿根廷财政部发布的季度债务报告（https：//www. argentina. gob. ar/hacienda/finanzas/deudapublica/informes－trimestrales－de－la－deuda）整理所得。因为未考虑汇率与物价变动的影响，这里的数据与 2019 年第 1 季度债务报告中年度数据略有差异。外债数据来自阿根廷统计局，转引自 WIND 数据库。

重；债务危机越严重，货币贬值越快。

　　从债务期限结构看，马克里执政时期内短期债务规模及其占债务总额比重都比过去更高。自 2016 年底以来，阿根廷短期债务余额稳定在

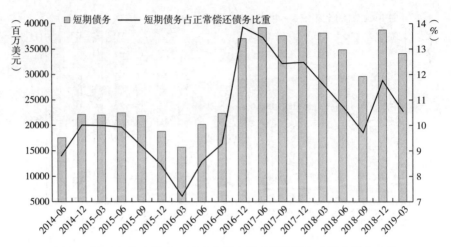

图 38 2014 年第 2 季度～2019 年第 1 季度阿根廷短期债务及其占比

资料来源：根据阿根廷财政部发布的季度债务报告（https：//www. argentina. gob. ar/hacienda/finanzas/deudapublica/informes－trimestrales－de－la－deuda）整理所得。

300 亿美元以上，占正常偿还债务比例基本超过 10%（见图 38）。2019年第 1 季度末阿根廷正常履行偿还义务的债务余额为 3223. 17 亿美元，其中 2019～2020 年到期债务占比 26. 2%，即 2020 年底前需偿还债务844. 47 亿美元，这大约相当于 2018 年 GDP 的 21. 91%（见图 39）。2019～2020 年阿根廷到期债务及需支付利息数额均较高（见图 40）。2019 年为阿根廷总统选举年，这种债务期限结构安排会影响选举结果，并将使下届政府不得不上台即面临巨额偿债和政府再融资的老问题。总之，当前债务期限结构与总统选举可能出现交互影响，并可能威胁到2019 年下半年甚至 2020 年阿根廷经济稳定。

公共债务负担过高影响到阿根廷财政收支状况及财政政策选择。从公共债务净利息支出额看，2017 年为 2249. 07 亿比索，2018 年为3889. 4 亿比索，2019 年前 6 个月已达 3174. 23 亿比索（见图 41）。如前所述，巨额公共债务利息支出是当前阿根廷财政赤字的重要根源之一，而且具有明显刚性支出特点。考虑到比索贬值影响，未来阿根廷债务利息支出还可能进一步增长。由于利息支出过多挤占财政资金，马克里政府不得不压缩甚至削减资本性财政支出，基础设施建设等投入明显受到影响，进而影响到其经济可持续发展能力提升。

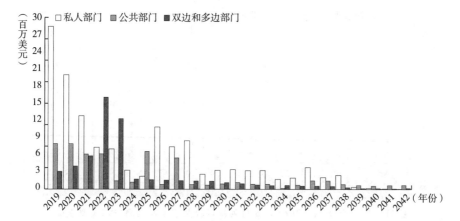

图 39　2019 年 4 月~2042 年 12 月阿根廷债务本金到期分布情况

资料来源：阿根廷财政部 2019 年 6 月发布第 1 季度债务报告，https：//www. argenti-na. gob. ar/hacienda/finanzas/presentaciongraficadeudapublica。

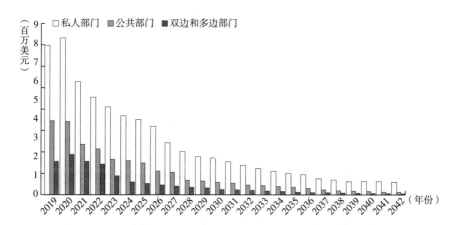

图 40　2019 年 4 月~2042 年 12 月阿根廷债务利息到期分布情况

资料来源：阿根廷财政部 2019 年 6 月发布第 1 季度债务报告，https：//www. argentina. gob. ar/hacienda/finanzas/presentaciongraficadeudapublica。

（三）产业政策及其效果分析

从入主玫瑰宫以来，马克里总统秉持自由市场经济理念，主张贸易开放政策，因此政府对产业发展支持多采取税收优惠或专项补贴的措施，而其他产业支持措施则较少。受难以扼制的比索持续贬值和高通货膨胀等因素影响，马克里政府的产业政策虽然在少数领域取得了成效，但总体效果并不理想。

阿根廷经济发展分析与展望

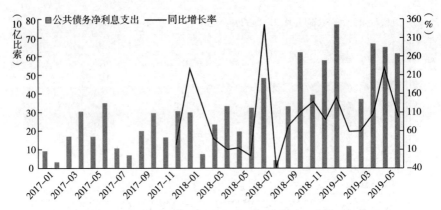

图 41　2017 年 1 月～2019 年 6 月阿根廷公共债务净利息支出及其变化

资料来源：阿根廷财政部，https：//www.minhacienda.gob.ar/en/。

1.农业产业政策

长期以来，农牧渔林产品出口占据阿根廷外贸的大半江山，也是阿根廷创汇支柱产业。马克里政府上台以后宣布取消玉米和肉类等农牧渔林产品出口税，提出分阶段下调大豆出口税，以振兴出口。马克里总统将调整出口税视为"力争恢复阿根廷的出口竞争力，向世界市场出售阿根廷的商品，创造优质就业岗位"的标志性政策。不过，阿根廷农牧渔林产品及其加工品出口数据显示，马克里农牧产品出口减税政策效果不显著。马克里实施出口减税政策后，2016 年阿根廷农牧渔林产品及其加工品出口增长 6.87%，此后连续两年负增长（见图 42）。受最大出口对象国巴西经济不振等影响，阿根廷 2017 年出口总额仅增长 0.9%，而同期进口增长 19.7%，贸易逆差达到 85.15 亿美元①，这是阿根廷 2000 年以来最大的贸易赤字。

巨额的经常项目赤字使得阿根廷比索承受不小的贬值压力，在持续的高通货膨胀、大豆受灾减产、财政赤字与债务负担不断增加等多因素综合影响下，2018 年比索汇率危机爆发。为了恢复财政信用，马克里政府不得已于 2018 年 9 月 3 日推出紧急财政紧缩政策，宣布对谷物、油菜

---

① 中国商务部：《国别贸易报告（阿根廷，2019 年第 4 期）》，https：//countryreport. mofcom.gov.cn/indexType.asp? p_coun = % E9% 98% BF% E6% A0% B9% E5% BB% B7。

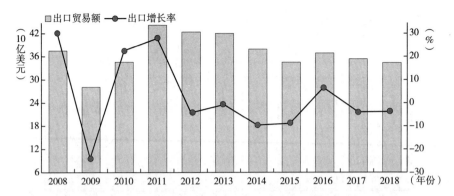

图 42　2008～2018 年阿根廷农牧渔林产品及其加工品的出口额与增长率

资料来源：联合国商品贸易数据库，依据 SITC Rev4 计算，https：//comtrade. un. org/db/。

籽及其副产品等出口商品加征税收以提高收入。根据阿根廷国家统计局
2019 年 7 月数据，2019 年上半年，食品、饮料和烟草出口 60. 9 亿美元，
比上年同期下降 8. 8%，占全部出口额之比从上年 22% 下滑到 20%；受
亚洲地区强劲需求拉动，谷物、油料产品等农林产品（Products of vege-
table origin）出口比上年同期增长了 21. 1%，占全部出口额之比上升到
22%，已成为目前最重要的出口类商品。[①] 从短期贸易数据来看，马克
里的出口加税政策实施不足 1 年，对鱼类、禽蛋类、水果类、饮料类等
国际竞争压力大的商品产生了不利影响，而谷物、牛肉、大豆等则因亚
洲市场的强劲需求而受影响较小。

2. 能源产业政策

根据阿根廷国家统计局信息，2019 年第 1 季度综合能源指标（Indi-
cador sintético de energía）的趋势指数（Índice serie tendencia – ciclo）比
上年同期上涨了 0. 4%，但基础指数（Índice serie original）下降了 3. 2%
（见图 43）。实际上，阿根廷综合能源指标的基础指数已经连续 4 个季度
负增长。

为了鼓励能源产业发展，马克里政府实施新的产业支持政策，在企

---

① 阿根廷国家统计局（INDEC），Argentine Foreign Trade Statistics：Preliminary Data for the
First Six Months of 2019，https：//www. indec. gob. ar/uploads/informesdeprensa/i_argent_
08_1974AD27413D. pdf.

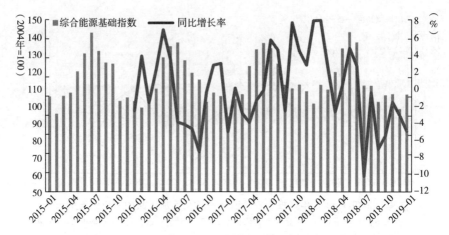

图43　2015～2019年阿根廷综合能源指标的基础指数及其同比增长率

资料来源：阿根廷国家统计局（INDEC），Indicadores del sector energético：Primer trimestre de 2019，https：//www.indec.gob.ar/indec/web/Nivel3–Tema–3–36。

业和家庭自己生产的可再生能源供给方面取得明显成效。马克里政府推出自发电鼓励政策，向那些自己生产可再生能源的用户发放财政补贴，鼓励他们使用太阳能或风能进行自行发电。可再生能源和能源效率局出台第83/2019号决议，批准"促进可再生能源发展制度财政补贴证书获取的程序"，给那些自行安装清洁能源发电设备的用户颁发财政补贴证书。政府将向可再生能源发电并将发电多余部分转往电力分销网络的用户提供最高达100万比索的财政补贴，并将适用于2020年12月31日之前批准的配额预订请求。对于那些已经安装并且将剩余电力输送到电力网络的发电设备用户来说，这笔补贴的金额相当于每瓦15比索。在自发电补贴政策鼓励下，2018年以来阿根廷自发电量增长很快。阿根廷矿业和制造业领域自发电量每月平均增长率达到1%。根据阿根廷国家统计局数据，2019年第1季度矿业和制造业自发电量超过4.11万亿千瓦时（见图44），比2018年同期增长11.5%[①]。

　　此外，为了稳定粮食市场供求关系，马克里政府还推出了生物能源发展的支持和优惠政策，也取得了不错的成效。在马克里执政期内阿根

①　阿根廷国家统计局（INDEC），Indicadores del sector energético：Primer trimestre de 2019，https：//www.indec.gob.ar/indec/web/Nivel3–Tema–3–36。

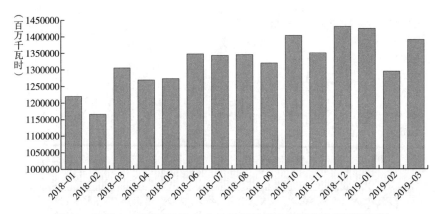

图 44　2018 年 1 月至 2019 年 3 月阿根廷采矿和制造业自产能源量

资料来源：阿根廷国家统计局（INDEC），Indicadores del sector energético：Primer trimestre de 2019，https：//www. indec. gob. ar/indec/web/Nivel3 – Tema – 3 – 36。

廷生物柴油和生物乙醇产量都比过去有明显增长。根据阿根廷国家统计局数据，在 2016 年到 2019 年第 1 季度期间，每个季度生物柴油平均产量为 64.12 万吨，生物乙醇平均产量为 25.57 万立方米，分别比2012 ~ 2015 年期间高出 16% 和 86%。但是，受美国贸易保护政策和巴西经济不景气影响，2018 年以来阿根廷生物柴油和生物乙醇都出现了产量下滑现象，尤其是 2019 年第 1 季度分别下降了 35.16% 和 7.13%（见图 45 和图 46）。

3. 汽车产业政策

在拉美地区，阿根廷汽车工业比较发达，也是阿根廷支柱产业之一。但是，2013 年以来阿根廷汽车生产出现了持续下滑问题。2018 年阿根廷汽车产量为 46.67 万辆，2019 年为 314787 辆，同比减产32.5%。[①] 针对汽车产业面临的困境，马克里政府积极与巴西、墨西哥等汽车主要出口对象国开展贸易谈判，并以税收优惠、补贴支持等政策措施积极促进汽车产业发展，但截至 2019 年底只有出口支持政策效果不错。

巴西历来是阿根廷汽车最重要的出口市场，2018 年阿根廷 69% 的

---

① Asociacion de Fabricas de Automotores de argentina（ADEFA），https：//www. marklines. com/cn/statistics/flash_ prod/productionfig_ argentina_2019.

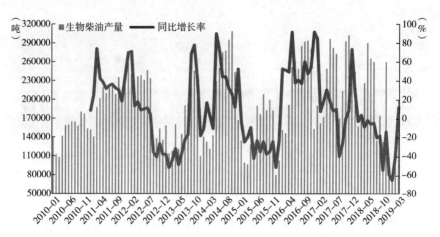

图 45　2010 年 1 月至 2019 年 3 月阿根廷生物柴油产量及其增长率

资料来源：阿根廷国家统计局（INDEC），Indicadores del sector energético：Primer trimestre de 2019，https：//www. indec. gob. ar/indec/web/Nivel3 – Tema – 3 – 36。

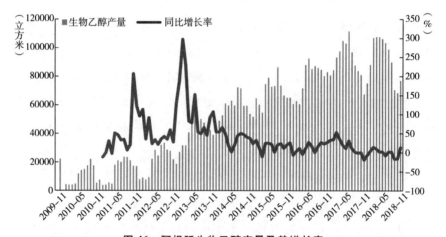

图 46　阿根廷生物乙醇产量及其增长率

资料来源：阿根廷国家统计局（INDEC），Indicadores del sector energético：Primer trimestre de 2019，https：//www. indec. gob. ar/indec/web/Nivel3 – Tema – 3 – 36。

出口汽车进入了巴西市场。[①] 2016 年 6 月 27 日，马克里政府与巴西政府就两国汽车贸易协定延长 4 年（2016 年 7 月 1 日至 2020 年 6 月 30 日）达成一致，新协定为阿根廷汽车对巴西出口提供了重要贸易保障协议。

　　2017 年 3 月 15 日，马克里总统发布"100 万辆汽车产量计划"，拟

---

① 资料来源于阿根廷汽车制造业协会 2018 年 12 月统计数据，http：//www. adefa. org. ar/en/index。

通过扩大投资、引进新技术、使购车更容易等措施，到2023年达到年产汽车百万辆、创造3万个就业岗位、零部件本地采购率40%等预期目标。

2017年4月7日，阿根廷与哥伦比亚达成汽车免关税贸易协定，阿根廷汽车行业可以在协定签订起4年内向哥伦比亚每年免关税出口3万辆轻型车和1.2万辆卡客车。

2019年3月19日，阿根廷与墨西哥达成新的汽车贸易协定，未来3年墨阿继续实行汽车贸易配额管理，两国政府同意协定签订第1年汽车贸易配额增长10%，第2~3年每年增长5%。

2019年6月4日，马克里政府进一步宣布增加出口退税，特别是将出口至南共体（Mercosur）的汽车退税从2%提高至6.5%，而南共体占阿根廷汽车总出口量的70%。

这些政策实施效果不错，在主要出口市场巴西经济不景气的情况下，阿根廷汽车出口在马克里执政期内连续2年上涨，2018年阿根廷汽车出口量比2016年增长了41.76%（见图47）。

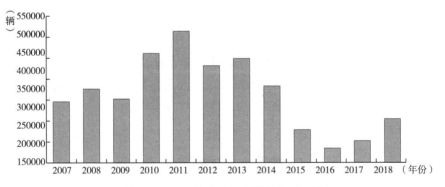

图47　2007~2018年阿根廷汽车出口量

资料来源：阿根廷汽车制造业协会，http://www.adefa.org.ar/en/index。

但是，从2018年以来，阿根廷汽车生产和销售的数量都出现了下滑趋势。截至2019年6月，阿根廷汽车产量已经连续10个月同比负增长，汽车销量更是连续13个月同比负增长（见图48）。为了振兴阿根廷汽车消费市场，2019年马克里政府推出"6月新车"促销计划，随后又先后两次延长为"7月新车"计划和"8月新车"计划。该计划由政府对消费者购买的价格低于 75 万比索的新车每辆提供 5 万比索的补贴，对高于 75 万比索的提供 9 万比索的补贴。在这些措施鼓励下，2019 年 6 月阿根廷汽车销量比 5 月增加了 4005 辆，显现出一定的政策效果。

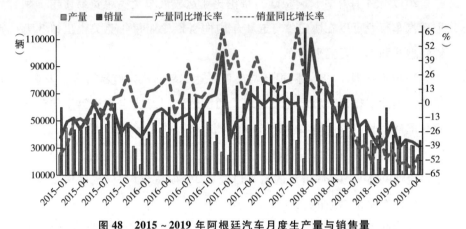

图 48 2015～2019 年阿根廷汽车月度生产量与销售量
资料来源：全球汽车信息平台，https：//www. marklines. com/cn/vehicle_production/index。

2019 年 6 月底，南共体与欧盟初步达成了全面自由贸易协定。该协定允许阿根廷等南共体成员在协议签署后 7 年内保留 35% 的汽车进口关税，但每年有 5 万辆汽车可享受关税减半的优惠，从第 8 年开始缩减汽车进口关税，直到第 15 年变为零关税。如果第 15 年开始汽车进口关税降到 0，那么将严重威胁阿根廷汽车出口，这是当前阿根廷政府需要积极思考和应对的新问题。

五 阿根廷与中国经济贸易关系

阿根廷与中国两国关系具有良好的政治、经济和民意基础，双方互有重大经济和战略利益与需求，在经济及产业结构上互补性强，经贸合作领域不断拓宽，合作前景广阔。2018 年 11 月 30 日至 12 月 1 日 G20 峰会在阿根廷布宜诺斯艾利斯举行，习近平主席出席峰会并访问阿根廷，共同签署了未来 5 年两国政府共同行动计划和一系列合作文件，为两国继续在贸易投资、科技教育和文化等各领域加深合作创造了更好的基础，从而将中阿全面合作进一步推向深入。2019 年 3 月 19 日至 22 日，国务院副总理胡春华出席第二次联合国南南合作高级别会议并访问阿根廷，进一步加深了两国政府高层对话及经济贸易合作关系。

（一）中国与阿根廷双边贸易状况

1. 中阿双边贸易基础

当前，中国成为阿根廷农产品第一大出口市场。阿根廷出口牛肉的一半以上、出口大豆的 85% 以上销往中国。从 2019 年开始中国还将进口更多种类、更多数量的阿根廷农产品，中阿两国已经签署了阿根廷蜂蜜输华议定书，阿根廷的樱桃、葡萄、蓝莓、冰鲜和冷冻的牛羊肉、马匹、蜂蜜等正相继进入中国市场。仅 2019 年上半年阿根廷大豆对华出口 240 万吨，是上年同期的 10 倍。[①]

截至 2019 年 10 月，约 650 家阿根廷企业正在开展对华出口业务，其中大部分为农产品和食品行业（动物产品）。2018 年中阿双方陆续签署了多个进出口货物协议，进一步打开了双方贸易市场，如豆油进口协议、阿根廷鲜食樱桃输华检疫要求议定书、冰鲜带骨及剔骨牛肉和冷冻带骨牛肉的输华卫生议定书等。

2017 年 5 月 2 日，阿根廷政府与阿里巴巴签署战略合作协议，阿里巴巴将协助阿根廷葡萄酒和生鲜农产品销往中国，助力阿根廷中小企业发展。2018 年 12 月，中国与阿根廷还签署了《中华人民共和国商务部和阿根廷共和国生产和劳工部关于电子商务合作的谅解备忘录》。两国在深化传统领域合作的同时，积极探索通过电子商务开拓双边经贸合作新途径和新领域。[②]

---

① 驻阿根廷大使邹肖力在阿主流媒体《国民报》发表题为《以更宽广的视野谋划未来》的署名文章，2019 年 3 月 4 日，http：//ar. chineseembassy. org/chn/sgxw_1/t1642863. htm；邹肖力大使在《中华人民共和国海关总署与阿根廷共和国农牧渔业部关于阿根廷豆粕输华卫生与植物卫生要求议定书》发布会上的致辞，2019 年 9 月 12 日，http：//ar. chineseembassy. org/chn/sgxw_1/t1697284. htm。

② 朱慧琳：《2018 年中国与阿根廷双边贸易全景图》，前瞻产业研究院，https：//www. qianzhan. com/analyst/detail/220/190618 – a037c24d. html。

2. 中阿双边贸易总额

在马克里总统执政期间，尽管阿根廷经济发展状况不理想，但中阿双边贸易已连续两年增长。根据阿根廷国家统计局数据，2018 年阿根廷与中国双边货物进出口额为 162.8 亿美元，增长 18.2%。其中，阿根廷对华出口 42.1 亿美元，下降 2.6%，占其出口总额的 6.8%，下降 0.6 个百分点；阿根廷自华进口 120.7 亿美元，增长 27.7%，占其进口总额的 18.5%，上升 4.4 个百分点（见图 49）。

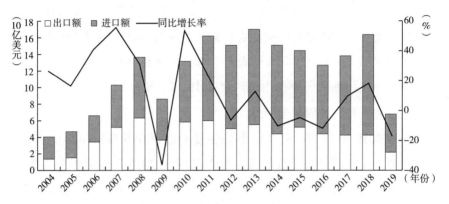

图 49　2004~2019 年阿根廷对华进出口额及其同比增长率

注：2019 年为上半年数据。

资料来源：阿根廷国家统计局，WIND 数据库。

但是，受阿根廷经济持续衰退影响，中阿贸易在 2019 年出现了下降。根据阿根廷国家统计局数据，2019 年上半年阿根廷与中国双边货物进出口额为 66.8 亿美元，同比下降 17.6%。其中，阿根廷对华出口 22.3 亿美元，同比增长 29.9%，占其出口总额的 7.3%；阿根廷自华进口 44.4 亿美元，同比下降 30.4%，占其进口总额的 17.7%。

3. 中阿双边贸易结构

从商品贸易结构来看，阿根廷主要对华出口农畜产品，自华进口则以工业产品占比最大。根据中国商务部国别贸易报告数据，2018 年阿根廷对华出口动物产品达 14.7 亿美元，增长 80.6%，占对中国出口总额的 35%，是对华出口最多的商品；以油籽为主的植物产品是第二大类出口商品，2018 年出口 13.2 亿美元，下降 45.5%，占阿根廷对中国出口总额的 31.4%；动植物油脂是第三大类出口商品，出口近 2 亿美元，增长 114.7%，占对中国出口总额的 4.7%。此外，化工产品出口 1.3 亿美元，增长 19.8%，占阿根廷对中国出口总额的 3.2%（见图 50）。

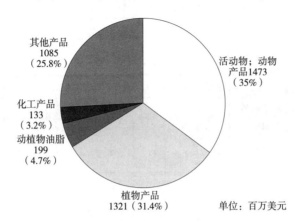

图 50 2018 年阿根廷主要商品对华出口额

资料来源：中国商务部：《国别贸易报告（阿根廷，2019 年第 3 期）》，https：//countryre-port. mofcom. gov. cn/record/index110209. asp？p_coun＝阿根廷。

2019 年上半年数据显示，阿根廷对华出口商品结构变化不大，动物产品、以油籽为主的植物产品和动植物油脂产品出口额仍然位居前三，出口额分别约 10.3 亿美元、6.8 亿美元和 1.3 亿美元，占对华出口总额比例分别为 46.1%、30.4% 和 5.7%，增长幅度分别为 62%、49.4% 和 175%（见表 2）。此外，食品饮料等上升为阿根廷对中国出口的第四大类商品，1～6 月出口 6464.7 万美元，增长 58.4%，占出口总额的 2.9%。从增长速度比较来看，2019 年阿根廷主要对华出口商品额比上年增长更快，这主要还是受到中美贸易摩擦和阿根廷逐步走出严重旱灾的影响。

表 2 2016～2019 年上半年阿根廷对华出口商品主要类别

单位：百万美元，%

海关分类	HS 编码	商品类别	2016		2017		2018		2019 年 1～6 月		
类	章		出口额	占比	出口额	占比	出口额	占比	出口额	同比	占比
类	章	总值	4423	100	4325	100	4211	100	2233	29.9	100
第 1 类	01－05	活动物；动物产品	614	13.9	816	18.9	1473	35	1030	62	46.1

续表

海关分类	HS 编码	商品类别	2016		2017		2018		2019 年 1～6 月		
			出口额	占比	出口额	占比	出口额	占比	出口额	同比	占比
第 2 类	06－14	植物产品	2844	64.3	2424	56.1	1321	31.4	680	49.40	30.4
第 3 类	15	动植物油脂	152	3.4	93	2.1	199	4.7	128	175	5.7
第 6 类	28－38	化工产品	101	2.3	111	2.6	133	3.2	41	－55.1	1.9
第 5 类	25－27	矿产品	391	8.9	492	11.4	119	2.8	19	－84.3	0.8
第 8 类	41－43	皮革制品；箱包	78	1.8	89	2.1	100	2.4	48	－16.4	2.1
第 4 类	16－24	食品、饮料、烟草	111	2.5	117	2.7	64	1.5	65	58.4	2.9
第 11 类	50－63	纺织品及原料	66	1.5	50	1.2	52	1.3	36	18.2	1.6
第 9 类	44－46	木及制品	15	0.4	19	0.4	19	0.5	24	190.7	1.1
第 10 类	47－49	纤维素浆；纸张	19	0.4	65	1.5	15	0.4	0	－96.8	0
第 7 类	39－40	塑料、橡胶	20	0.5	9	0.2	10	0.2	14	204.2	0.7
第 16 类	84－85	机电产品	5	0.1	7	0.2	5	0.1	3	71.3	0.1
第 15 类	72－83	贱金属及制品	2	0	10	0.2	1	0	2	54.1	0.1

资料来源：中国商务部：《国别贸易报告（阿根廷，2019 年第 3 期）》，https：//coun-tryreport. mofcom. gov. cn/record/index110209. asp？p_coun＝阿根廷。

中国商务部国别贸易报告数据显示，机电产品是阿根廷自华进口第一大类商品，2018 年进口 62 亿美元，增长 52.1%，占阿根廷自华进口总额的 51.4%；化工产品为第二大类进口商品，2018 年进口 15.3 亿美元，增长 18.2%，占阿根廷自华进口总额的 12.6%；运输设备、纺织品及原料、家具玩具等进口额分别为 8.7 亿美元、7.1 亿美元和 6.7 亿美元，合计占阿根廷自华进口总额的 18.7%（见图 51）；此外，贱金属及制品进口 5.8 亿美元，增长 21.6%，占自华进口总额的 4.8%。需要注意的是，虽然阿根廷自华进口纺织品及原料、家具/玩具/杂项制品的价值不足 14 亿美元，但是这两大类产品自华进口额分别占其同类产品进口总额的 58.8% 和 47.54%，表现出这两类商品对中国市场具有较高的依存度。从这些商品的国际竞争来看，巴西、美国和德国等国在阿根廷市场上具有很强的竞争力。

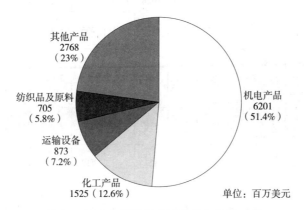

图 51　2018 年阿根廷主要商品自华进口额

资料来源：中国商务部：《国别贸易报告（阿根廷，2019 年第 3 期）》，https：//countryreport. mofcom. gov. cn/record/index110209. asp？p_coun = 阿根廷。

　　2019 年上半年数据显示，阿根廷自华进口商品结构变化不大，机电产品、化工产品仍然是阿根廷自华进口最多的前两类商品，1~6 月进口额分别为 24.6 亿美元和 6.4 亿美元，分别占阿根廷自华进口总额的 55.3% 和 14.5%，但机电产品进口增速比上年同期大幅度下降了 27.9%，而化工产品进口增速也急剧回落到 8.2%。此外，纺织品及原料、贱金属及制品、家具玩具、运输设备等进口额增速也分别比上年同期下降了 41.6%、23%、41.5% 和 65.2%（见表 3）。从近 3 年来的阿根廷自华进口情况看，进口增长速度基本处于下降趋势中。

表 3　2016~2019 年上半年阿根廷自华进口商品主要类别

单位：百万美元，%

海关分类	HS编码	商品类别	2016		2017		2018		2019 年 1~6 月		
类	章	总值	进口额	占比	进口额	占比	进口额	占比	进口额	同比	占比
类	章	总值	8352	100	9454	100	12072	100	4443	-30.4	100
第 16 类	84-85	机电产品	3659	43.8	4078	43.1	6201	51.4	2458	-27.9	55.3
第 6 类	28-38	化工产品	1173	14.1	1290	13.7	1525	12.6	642	8.2	14.5

海关分类	HS编码	商品类别	2016		2017		2018		2019 年 1~6 月		
			进口额	占比	进口额	占比	进口额	占比	进口额	同比	占比
第 17 类	86 - 89	运输设备	871	10.4	1024	10.8	873	7.2	177	-65.2	4
第 11 类	50 - 63	纺织品及原料	586	7	685	7.3	705	5.8	235	-41.6	5.3
第 20 类	94 - 96	家具、玩具、杂项制品	433	5.2	564	6	675	5.6	204	-41.5	4.6
第 15 类	72 - 83	贱金属及制品	441	5.3	478	5.1	582	4.8	231	-23	5.2
第 7 类	39 - 40	塑料、橡胶	360	4.3	381	4	412	3.4	153	-30.6	3.4
第 18 类	90 - 92	光学、钟表、医疗设备	213	2.6	220	2.3	364	3	122	-41.2	2.7
第 12 类	64 - 67	鞋靴、伞等轻工产品	187	2.2	188	2	170	1.4	52	-47.8	1.2
第 13 类	68 - 70	陶瓷；玻璃	140	1.7	199	2.1	142	1.2	41	-47.7	0.9
第 8 类	41 - 43	皮革制品；箱包	109	1.3	130	1.4	140	1.2	35	-43.5	0.8
第 5 类	25 - 27	矿产品	32	0.4	55	0.6	94	0.8	26	-50.7	0.6
第 10 类	47 - 49	纤维素浆；纸张	58	0.7	67	0.7	87	0.7	34	-25.5	0.8
第 4 类	16 - 24	食品、饮料、烟草	32	0.4	31	0.3	30	0.3	13	-24.7	0.3

资料来源：中国商务部：《国别贸易报告（阿根廷，2019 年第 3 期）》，https：//countryreport. mofcom. gov. cn/record/index110209. asp？p_coun＝阿根廷。

4. 中阿双边贸易不平衡问题

根据中国商务部国别贸易报告数据，从 2008 年以来阿根廷自华进出口商品贸易长期处于逆差状态，目前中国已经成为阿根廷最大贸易逆差国。2018 年阿根廷对华商品贸易逆差额达到历史最高值，约为 78.6 亿美元，比上年增长了 53.3%。2019 年上半年，阿根廷经济衰退，自华进口出现较大幅度下降，因此阿根廷对华商品贸易逆差急剧减少到 22.1 亿美元，比上年同期下降了 52.6%（见图 52）。如果阿根廷经济衰退趋势不能逆转，那么其进口需求将会进一步下降。与此同时，中国对阿根廷农畜产品的需求始终保持快速增长势头，尤其是在中美贸易摩擦影响越来越大的情况下，中国自阿根廷进口额还会进一步增加。因此，2019～2020 年阿根廷对华贸易逆差会有所缩小。

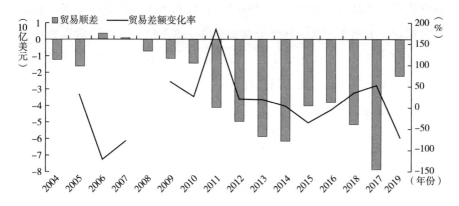

图 52　阿根廷对华贸易顺差及其变化

注：2019 年为上半年数据。

资料来源：中国商务部国别报告网，https：//countryreport. mofcom. gov. cn/。

（二）中国与阿根廷双边投资状况

近几年以来，中国与阿根廷两国投资合作得到进一步加强。截至 2017 年底，中国在阿根廷金融、石油、农牧渔业、矿业、能源、通信设备、食品加工、化工、服务等领域投资项目近 60 个，累计投资 147 亿美元，为当地创造了约 1.9 万个就业岗位。在阿根廷投资比较多的企业有中国工商银行、中粮集团、中石化、中海油、华为、山东黄金等。① 双边务实合作已经取得丰硕成果，涵盖能源、通信等基础设施和农业等广

---

① 引自中国驻阿根廷大使馆经商参赞翟承玉的话，转引自商务部国际贸易经济合作研究院、中国驻阿根廷大使馆经济商务参赞处、商务部对外投资和经济合作司《对外投资合作国别（地区）指南：阿根廷（2018 年版）》，http：//www.mofcom.gov.cn/dl/gbdqzn/upload/agenting. pdf。

泛领域，并且中国企业投资了诸如胡胡伊省的高查瑞光伏电站、圣克鲁斯省水电站、贝尔格拉诺铁路改造、圣马丁货运铁路改造、布宜诺斯艾利斯市地铁等标志性项目。

阿根廷是世界重要的粮食和肉类生产和出口大国，中阿两国农、牧、渔业合作潜力巨大。阿根廷各界希望中国企业能加大对阿根廷农业基础设施和食品加工业的投入，加强双边农业合作，特别是通过合作增加阿根廷农产品的附加值。以中粮国际为代表的十几家中国农业企业落户阿根廷，为当地创造了几千个就业岗位，这不仅使中国民众享受到了更多更好的产品，中国企业走进了新的市场，也有力地促进了阿根廷农业生产和出口贸易，增加了阿根廷就业，实现了互利双赢。①

基础设施建设合作是中阿经济合作中的重要内容。近几年来，中国企业凭借高性价比的技术、设备和丰富的经验，在阿根廷建设了一批基础设施项目，在造福民生、促进当地经济发展方面发挥了重要作用。这些项目使用当地劳动力、设备和服务，带动了中方对阿方的技术转让和人员培训，促进了关联产业的发展。为推动经济发展，阿根廷政府希望进一步加大对现有基础设施的改造及对能源、资源等领域的投入，积极参加中拉基础设施论坛，加强与中国在该领域的交流合作。自 2018 年起阿根廷将通过公私合营模式（PPP）建设基础设施项目，进一步吸纳境内外私营资本进入该领域。

中国与阿根廷在生物、医药、航天、核能、南极、大数据、智慧城市等高科技领域开展广泛合作。中国长城公司用最先进的长征六号火箭为阿根廷 Satellogic 公司发射 13 颗卫星，未来几年将达到 90 颗；中国电力建设集团承建的胡胡伊省南美最大光伏电厂将交付使用；葛洲坝公司在阿根廷建设的该国最大水电站将进行混凝土浇筑，不少中国公司正计划扩大在阿业务。还有一些中国公司正在积极参加阿方重大项目招标，

---

① 引自中国驻阿根廷大使馆经商参赞翟承玉的话，转引自商务部国际贸易经济合作研究院、中国驻阿根廷大使馆经济商务参赞处、商务部对外投资和经济合作司《对外投资合作国别（地区）指南：阿根廷（2018 年版）》，http://www.mofcom.gov.cn/dl/gbdqzn/upload/agenting.pdf。

表现出对阿根廷市场和经济前景的信心。中阿在经贸合作领域所取得的丰硕成果和孕育的巨大潜能令人鼓舞，双方需要全方位深化相互了解，坚定合作信心。①

此外，中阿金融合作日趋深入，并已成为推动中阿经贸关系发展的重要引擎。目前，中国工商银行阿根廷分行在阿根廷拥有100多个营业网点，为近600家大型企业、3万多家中小企业和近100万个人客户提供服务。② 国家开发银行和中国进出口银行均在阿根廷设立了工作组，为中资企业在阿根廷投资、开展经贸合作提供支持。2017年7月，中阿两国央行续签了700亿元人民币双边本币互换协议，再次向国际社会表明了中国对阿根廷改革和发展的信心，受到阿根廷各界高度肯定，为进一步提升双边经贸合作水平、稳定阿根廷金融市场提供了保障。③

六 阿根廷经济发展前景展望

毫无疑问，马克里希望通过广泛的改革使阿根廷经济恢复健康的目标是值得称赞的，但其实际经济改革政策效果不理想，阿根廷经济复苏短期内还存在很多困难。从现阶段阿根廷经济发展状况来看，通货膨胀持续高企、债务风险加大以及比索贬值预期强烈，这些问题都面临较大解决难度，并深刻影响阿根廷经济增长。从阿根廷社会经济状况来看，贫困人口增加和民粹主义影响增强，这两大问题给马克里政府及新政府改革和调整经济政策带来干扰，并将在很大程度上对未来阿根廷经济增

---

① 《中国驻阿根廷大使邹肖力就"一带一路"框架下中阿合作在阿主流媒体发表署名文章》，2019年4月27日，http://ar.chineseembassy.org/chn/sgxw_1/t1658835.htm；《驻阿根廷大使邹肖力在2019年新春招待会暨任招待会上的致辞》，2019年1月30日，http://ar.chineseembassy.org/chn/sgxw_1/t1633814.htm。

② 商务部国际贸易经济合作研究院、中国驻阿根廷大使馆经济商务处和商务部对外投资和经济合作司：《对外投资合作国别（地区）指南：阿根廷（2018年版）》。

③ 引自中国驻阿根廷大使馆经商参赞翟承玉的话，转引自商务部国际贸易经济合作研究院、中国驻阿根廷大使馆经济商务参赞处、商务部对外投资和经济合作司《对外投资合作国别（地区）指南：阿根廷（2018年版）》，http://www.mofcom.gov.cn/dl/gbdqzn/upload/agenting.pdf。

长产生深远影响。

第一，阿根廷仍将处于高通货膨胀状态，直到新政府的经济稳定政策取得较好成效。尽管阿根廷央行从 2018 年 10 月 1 日起实施了基础货币零增长计划，但广义货币 M2 比 GDP 增长得更快，通货膨胀率始终居高不下。阿根廷消费者价格指数（CPI）保持持续上升趋势，CPI 同比增长率虽然在 2019 年 6 月和 7 月有所减缓，但仍处于 54% 以上高水平。长期以来，阿根廷国民对高通货膨胀率虽然深恶痛绝，但也习以为常，而且还对通货膨胀多数时候保持惯性预期，这种社会心理反过来助推了通货膨胀上升趋势。尽管马克里政府与工会力量经历了长期纷争，但工资指数上升趋势一直未改变，而全民阵线已在大选中承诺要进一步提高工资水平，因此工资成本推动物价水平持续上升的强大动力始终存在。此外，阿根廷债务违约风险上升，也为通货膨胀持续推波助澜。可以说，长期的高通货膨胀问题是新政府需要面对的难题。

第二，阿根廷债务违约及比索进一步对外贬值的风险上升。在经历了 2019 年 8 月比索大跌后，马克里政府不得不在 9 月 1 日宣布恢复外汇管制，从而在解决本币稳定问题上走出了正确的一步。但是，阿根廷债务违约风险正在上升。在 2019 年 8 月 11 日初选结束后，阿根廷外汇储备出现了"大逃亡"，8 月 30 日外汇储备余额降到 541 亿美元，这与同期 3419.5 亿美元公共债务相比差距太大。截至 2019 年第 1 季度末，阿根廷公共债务占 GDP 的比例超出 88.5%，未来 3 年偿债压力很大。IMF 认为，阿根廷 2019 年 7～8 月基础货币等指标未达到贷款协议标准，最坏的可能是拒绝向阿根廷发放 2019 年 10 月贷款 54.2 亿美元。如果 IMF 贷款不到位，阿根廷将面临债务重组甚至违约风险。无奈之下，阿根廷新财长拉昆萨被迫于 8 月 28 日宣布部分债务重组，涉及金额约 1010 亿美元。① 与此同时，全民阵线候选人也在选举中提出与 IMF 重新谈判贷款协议，这也引起国际市场对费尔南德斯当选后是否会履行债务协议的

---

① 党琦：《阿根廷，还将"哭泣"多久？》，参考消息官方网站，http://column.cankaoxiaoxi.com/2019/0906/2390369.shtml。

忧虑。在国内通货膨胀居高不下、国际储备下降和债务违约风险上升三大因素影响下，阿根廷比索进一步对外贬值风险也在上升，即使外汇管制也很难严格阻止民众通过海外账户渠道来转移外汇资产。债务偿还及本币进一步对外贬值，包括如何履行马克里政府与IMF已达成的贷款协议，这既是马克里政府需要直面的难题，也是新政府需要加以妥善解决的难题。

第三，阿根廷经济在2020年上半年实现复苏的希望越来越小。根据阿根廷国家统计局多项指标显示，2019年阿根廷经济正增长已经很难了。不论是马克里政府还是新政府，阿根廷很难大幅度减税和降息。因此，在税率和利率高企情况下，阿根廷政府已经很难有效刺激私人部门扩大投资和创造就业。2020年新政府不仅面临新的政策调整，短期内还面临棘手的债务问题、通货膨胀问题及贫困问题亟待处理，可选择的政策工具大多面临各种掣肘，真正可使用的政策工具不多，实现经济增长的难度很大。

第四，贫困问题加大了阿根廷新政府实施经济稳定政策的难度。根据阿根廷国家统计局数据，2018年下半年阿根廷贫困人口占比达到32%（见图53），贫困家庭平均收入与同期基本食品费用支出之间的缺口达到38.9%（见图54），贫困人口数量和贫困家庭的贫困程度都明显上升。因此，越来越多的民众要求提升工资水平，而普遍性的工资水平上涨又会推动新一轮物价水平上涨。阿根廷新政府需要控制通货膨胀率和财政赤字规模，而减缓工资水平和货币供给量增长速度是关键所在。这样，经济稳定政策与民众涨工资的要求直接存在差距，从而可能给新政府施政带来更多阻力。

第五，民粹主义思想可能再次主导阿根廷经济政策。由于过去四年里阿根廷经济表现糟糕，马克里以市场机制为主导和以产出增长为目标的经济政策很可能出现转变。从中左翼竞选主张看，增加国民福利和提升就业工资水平对多数选民来说吸引力最大。因此，在阿根廷经济增长困难的情况下，新政府可能选择以所谓公平分配为目标的民粹主义经济政策，以更高的宏观税率及更多的债务融资来实施竞选承诺，这可能导致阿根廷经济陷入更加不稳定的状态。

图 53　阿根廷贫困线以下的家庭和人口占比

资料来源：阿根廷国家统计局，https：//www. indec. gob. ar/indec/web/Nivel3 - Tema - 4 - 46。

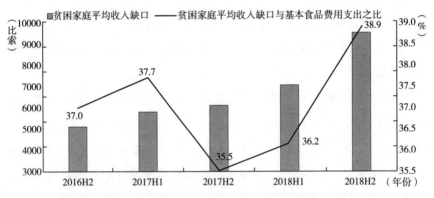

图 54　阿根廷贫困家庭收入缺口及其与贫困线收入标准之比

资料来源：阿根廷国家统计局（INDEC），https：//www. indec. gob. ar/indec/web/Nivel3 - Tema - 4 - 46。这里贫困家庭平均收入缺口为基本食品费用支出减去贫困家庭平均收入的余额，贫困家庭平均收入缺口与基本食品费用支出之比为贫困家庭平均收入缺口除以基本食品费用支出的结果。

参考文献

1. 陈朝先、刘学东：《拉丁美洲暨加勒比经济发展分析与展望（2017）》，中国社会科学出版社，2018。

2. 钮文新：《阿根廷比索为何如此不堪——"低储蓄"害苦了阿根廷》，《中国经济周刊》2018 年 5 月 14 日。

3. 邱牧远：《阿根廷货币危机近况及前景展望》，《清华金融评论》2018 年第 8 期。

4. 高庆波、芦思姮：《阿根廷经济迷局：增长要素与制度之失——阿根廷中等收入陷阱探析》，《拉丁美洲研究》2018 年第 4 期。

5. 林庸奕：《危机再现：阿根廷怎么了?》，《同舟共进》2018 年第 12 期。

6. 李湛：《阿根廷屡陷债务危机怪圈的原因》，《金融博览》2018 年第 12 期。

7. 李赫：《阿根廷比索危机的机理解析及对中国的启示》，《国际金融》2018 年第 7 期。

8. 张宇佳、艾亚：《阿根廷官员谈投资阿根廷的优势与风险》，《国际融资》2019 年 5 月。

9. 倪瑞捷：《阿根廷经济 2019 年继续面临稳汇率与降通胀挑战》，新华网，http：// m. xinhuanet. com/2019 – 04/23/c_1124406371. htm。

10. 世界银行：《2019 年全球营商环境报告》，https：//www. doingbusiness. org/。

11. 阿根廷央行：《2018～2019 年系列货币政策报告》，http：//www. bcra. gov. ar/PublicacionesEstadisticas/Informe_ politica_ monetaria. asp。

12. 钱小岩：《比索今年已暴跌逾 50%，阿根廷宣布紧缩政策自救》，一财网，2019 年 9 月 4 日，https：//www. yicai. com/news/100021374. html。

13. 王欢：《日媒：放弃贸易开放政策能让阿根廷走出困境吗?》，环球网，2019 年 9 月 5 日，http：//finance. huanqiu. com/gjcx/2018 – 09/12933402. html。

14. 中华人民共和国驻阿根廷大使馆：《驻阿根廷大使邹肖力就中阿关系在阿主流媒体发表署名文章》，2019 年 3 月 4 日，http：//ar. chineseembassy. org/chn/sgxw_ 1/t1642863. htm。

15. 中华人民共和国驻阿根廷大使馆：《驻阿根廷大使邹肖力在〈中华人民共和国海关总署与阿根廷共和国农牧渔业部关于阿根廷豆粕输华卫生与植物卫生要求议定书〉发布会上的致辞》，http：//ar. chineseembassy. org/chn/sgxw_ 1/t1697284. htm。

16. 朱慧琳：《2018 年中国与阿根廷双边贸易全景图》，前瞻产业研究院，https：//www. qianzhan. com/analyst/detail/220/190618 – a037c24d. html。

17. 中华人民共和国驻阿根廷大使馆：《驻阿根廷大使邹肖力就"一带一路"框架下中阿合作在阿主流媒体发表署名文章》，2019 年 4 月 27 日，http：//ar. chineseembassy. org/chn/sgxw_ 1/t1658835. htm。

18. 中华人民共和国驻阿根廷大使馆：《驻阿根廷大使邹肖力在 2019 年新春招待会暨到任招待会的致辞》，2019 年 1 月 30 日，http：//ar. chineseembassy. org/chn/

拉丁美洲和加勒比经济发展分析与展望（2019）

sgxw_1/t1633814. htm。

19. 商务部国际贸易经济合作研究院、中国驻阿根廷大使馆经济商务参赞处、商务部对外投资和经济合作司：《对外投资合作国别（地区）指南：阿根廷（2018年版）》，http：//www. mofcom. gov. cn/dl/gbdqzn/upload/agenting. pdf。

20. 党琦：《阿根廷，还将"哭泣"多久?》，参考消息官方网站，http：//column. cankaoxiaoxi. com/2019/0906/2390369. shtml。

21. Alejandro Werner, *Outlook for Latin America and the Caribbean*：*A Stalling Recovery*，2019 – 07 – 29，https：//blogs. imf. org/2019/07/29/outlook – for – latin – america – and – the – caribbean – a – stalling – recovery.

22. Comisión Económicapara América Latina y el Caribe（CEPAL），*Estudio Económico de América Latina y el Caribe*，2019（LC/PUB. 2019/12 – P），Santiago，2019.

23. INDEC，Argentine Foreign Trade Statistics：Preliminary Data for the First Six Months of 2019，https：//www. indec. gob. ar/uploads/informesdeprensa/i_ argent_08_1974 AD27413D. pdf.

巴西经济发展分析与展望

张 宇[*]

摘 要：2018 年巴西经济延续了 2017 年的缓慢增长趋势：全年 GDP 总量同比增长 1.1%，人均 GDP 同比增长 0.3%；对外贸易领域，进口增速高于出口；失业问题有所改善但失业率仍处于较高水平；通货膨胀率仍位于通货膨胀目标区间；固定投资有所上升；外商投资规模下降；联邦政府债务持续增加。本文首先总结 2018 年巴西的宏观经济形势，回顾巴西近年来宏观经济概况；其次分析巴西的财政政策和货币政策；再次探讨了巴西对外贸易和吸引外资情况，并着重分析了巴西与中国的经贸合作；最后对巴西经济形势进行简要展望。

关键词：巴西 经济增长 宏观经济政策 中巴合作

一 2018 年度巴西经济发展概况

得益于政府实施的一系列振兴经济措施，在经历了 2015 年和 2016 年连续两年经济倒退后，2018 年巴西经济增长 1.1%，延续了 2017 年的缓慢复苏态势，宏观经济运行主要情况如下。

（一）经济整体延续低速增长态势

世界银行数据显示，按 2010 年不变价美元计，2018 年巴西 GDP 总

---

* 张宇，博士，西南科技大学教授，主要从事产业经济、拉美经济研究。

量为23096.6亿美元，同比增长1.1%；人均GDP为11026.2美元，同比增长0.3%。从增长动因看，巴西政府有力的经济振兴措施有效地推动了经济复苏，长时间处于历史最低水平的基准利率（6.5%）有利于增加投资和消费，进而推动经济增长。但值得注意的是经济总量，横向看，2018年巴西GDP增速仍然显著低于同期拉美地区平均水平（1.5%）和世界平均水平（3.0%）；纵向看，巴西2018年GDP与2011年（22996.2亿美元）基本持平，但还低于2014年（24232.7亿美元）的水平。

（二）出口增速放缓，进口增长加速，贸易顺差收窄

世界银行数据显示，2018年巴西货物和服务对外贸易总额为5654.1亿美元，同比增长6.1%。其中，出口2996.0亿美元，同比增长4.1%，增幅低于2017年的5.2%。进口2658.0亿美元，同比增长8.5%，大幅高于2017年的5.0%。进口加速增长缩小了2015～2017年持续扩大的巴西贸易顺差规模：2018年巴西贸易顺差338.0亿美元，相比于2017年的429.4亿美元减少了91.4亿美元。

（三）失业率降低，但仍处于历史高位

巴西国家地理统计局（IBGE）数据显示，2018年巴西全年平均失业率为12.3%，较2017年（12.7%）降低0.4个百分点。数据也显示，自2018年1月达到13.1%的顶点以来，巴西失业率持续下降，一直到2018年11月的11.6%。非正式就业包括临时工、自营企业者的增加是巴西失业减少的主要原因。不过失业率水平虽有所降低，但2018年底巴西失业人数仍高达1280万人，12.3%的失业率也处于历史高位，并且也远高于同期其他主要发展中国家，如印度（2.6%）、印尼（4.3%）、越南（1.9%）等。

（四）通货膨胀率上升，但仍位于目标区间内

巴西国家地理统计局（IBGE）数据显示，2018年巴西通胀率为

3.7%，较 2017 年的 2.9% 有所上升。2019 年 5 月，年通胀率攀升至 4.7%，但仍位于巴西国家货币委员会设定的 4.5%±1.5% 通胀率管理目标区间内，这说明通胀率处于合理水平。从通胀率上涨的原因看，主要是 5 月份发生的卡车司机大罢工。2018 年巴西生活用品和服务、交通以及食品价格上涨较快。其中，医疗保险价格上涨 11.2%，电力价格和汽油价格分别上涨 8.7% 和 7.2%。

（五）固定资本投资小幅上升，但仍位于较低水平

拉美经委会《2018 年拉丁美洲和加勒比经济研究》显示，2018 年巴西固定资本投资占 GDP 的比重为 16.2%，较 2016 年（16.0%）和 2017 年（16.0%）小幅增长。但 2018 年巴西投资水平仍处于历史低位，自 2013 年达到 21.4% 的历史高点后持续下降。固定资产投资是社会固定资产再生产的主要手段，被认为对经济特别是长期经济增长有重要意义，巴西固定资本投资额占 GDP 的比重长期偏小，且整体呈下降趋势，不利于巴西经济实现复苏和持续增长。

（六）外商直接投资（FDI）规模大幅下降，全球排名下滑

联合国贸易与发展会议（UNCTAD）数据显示，2018 年巴西共吸收外国直接投资 590 亿美元，较 2017 年吸收的 680 亿美元同比下降 13.2%，显著低于经济学家此前预测的 750 亿美元，巴西也从世界第五大外商直接投资流入国跌至第九位。

（七）联邦政府债务规模持续上升

拉美经委会《2018 年拉丁美洲和加勒比经济研究》显示，受公共政策影响，近年来巴西联邦政府债务持续增加。2014～2018 年巴西联邦政府债务占 GDP 的比重分别为 58.9%、66.5%、70.0%、74.0%、77.2%。其中，按 2010 年不变价美元计，2018 年联邦政府债务已达 17830.6 亿美元，创历史新高。在减少财政赤字的背景下，较高的政府债务限制了巴西政府灵活实施财政政策的空间。

二 巴西经济发展特征

作为拉美第一大经济体，巴西经济近年陷入低迷，宏观经济增速放缓，失业问题严重，政府债务连创新高，产业结构不合理问题依旧存在，虽然 2017 年和 2018 年巴西政府采取了一系列振兴经济的措施，经济也逐渐缓慢复苏，但要实现经济的持续有效增长，巴西仍面临巨大挑战。

（一）巴西经济整体增长从引领者变为落后者

作为拉美地区面积最大、人口最多、资源种类最全的国家，2003 ~ 2013 年在外部大宗商品需求扩张、价格上扬、国际金融环境资源旺盛、新兴市场准入门槛降低的有利环境下，巴西时任总统卢拉带领巴西走出了一条融合了新自由主义、发展主义和平民烙印深刻的务实主义的道路①，实现了经济的快速增长，对拉美地区整体经济增长起到了巨大的推动作用。

自 20 世纪 60 年代以来，巴西经济规模长期稳居拉美地区首位，2018 年经济总量占拉美地区经济总量的 37.7%，远高于墨西哥（21.4%）、阿根廷（7.3%）、哥伦比亚（6.2%）和智利（4.6%）等区域内第 2 ~ 5 位的经济体。从人均量来看，世界银行数据显示，2018 年巴西人均 GDP（2010 年不变价美元）为 11026.2 美元，高于拉美地区平均水平（9190.8 美元），但与该地区高收入国家如智利（15130.2 美元）有较大差距。从增速看，2018 年巴西 GDP 总量同比增长 1.1%，比拉美地区 1.4% 的增长率低 0.3 个百分点，比全球平均 3.0% 的增长率低 1.9 个百分点；人均 GDP 同比增长 0.3%，比拉美地区 0.4% 的增长率低 0.1 个百分点，比全球平均 1.9% 的增长率低 1.6 个百分点（见图 1）。实际上，近年来受全球大宗商品价格下降和自身经济结构调整影响，巴

---

① 张悦：《巴西新十年的经济转变和危机》，《辽宁经济》2019 年第 4 期。

西经济增速严重放缓，连续数年处于低速增长甚至衰退中，从拉美的引领者变为落后者：2009～2013年巴西经济增速领先或接近于拉美地区平均增速，年均增长4.1%，高于拉美地区4.0%的增速；但2014～2018年，巴西经济年均增速为－1.2%，远低于拉美地区0.7%的增速。

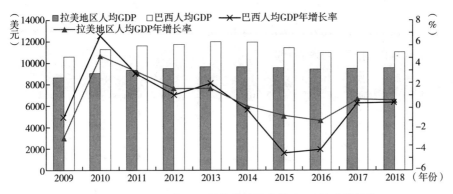

图1　2009～2018年巴西及拉美地区人均GDP及其增长率
资料来源：世界银行数据库。

（二）农业比重小，增长波动大

巴西幅员辽阔、资源丰富，农业发展的条件极其优越。自20世纪70年代开始，巴西农业在政府主导的农业技术创新管理体制与运作机制以及由巴西科技部牵头的国家科技创新发展战略带动下，实现了3大技术革命：土壤改良和热带动植物生产系统、免耕直播、农林牧一体化生产[1]，从而极大地促进了巴西农业发展。巴西是仅次于美国和欧盟的世界第三大农产品出口国和重要的农产品生产国，其中咖啡、甘蔗、柑橘和香蕉产量世界第一，大豆产量世界第二，玉米产量世界第三。大豆是巴西最重要的出口产品，巴西是仅次于美国的全球第二大大豆出口国。糖制品、肉制品、咖啡、玉米等也是巴西主要的出口农产品。

从农业地位看，农业是巴西国民经济占比最小的产业。2009～2018年，巴西农业占GDP的比重均小于5%。以2010年不变价美元计算，

---

[1]　徐萌、徐钰娇、杨梅：《技术变革、创新体系与巴西农业发展：内生动力及中巴合作领域》，《科技管理研究》2018年第22期。

2018 年巴西农业增加值为 1143.6 亿美元，占 GDP 的比重仅为 4.4%。从增长率看，2018 年巴西农业同比仅微增 0.10%，大幅低于 2017 年 12.5% 的增长率。整体看，巴西农业增长波动性较大。从 2009 年至 2018 年的 10 年中，巴西农业附加值增长率有 3 年增长率小于 -3%，有 4 年高于 5%（见图 2），说明巴西农业增长容易受到全球农产品价格和农业气候的影响。此外，耕作方式粗放、基础设施薄弱、农作物生产水平较低也限制了巴西农业的发展。

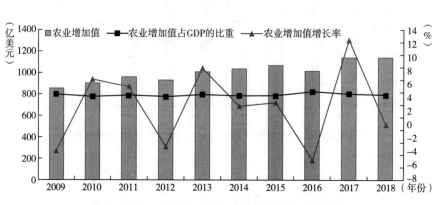

图 2　2009～2018 年巴西农业在国民经济中的地位

资料来源：世界银行数据库。

（三）工业比重较大，近年陷入衰退

工业是巴西重要产业，巴西工业产值及规模居拉美地区之首，主要工业部门有石油、水泥、化工、钢铁、汽车、造船、冶金、电力、纺织、建筑等。2014 年以来巴西工业陷入严重衰退。2014～2017 年巴西工业增加值的增长率分别为 -3.2%、-7.3%、-5.0% 和 -0.9%，连续 4 年负增长。2018 年巴西工业增加值为 4669.4 亿美元，占巴西 GDP 的比重为 18.4%，增长率虽然由正转负，但仅为 0.4%（见图 3），工业拖累了巴西经济的整体复苏。巴西工业陷入衰退也使得其遭遇了更多来自世界其他工业大国的挑战。巴西工业发展研究院（IED）数据显示，2005 年，巴西工业产值在全球的占比为 2.88%，但 2010 年降至 2.71%，2016 年又进一步降至 1.84%。2005～2016 年，巴西在全球主要 15 个工业国家中的工业实力排名也由第 7 名下降至第 9 名[①]。

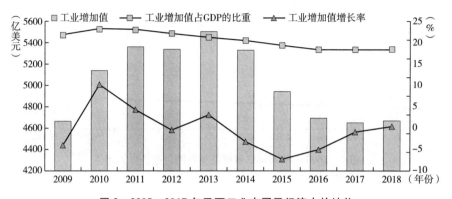

图 3　2008～2017 年巴西工业在国民经济中的地位

资料来源：世界银行数据库。

（四）服务业比重最大，但近年增长乏力

服务业是巴西规模最大的产业，主要包括不动产、租赁、旅游业、金融、保险、信息、广告、咨询和技术服务等[②]，对巴西经济增长起到了至关重要的作用。2009～2017 年，巴西服务业增加值占 GDP 的比重接近甚至超过 60%。2018 年巴西服务业增加值为 13677.9 亿美元，占 GDP 的比重高达 62.6%，增长 1.2%，远高于农业和工业，表明服务业是拉动巴西经济增长最重要的引擎，对巴西经济复苏起到了巨大推动作用。但 2014 年以来巴西服务业增速明显放缓，增长乏力。2014 年巴西服务业增加值增长率仅为 0.9%，显著低于 2013 年的 2.7%。2015 和 2016 年更是出现 -2.2% 和 -2.0% 的负增长。2017 年巴西服务业实现了正增长，但服务业增加值增长率也仅同比增长 0.2%（见图 4）。

（五）过早"去工业化"，服务业大而不强

产业结构问题一直是困扰巴西经济转型升级的关键性问题。作为拉

---

① 《排名不断下降巴西工业强国地位恐不保》，中国新闻网，http://finance.ifeng.com/a/20171019/15733264_0.shtml。

② 商务部国际贸易经济合作研究院、中国驻巴西大使馆经商处、商务部对外投资和经济合作司：《对外投资合作国别（地区）指南：巴西（2018 年版）》。

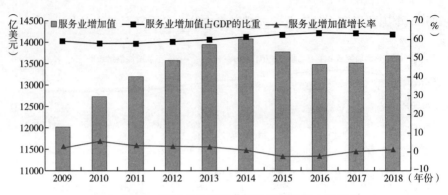

图4 2009～2018 年巴西服务业在国民经济中的地位
资料来源：世界银行数据库。

美地区大国，巴西早在 19 世纪 80 年代就开始了工业化进程，到 20 世纪 70 年代末，巴西已经建立起较为完善的工业体系，拥有门类齐全的基础工业部门。[①] 作为全球十大工业强国之一，巴西核电、通信、电子、飞机制造、军工等更是跨入世界先进国家的行列。世界第三大商用飞机制造商、世界第一大支线飞机制造商的巴西航空工业公司更是其中的杰出代表。但 20 世纪 80 年代以来，特别是受 1982 年债务危机影响，巴西政府开始信奉新自由主义，在西方专家指导下，进行市场化改革，大力发展金融服务业，本国工业遭受到国外产品的严重冲击，过早开始"去工业化"（也称"去制造业化"），工业增加值在国民经济中的地位不断下降，而服务业的地位则不断提高。到 1995 年，巴西工业增加值占 GDP 的比重已经低于 25%，服务业则高于 55%[②]；而到 2018 年，巴西工业增加值占 GDP 的比重已经下降到 18.4%，服务业则进一步上升至 62.6%（见图5），比德国（61.5%）、韩国（53.6%）等公认的发达经济体还要高。但服务业在国民经济中地位的不断提高并没有推动巴西经济的持续增长，反而为巴西经济发展带来了巨大的隐患。

① 高伟浓：《中巴经贸关系与中国新移民华商》，《深圳大学学报（人文社会科学版）》2019 年第 4 期。

② E. Rosenzvaig, R. Munck, "Neoliberalism: Economic Philosophy of Postmodern Demolition", *Latin American Perspectives*, 1997, 24（6）；W. R. Nylen, "Selling Neoliberalism: Brazil's InstitutoLiberal", *Journal of Latin American Studies*, 1993, 25（2）.

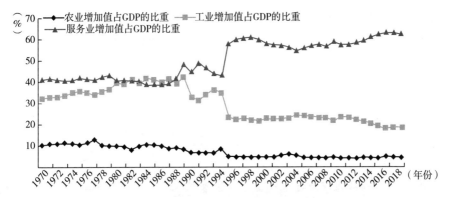

图 5　1969～2018 年巴西三大产业增加值占 GDP 的比重

资料来源：世界银行数据库。

第一，"去工业化"制约了其他产业的发展，导致巴西经济抗压能力弱，波动性强，受外部环境影响大。工业作为国民经济的基石，对农业和服务业的发展起到了基础性作用。过早的"去工业化"使得巴西虽在 2003～2013 年的大宗商品超级周期中获利颇丰，但由于缺乏产品深加工能力和完整的产业链，且基础设施落后，尽管巴西农产品资源和能源资源丰富，其出口只能以初级产品和中低端制成品为主，产品位于全球价值链低端，附加值低。工业水平的不足也导致巴西市场上的电子电器、汽车等商品基本以外国品牌为主，相关产业链的发展受限，限制了服务业的发展，在没有高端制造业支撑的背景下，巴西的服务业也只能被困在较低水平。

第二，"去工业化"导致巴西工业衰落，是近年来巴西失业问题严重和贫困人口增加的重要诱因。产业结构的变化导致巴西就业结构的变化，受"去工业化"的影响，工业就业机会减少，就业人口被"赶到"服务业。如图 6 所示，1991～2018 年巴西服务业就业人口比重从 55.1% 大幅增加至 70.2%，而工业就业人口比重则从 22.5% 萎缩至 20.4%。这一时期内，巴西工业就业人数减少，服务业就业人数虽大幅上升，但相当部分为非正式就业岗位，一旦经济出现波动就容易造成严重失业问题。一般而言，单个劳动力在服务业的增加值增长弱于制造业，特别是巴西服务业相当一部分为低端服务业，在缺乏工业能提供充分就业岗位

的情况下，"去工业化"导致巴西贫困发生率过高，尤其是在经济落后的东北部，竟有超过40%乃至近一半的人生活在贫困线下①。

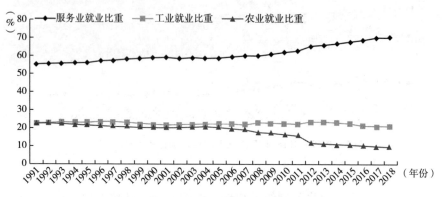

图6　1991～2018年巴西三大产业就业比重

资料来源：世界银行数据库。

三　巴西宏观经济政策及其影响

减少财政赤字、降低失业率、维持通货膨胀率处于合理区间、促进经济增长是近年巴西宏观经济的主要目标。围绕上述目标，2018年巴西执行了不同的财政政策和货币政策。

（一）坚持从紧财政政策：政府债务和财政赤字增加

当前，为了平衡财政收支和保持财政赤字处于可控水平，包括巴西在内的大多数拉美国家实行了紧缩财政政策。2018年巴西联邦政府最终消费支出占GDP的比重为19.7%，比2016年下降0.7个百分点，政府支出呈缓慢下降趋势。但长期以来，社会福利支出特别是巨额养老金支出使巴西政府积累了大量债务，债务本身又产生巨额利息支出（见图7），因此虽然巴西减少了资本性支出，但巴西政府债务占GDP的比重仍呈上升趋势（见图8）。2018年，巴西联邦政府债务占GDP的比重已

---

① 高伟浓：《中巴经贸关系与中国新移民华商》，《深圳大学学报（人文社会科学版）》2019年第4期。

经高达 77.2%，远高于同期拉美地区平均水平（41.0%）（见图9）。而由于经济衰退政府收入减少，巴西联邦政府财政平衡连年赤字，2018 年巴西联邦政府初级财政平衡和最终财政平衡占 GDP 的比重分别为 -2.1% 和 -8.2%，远高于拉美地区平均水平（0.3% 和 -2.6%），也高于巴西 2017 年同期水平（-1.8% 和 -7.7%）（见图10）。

图7　2009～2018 年巴西联邦政府支出情况

资料来源：世界银行数据库；拉美经委会《2018 年拉丁美洲和加勒比经济研究》。

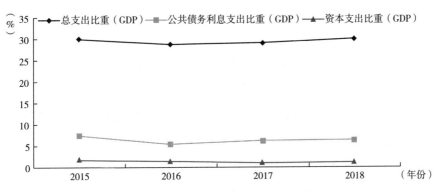

图8　2015～2018 年巴西联邦政府支出构成

资料来源：拉美经委会《2018 年拉丁美洲和加勒比经济研究》。

上述分析表明，尽管巴西政府已经意识到债务问题的严重性，但截至 2019 年底巴西债务问题仍未得到明显改善，甚至有进一步恶化趋势。巴西财政政策的主要目标是实现拉美经委会提出的可持续发展目标和减少财政赤字。从地区水平看，巴西政府支出比例长期高于拉美地区平均水平，由此带来了巴西政府巨额债务以及连年财政赤字，使得巴西要实现可持续发展目标和减少财政赤字面临更大的困难。在此背景下，短期

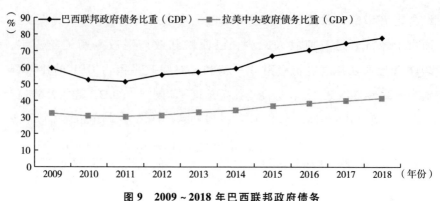

图9 2009～2018年巴西联邦政府债务

资料来源：拉美经委会《2018年拉丁美洲和加勒比经济研究》。

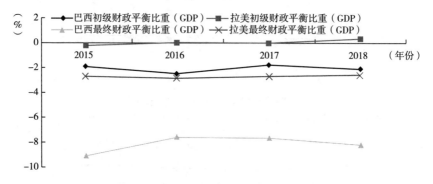

图10 2015～2018年巴西财政平衡状况

资料来源：拉美经委会《2018年拉丁美洲和加勒比经济研究》。

内巴西财政政策的主要目标仍是缩减财政支出、控制政府预算。因此，2019年巴西新政府会继续执行紧缩性财政政策，包括进一步缩减政府行政开支和基础设施投资。从社会稳定和可持续发展的角度来看，尽管政府收紧财政支出，但对社会保障项目的投资不应减少，对义务教育和医疗支出的投资也应予以保留。巴西政府应着力减少政府非投资性支出，扩大税基，增加非税收入，积极偿还公共债务，减少后期利息支出，逐步实现财政平衡。

（二）坚持宽松的货币政策，通胀压力较小

2017年以来，巴西经济疲软，复苏乏力，通胀率处于较低水平，这为降息提供了空间和条件，由此巴西央行决定执行较为宽松的货币政

策，以刺激经济增长并减少失业。自2016年9月1日巴西基准利率达到近10年历史高位14.25%后，到2019年7月31日，巴西央行已经连续13次降息，基准利率从峰值的14.25%下降到6%，创近30余年的最低水平（见图11）。货币指标也显示相同的特征，如图12所示，从2016年起，巴西三大货币指标M0、M1、M2也呈扩张趋势，表明巴西央行试图通过量化宽松政策来增加投资和消费，促进经济增长。

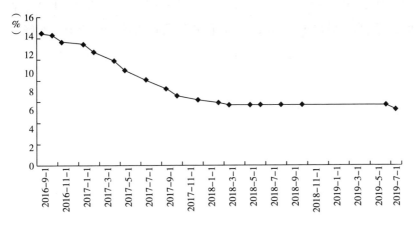

图11　2016年9月1日～2019年7月1日巴西央行基准利率
资料来源：巴西央行，https://www.bcb.gov.br/pt-br/#!/home。

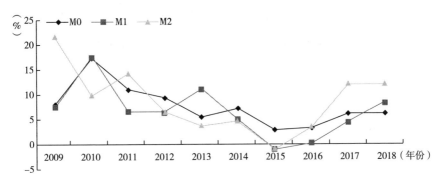

图12　2009～2018年巴西货币指标（平均余额相对于上年同期的百分比变化）
资料来源：拉美经委会《2018年拉丁美洲和加勒比经济研究》。

虽然2018年巴西处于降息通道，但考虑到巴西经济也承受一定的货币贬值以及通货膨胀率压力，巴西货币政策存在转向可能性。数据显示，2018年8月～2019年6月，在强势美元下，巴西雷亚尔也承受了一定的贬值压力（见图13）。货币贬值将加速资本外流，考虑到巴西经济对外资的依赖性，资本外流不利于巴西经济复苏。而自2018年3月达到近10年的低点2.7%后，受5月份卡车司机大罢工以及10月份巴西大选等影响，巴西通货膨胀率也呈上升趋势，2019年4月达到4.9%，随后才有所下降（见图14）。因此，考虑到汇率贬值和通货膨胀的不利影响，虽然市场一直有降息预期，但巴西央行连续近15个月（2018年3月21日~2019年6月19日）维持基准利率不变。尽管2020年以来巴西通货膨胀率仍位于目标区间内，但若后期雷亚尔持续贬值、通胀率继续上升或巴西经济复苏好于预期，巴西央行可能转向执行偏紧的货币政策，巴西货币政策存在转向的可能性。

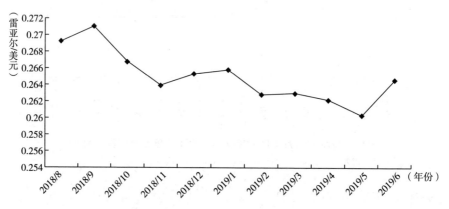

图13 2018年8月~2019年6月巴西雷亚尔兑美元汇率

资料来源：OECD数据库。

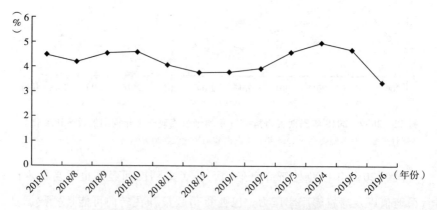

图14 2018年7月~2019年6月年巴西通货膨胀率

资料来源：OECD数据库。

四　巴西对外贸易与吸引外资概况

对外贸易和外商直接投资一直对巴西经济发展发挥了重要作用。近年来，在经济下行背景下，巴西进出口和吸引外资均承受了一定压力。

（一）巴西对外贸易有所复苏，但全球参与度不断下降

作为拉美地区进出口大国，对外贸易对稳定巴西经济增长有重要作用。从金额看，2018 年巴西出口额为 2996.0 亿美元，占 GDP 的比重为14.8%；进口额为 2658.0 亿美元，占 GDP 的比重为 14.3%；进出口总额为 5654.1 亿美元，占 GDP 的比重为 29.1%（见图 15）。2017 年和2018 年巴西进出口分别实现了 5.1% 和 6.1% 的增长，远高于 2015 年（−4.6%）和 2016 年（−4.6%）的增长率，实现了复苏。但值得注意的是，近年来巴西经济全球参与度不断降低。IMF 数据显示，2018 年巴西全球经济参与度连续第 7 年下降，降到了 1980 年来的最低水平。按购买力平价（PPP）计算，1980 年巴西商品和服务产值在全球中的占比为4.4%，2011 年降至 3.1%，2018 年则降到了 2.5%。IMF 预测巴西全球经济参与度下降趋势将至少保持至 2024 年，2024 年巴西在全球经济中的占比会降至 2.3%。

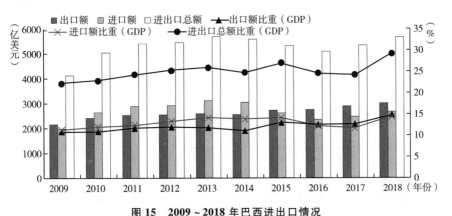

图 15　2009～2018 年巴西进出口情况

资料来源：世界银行数据库。

从巴西出口的主要目的地、产品类别以及金额看，如表1所示，前5个国家和地区中共同目的地为美国和荷兰，而中国则是巴西累计出口额最多的国家。巴西前三类出口产品是矿产品、植物产品和运输设备，2018年出口额分别达539.87亿美元、441.05亿美元和224.71亿美元。从增长率看，作为巴西第一大出口产品，2018年矿产品出口增长29.3%，主要包括铁矿石、石墨、石油、天然气等。植物产品和运输设备出口则分别增长18.4%和13.3%，也对巴西出口增长起到了巨大促进作用。

表1 2018年巴西前五类出口产品的国别构成

单位：亿美元

HS25 – 27：矿产品			HS04 – 14：植物产品		
国　家	金额	占比（%）	国　家	金额	占比（%）
中　国	262.38	48.6	中　国	274.33	62.2
美　国	43.19	8	伊　朗	16.07	3.6
西班牙	25.73	4.8	西班牙	13.34	3
智　利	20.76	3.8	荷　兰	10.35	2.4
荷　兰	17.38	3.2	美　国	10.23	2.3
总　值	539.87	100	总　值	441.05	100
HS86 – 89：运输设备			HS16 – 24：食品、饮料、烟草		
国　家	金额	占比（%）	国　家	金额	占比（%）
阿根廷	67.19	29.9	美　国	21.04	9.5
荷　兰	34.4	15.3	荷　兰	20.61	9.4
美　国	27.04	12	比利时	12.34	5.6
巴拿马	13.16	5.9	韩　国	10.11	4.6
智　利	13.08	5.8	泰　国	9.35	4.2
总　值	224.71	100	总　值	221.47	100
HS84 – 85：机电产品					
国　家	金额	占比			
美　国	55.18	30.2			
阿根廷	18.51	10.1			

HS84－85：机电产品		
国　家	金额	占比
墨西哥	13.43	7.4
德　国	11.38	6.2
荷　兰	8.14	4.5
总　值	182.71	100

资料来源：前瞻经济学人，https：//www.qianzhan.com/analyst/detail/220/190620－bbe25b9e.html。

　　从巴西进口的主要来源地、产品类别以及金额看，如表2所示，美国是前5位国家和地区中唯一共同来源地，而中国则分别是巴西第一大进口产品机电产品和第五大进口产品贱金属及制品的第一大来源地。2018年巴西前三类进口产品机电产品、化工产品和矿产品的进口额分别达408.65亿美元、367.43亿美元和281.83亿美元。从增长率看，2018年巴西进口也基本实现了全面增长，但第一大类进口产品机电产品和第二大进口产品化工产品增长率分别为7.2%和17.1%，均低于平均增幅。而运输设备进口增长近一倍，贱金属及制品进口增长31.5%，它们有效带动了进口增长。

表2　2018年巴西前五类进口产品的国别构成

单位：亿美元

HS84－85：机电产品			HS28－38：化工产品		
国　家	金额	占比（%）	国　家	金额	占比（%）
中　国	141.8	34.7	美　国	65.77	17.9
美　国	40.57	9.9	中　国	49.41	13.5
德　国	31.26	7.7	德　国	35.02	9.6
韩　国	30.12	7.4	俄罗斯	19.49	5.3
日　本	16.77	4.1	印　度	18.11	4.9
总　值	408.65	100	总　值	367.43	100
HS25－27：矿产品			HS86－89：运输设备		
国　家	金额	占比（%）	国　家	金额	占比（%）
美　国	107.94	38.3	巴　西	59.34	23.6

拉丁美洲和加勒比经济发展分析与展望（2019）

HS25 – 27：矿产品			HS86 – 89：运输设备		
国　家	金额	占比（%）	国　家	金额	占比（%）
阿尔及利亚	21. 23	7. 5	阿根廷	48. 69	19. 3
沙特阿拉伯	16. 49	5. 9	中　国	47. 78	19
玻利维亚	15. 52	5. 5	墨西哥	19. 91	7. 9
尼日利亚	14. 93	5. 3	美　国	15. 19	6
总　值	281. 83	100	总　值	251. 44	100

HS72 – 83：贱金属及制品					
国　家	金额	占比			
中　国	23. 58	20. 8			
智　利	13. 07	11. 5			
巴　西	8. 75	7. 7			
美　国	6. 38	5. 6			
德　国	6. 01	5. 3			
总　值	113. 37	100			

资料来源：前瞻经济学人，https：//www. qianzhan. com/analyst/detail/220/190620 – bbe25b9e. html。

（二）巴西吸引了大量的外国投资促进经济发展

长期以来，吸引外资以获得资本、技术和管理经验是巴西经济发展的重要经验。由于巴西经济基础稳固，经济政策成熟，对境内的外商独资或合资企业均实行国民待遇，对投资准入和收益汇出等限制较少，对企业征收补偿以及争议解决有一套比较成熟的规定，因此近年来吸引了包括中国资本在内的大量外国投资。以现价美元计算，2018 年巴西 FDI 净流入为 883.2 亿美元，同比增长 25.7%，占该年度拉美地区总量的 48%（见图 16）。从 FDI 的流向看，农牧业、石油和天然气开采、金属开采、基础设施、汽车和信息产业吸引了大量外商投资。从 FDI 的来源地看，巴西经济部公布的《巴西外国投资公报》显示，中国、美国、日本、法国和意大利 5 国是巴西外资前五大来源地。2003 年 3 月至 2019 年 3 月，中国在巴西投资总额达 710 亿美元，占 5 国投资总额的 37%，金额超过美国，成为巴西最大投资国。美国则是在巴西投资项目最多的国家，占项目数量的 40% 以上。

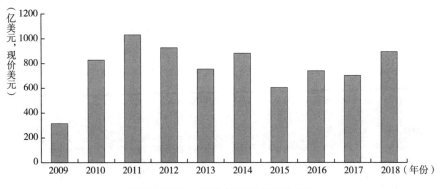

图16　2009～2018年巴西FDI净流入

资料来源：世界银行数据库。

五　巴中经贸关系持续深化

在"一带一路"背景下，中国与拉美地区经贸发展日益紧密。巴西作为地区强国，在中国对拉经贸关系中始终发挥着桥头堡和稳定器的作用。由于经济良好的互补性，近年来中巴经贸发展迅速。中国是巴西第一大进口国和出口国，中国连续 10 年成为巴西第一大贸易伙伴，发展同中国经贸关系对巴西至关重要。随着两国经济不断发展，中巴两国贸易互补程度仍会不断加深，经贸关系将会不断紧密。

（一）双边贸易发展势头强劲，未来前景可期

贸易合作始终是中巴双边合作的基础和重点，受全球大宗商品价格下滑和中国经济转型以及巴西经济低迷影响，中巴双边贸易额曾有所下滑，但 2017 年双边贸易额大幅增长，中巴双边贸易未来前景仍可谨慎看好。总体来看，巴西和中国贸易总体呈现以下特点。

第一，巴西和中国双边贸易发展势头强劲，贸易额创新高。2013 年以来随着国际大宗商品价格下滑、中国经济转型以及巴西经济陷入低迷，中巴贸易额从 2014 年开始持续下降，到 2016 年中巴贸易额下滑到

585.0 亿美元，2013～2016 年累计下滑 29.8%。而受大宗商品价格上涨以及巴西经济复苏影响，2017 年开始中巴贸易回暖，当年中巴贸易额为 748.1 亿美元，同比大幅增长 27.9%。而在 2018 年，巴西与中国双边货物进出口额为 989.4 亿美元，增长 32.2%（见图 17），中巴双边贸易展现强劲的复苏势头。

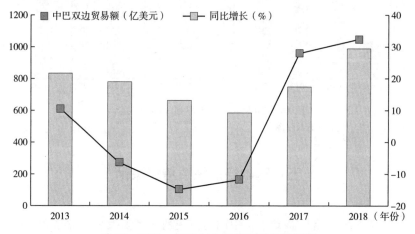

图 17　2013～2018 年中巴货物双边贸易额

资料来源：巴西外贸秘书处。

第二，双边进出口产品集中度较高，存在改善的空间。巴西与中国双边贸易结构的典型特点是"巴西出口初级产品，中国出口工业制成品"，进出口产品结构集中度偏高。如表 3 所示，2008 年和 2012 年，巴西向中国出口前五类商品占对华出口总额的比重分别为 88.74% 和 90.33%，而自中国进口的第五至第八类产品占自华进口总额的比重分别为 88.76% 和 93.22%，这表明 2008～2012 年，中巴进出口产品集中度偏高的趋势并没有缓解反而进一步加强。巴西害怕自身沦为"中国的原材料供应地"和进一步恶化"去工业化趋势"，并制定了旨在改善中巴贸易结构的"中国议程"[①]。为了促进中巴贸易可持续发展，进一步深化中巴经贸关系，中国也有意识地提高对巴西高附加值产品的进口。

---

① 周志伟：《中国与巴西关系：从南南合作典范到大国关系》，《复旦国际关系评论》 2012 年第 1 期。

2014 年 7 月习近平主席在访问巴西期间，签署了向巴西航空工业公司购买 60 架飞机的合作协议。但截至 2019 年，中巴贸易结构还未得到显著改善。2016 年巴西向中国出口前五类商品占对华出口总额的比重仍然高达 90.29%，而向中国进口的第五至第八类产品占自华进口总额的比重则高达 95.91%。

表 3　2008 年、2012 年、2016 年巴西与中国的商品贸易结构

单位：%

商品种类	2008		2012		2016	
	进口	出口	进口	出口	进口	出口
0 类：食品及活动物	1.17	0.40	1.70	3.61	2.51	6.23
1 类：饮料及烟类	0.01	1.36	0.01	0.95	0.02	0.38
2 类：非食用原料（燃料除外）	0.41	80.66	0.45	76.85	0.72	69.91
3 类：矿物燃料、润滑油及相关原料	0.88	6.32	0.54	8.91	0.77	13.17
4 类：动植物油、脂及蜡	0.01	0.00	0.01	0.01	0.01	0.60
5 类：化学成品及有关产品	9.94	0.85	9.47	1.35	15.19	0.87
6 类：按原料分类的制成品	18.01	4.57	18.51	3.26	17.62	4.40
7 类：机械及运输设备	44.89	0.12	45.45	0.13	43.27	4.30
8 类：杂项制品	15.92	2.63	19.79	2.72	19.83	0.13
9 类：未分类的商品和交易	8.78	3.10	4.07	2.22	0.07	0.00
总　计	100	100	100	100	100	100

资料来源：笔者根据联合国贸发会议数据库数据计算得出。

第三，中美贸易摩擦成为紧密中巴经贸关系的偶发因素。2018 年，中国和美国是巴西第一大和第二大贸易伙伴。巴西外贸秘书处（Secex）数据显示，2018 年巴西对两国出口额合计为 929.8 亿美元，占巴西出口总额的比重高达 38.8%，保持对中美两国出口的增长对巴西出口增长极为重要。在短期内，由于中美贸易摩擦的转移效应，中美彼此进口减少，对巴西的进口增加。以大豆为例，2016 年 10 月至 2017 年 5 月，中国从巴西进口的大豆份额仅为 30%，而从美国进口的份额则为 60%。从 2018 年中国开始实施报复性关税后，美国出口中国大豆大幅减少，巴西

则快速占据中国进口需求的45％。2019年7月数据显示巴西大豆占中国进口大豆份额约75％，而美国仅为10％[①]。但长期内，中美贸易摩擦对巴西也可能产生负面影响。中美贸易摩擦将对全球初级产品需求、汽车、机械制造以及电子设备等领域产生重要影响，全球经济可能因此放缓，全球其他国家进入国际市场的机会变小，巴西作为全球价值链的重要参与者可能因此受到不利影响。

（二）中国对巴西投资发展迅速，投资结构逐步优化

双边投资是中巴经贸合作的重要内容，近年来中国已经成为巴西第一大外资来源地。从最初主要以资源寻求型为主要特征，主要流向资源开采业，到近年来投资结构逐步优化，中国对巴西投资发展迅速。

第一，通过兼并等途径的投资规模大。巴西作为拉美第一大经济体，自然资源丰富，市场需求巨大，政治经济较为稳定，对外国资本投资限制相对较少，吸引了包括中国企业在内的全球投资者的眼光。联合国《世界投资报告2018》数据显示，在全球外商直接投资（FDI）下降23％的背景下，2017年巴西接受了全球627亿美元的直接投资，同比增长8.1％，接受外商投资规模位列全球第4位，仅次于美国、中国内地和中国香港。[②] 2017年中国对巴西直接投资6.43亿美元，排名第16位，远低于美国110.78亿美元的投资额。[③] 虽然中国对巴西直接投资规模不大，但通过其他途径如企业并购的方式展开取得了成效。巴西计划部门数据显示，2017年中国在巴西投资209亿美元，创2010年以来新高，这其中主要以企业并购的形式展开。2017年，中国在巴西并购金额高达106.8亿美元，占巴西当年外资收购金额的35.6％，与2016年119.2亿

---

① 《巴西大豆占中国进口大豆份额飙升至75％　美豆跌至10％》，中国粮油信息网，ht-tp：//www.chinagrain.cn/axfwnh/2019/07/16/3033942711.shtml。

② 由于数据来源不同，该处数据与第一部分此项数据存在差异性，但为了比较巴西外商直接投资在全球的位置，此处使用了联合国《世界投资报告2018》的数据。

③ 《2017年巴西吸收外国直接投资603.45亿美元》，中国驻巴西经济商务参赞处，ht-tp：//br.mofcom.gov.cn/article/jmxw/201802/20180202715750.shtml。

美元的并购金额相比有所减少。① 2017 年，拉美地区十大跨境并购交易中，有 9 项跨境并购发生在巴西，其中 7 项并购交易的买家来自中国，其中典型的包括中国国家电力投资集团出资 22.5 亿美元的圣西芒水电站特许经营权协议。

第二，投资结构持续优化。由于中国经济发展对自然资源的需求旺盛，过去一段时间中国对包括巴西在内的拉美地区的投资以资源寻求型为主。拉美经委会数据显示，截至 2013 年底，中国对拉美直接投资大约 90% 投向自然资源领域，主要集中在石油业和采矿业。② 而资源开采业属于资本与技术密集型产业，对资金和技术水平要求较高，导致中国对巴西的投资主体以中石油、中海油等国企为主，投资主体和领域都相对单一。

2015 年以来中国对巴西投资结构开始优化，投资主体和领域逐渐多元。拉美经委会数据显示，2005～2017 年，中国企业对拉美投资的 55% 流向了巴西。其中包括中国企业收购巴西最大私营电力生产商 CPFL 公司、巴西第二大集装箱码头运营商 TCP 公司③。2015～2019 年，中国企业在巴西投资领域已经从传统的能源、矿产逐步扩大到汽车、电信、可再生能源和金融服务等领域。而在这一过程中，民营企业如华为、中兴等通信生产商，比亚迪、江淮、奇瑞等汽车生产商，百度等信息服务提供商开始扮演重要角色。

(三) 金融合作规模不断扩大，形式不断丰富

随着中巴经贸关系向纵深发展，金融合作成为中巴经贸关系的新亮点。中巴金融合作始于 2005 年，近年来双方合作的规模不断扩大、形式得到不断丰富。

---

① 《中国 2017 年在巴西投资 209 亿美元创七年来新高》，路透中文网，http：//www. morningwhistle. com/info/39455. html。

② CEPAL， "Chinese foreigndirectinvestmentin Latin Americaand the Caribbean"，https：//www. cepal. org/es。

③ 《中国对拉美直接投资超 2000 亿美元，跨境电商、共享创新助力合作业态多元化》，网易，http：// money. 163. com/18/0205/00/D9REJ51I002580S6. html#from = keyscan。

第一，中国向巴西提供大规模和多领域的贷款。如表4所示，中方向巴方提供贷款是中巴金融合作最初的模式，主要由中国国家开发银行和中国进出口银行两大政策性银行负责具体实施。[①] 早期，由于中国发展对能源的大量需求，双方的合作模式主要是以贷款换资源。比如，2009年中国国家开发银行同巴西国家石油公司签署了为期10年金额达100亿美元的贷款合同，作为交换，巴西则需在获得贷款后的第1年向中国日均出口15万桶原油，随后9年日均出口20万桶原油。近年来，随着巴西基础设施建设资金需求的扩大，中国对巴西的贷款也更多向基础设施建设转移，此外，中方贷款还流向了信息、航天、现代农业等高科技、高附加值、可持续发展行业。

表4　2005～2016年中国向巴西提供的主要融资项目安排

单位：亿美元

年份	借款方	贷款方	金额	形式
2005	巴西 Gerdau Acominas 公司	中国工商银行	2.01	购置设备贷款协议
2009	巴西 Telemar Norte/Oi	国家开发银行	3	扩建通信网络贷款协议
2009	巴西国家石油公司	国家开发银行	100	油气开发双边贷款协议
2010	巴西淡水河谷公司	中国银行 中国进出口银行	12.3	运输设备贷款协议
2014	巴西淡水河谷公司	中国进出口银行	50	框架协议
2014	巴西淡水河谷公司	中国银行	25	全球融资安排协议
2014	巴西 SCHAHIN 集团	中国工商银行金融租赁公司	未公开	建设石油平台融资协议
2015	巴西国家石油公司	国家开发银行	35	中长期融资合作协议

---

① 李紫莹、孙业：《中国与巴西金融合作发展状况及其风险与挑战》，《国际贸易》2015年第12期。

年份	借款方	贷款方	金额	形式
2015	巴西南马托格罗索州政府	国家开发银行	60	农业深加工框架协议
2015	巴西国有能源公司	国家开发银行	70	贷款协议
2016	巴西国家石油公司	国家开发银行	100	贷款协议

资料来源：笔者综合李紫莹、孙业：《中国与巴西金融合作发展状况及其风险与挑战》以及和讯网资料等整理。

第二，互设分支机构。随着更多中国企业走进巴西，越来越多的中国银行选择在巴西设立分支机构。2009 年 3 月 13 日中国银行（巴西）有限公司在巴西央行注册成立，成为中国金融业在南美洲设立的第一家经营性分支机构。此外，中国工商银行也在巴西开设分支机构，从事政府、企业及个人金融业务。2014 年，巴西银行在中国的首家分行正式在上海开业，成为首家在中国开展业务的拉美银行。

第三，银行间并购。近年来中国银行对巴西银行展开的并购逐渐增多。2014 年 8 月 30 日，中国建设银行收购巴西银行 BicBanco 总股本 72% 股份的买卖合同正式完成交割，涉及金额约 16 亿雷亚尔（按 OECD 数据库 2014 年汇率，约合 6.02 亿美元），是当时中资商业银行在海外规模最大的控股权并购[1]。2016 年 12 月 1 日，交通银行收购巴西 BBM 银行股份完成交割，获得 BBM 银行全部发行在外约 80% 的股份，成为交通银行首单海外并购，此举有助于交行拓展巴西市场业务，服务于中巴两国投资与贸易活动，为中资企业"走出去"和巴西本地客户提供金融服务[2]。

第四，开展货币互换业务。货币互换是指两国（地区）央行以协定利率交换等值的两国货币，并约定在未来一定时间内以协定利率换回本方货币的金融业务。开展货币业务能够使得两国进行贸易和投资时，可以不使用第三国货币，而是直接使用本国货币来计价和结算。货币互换

---

[1] 《建设银行完成收购巴西 BIC 银行 72% 股权》，中国经济网，http：//intl. ce. cn/sjjj/qy/201409/02/t20140902_3464977. shtml。

[2] 《交通银行首次海外收购：控股巴西 BBM 银行》，环球网，http：//w. huanqiu. com/r/MV8wXzk3NTk4OTBfMjM1XzE0ODA1OTkwNjg = 。

有助于降低筹资成本及防止汇率变动风险造成的损失。2013 年中国人民银行与巴西中央银行签署了有效期为三年、互换规模为 1900 亿元人民币/600 亿巴西雷亚尔的中巴双边本币互换协议，这为双边贸易提供了极大便利。目前，中巴两国货币特别是雷亚尔汇率波动较大，双边本币互换协议可以在很大程度上降低汇率风险，使双边贸易更加稳定。同时，货币互换使得中巴在开展双边贸易时，更多使用人民币结算，也是人民币国际化的体现。

考虑到目前巴西发展对于资金的巨大需求以及中国强大的融资能力，在未来一段时间内，中巴金融合作还有巨大的发展空间。中拉产能合作"3×3"新模式下，其中的第 3 个"3"要求拓展基金、信贷、保险三条融资渠道，强调金融支持对于推动中拉经贸关系的支持作用。在此背景下，预计未来中巴金融合作的规模和深度仍会继续加深，但这有赖于巴西金融开放程度的不断扩大、双方金融合作形式的不断丰富以及参与金融合作主体的不断增加。

六　巴西经济发展展望

尽管 2018 年巴西经济延续了 2017 年缓慢复苏的势头，宏观经济谨慎向好，但是由于当前全球贸易保护主义和贸易摩擦加剧，全球经济的不确定性和下行风险加大，巴西经济本身的结构性问题在短期内难有较大改观，且前两个季度的主要经济数据显示当前巴西经济增速仍较低，因此 2019 年巴西仍将维持低速增长态势。

（一）2019 年 1~6 月巴西经济概况

据巴西国家地理统计局数据，2019 年上半年巴西经济实际增速为0.7%，仍然处于较低水平。分季度看，2019 年第 1 季度巴西 GDP 环比下跌 0.2%，是 2016 年第 4 季度以来首次下跌。三大产业中，农业和工业分别环比下跌 0.5% 和 0.7%，拖累了经济复苏，占巴西 GDP 总量约70% 的服务业环比增长 0.2%，表现好于其他两大产业。外贸方面，同期巴西出口环比下降 1.9%，进口环比增长 0.5%，增速均明显放缓。失业方面，巴西 2019 年第 1 季度失业率为 12.7%，同期上升 1.1%。同期失业人口总计达到 1340 万人，较上一季度增加 10.2%（约 123.5 万人）。第 2 季度，巴西国内生产总值环比增长 0.4%，避免了连续两个季度的负增长，同时也创下了 2018 年以来最快的增长速度。巴西政府积极的经济改革被认为是巴西经济增速超出预期、避免衰退的重要原因。从三大产业的增长情况看，虽然农业产出减少 0.4%，但工业和服务业都出现了一定程度的增长。其中，巴西工业环比增长 0.7%，而制造业环比增长 2.0%、建筑业环比增长 1.9% 是工业增长的主要原因。同时服务业也出现环比 0.3% 的增长。国内支出方面，投资环比增长 3.2%，家庭支出增长 0.3%，也对避免经济再次陷入衰退产生了重要作用。对外贸易方面，巴西第 2 季度出口环比增长 0.4%，进口增长 5.4%，增速均大幅低于 2018 年同期。失业方面，与第 1 季度相比，情况有所改善，同期巴西失业率为 12%，环比下降 0.7 个百分点，全国同期失业人数也降至 1280 万。

（二）2019 年巴西全年经济展望

经济有望持续增长，但增速不及预期。2019 年 7 月 IMF 发布的《世界经济展望》下调了 2019 年巴西经济增长的预期，从 4 月预期的 2.1% 下降至 0.8%；另外，拉美经委会则在同期从 1.8% 减至 0.8%，2020 年经济增长预期下调到 2.4%，下调 0.1 个百分点。预期的下调代表对巴西经济增长前景的担忧，巴西经济增速要大幅提高，除了需要外部环境的改善，更需要自身的有效改革。

对外贸易保持增长，但增速预计会明显低于 2017 年和 2018 年。当前，在贸易保护主义和全球贸易摩擦特别是中美贸易摩擦不断加剧背景下，各国均不同程度将发展的重心转向国内市场，实行本国优先战略，这将一定程度上损害全球贸易。2017 年和 2018 年巴西对外贸易实现了较快增长，但很大程度上源于前期贸易规模萎缩带来的反弹，预计 2019 年受全球贸易环境影响，巴西对外贸易难以实现高速增长。

通货膨胀率将呈缓慢上升态势。巴西通货膨胀率在 2017 年创 19 年新低后在 2018 年逐渐上升。在巴西始终维持低利率和全球经济维持量化宽松背景下，预计 2019 年巴西通货膨胀率仍将维持缓慢上升态势，不过考虑到 2019 年以来巴西宏观经济整体稳定，通货膨胀率应会维持在合理区间内。

失业率有望缓慢降低。失业问题是近年来巴西经济面临的最大挑战之一。随着巴西整体经济的逐步复苏，巴西就业市场有望改善，就业人数逐渐增加。不过由于全球经济和巴西经济增长均不及预期，巴西就业问题在短期很难大幅改善。

参考文献

1. 张悦：《巴西新十年的经济转变和危机》，《辽宁经济》2019 年第 4 期。

2. 徐萌、徐钰娇、杨梅：《技术变革、创新体系与巴西农业发展：内生动力及中巴合作领域》，《科技管理研究》2018 年第 22 期。

3. 高伟浓：《中巴经贸关系与中国新移民华商》，《深圳大学学报（人文社会科学版）》2019 年第 4 期。

4. 周志伟：《中国与巴西关系：从南南合作典范到大国关系》，《复旦国际关系评论》2012 年第 1 期。

5. 李紫莹、孙业：《中国与巴西金融合作发展状况及其风险与挑战》，《国际贸易》2015 年第 12 期。

6. E. Rosenzvaig, R. Munck, "Neoliberalism: Economic Philosophy of Postmodern Demolition", *Latin American Perspectives* 24 (6) (1997).

7. W. R. Nylen, "Selling Neoliberalism: Brazil's Instituto Liberal", *Journal of Latin American Studies* 25 (2) (1993).

8. ECLAC, "Preliminary Overview of the Economies of Latin America and the Caribbean 2019", *Balance Preliminar De Las Economías De América Latina Y El Caribe*, 2019.

9. ECLAC, "Economic Survey of Latin America and the Caribbean: 2019", 2019.

秘鲁经济发展分析与展望

陈文君*

摘　要：自 2007 年以来，秘鲁经济增长速度一直高于拉美地区平均水平，尤其是 2008 年其 GDP 增速高达 9.1%，为之前 20 年来最高。2010 年之后，尽管出现持续回落趋势，但是一直保持增长势头。本文第一部分剖析了影响秘鲁经济发展的主要因素。第二部分介绍了秘鲁 2018 ~ 2019 年上半年经济发展状况。第三部分着重分析了秘鲁的财政与货币政策及政策效果。第四部分阐述了秘鲁与中国经贸合作关系。最后，本文对 2019 年秘鲁经济发展形势进行了展望。通过对各种资料的分析发现，2019 年，秘鲁政府努力改善商业环境，但经济发展的内外环境依然不佳；经济会持续增长，但增速会低于 2018 年；外贸增长乏力，但中秘双边贸易还有潜力；失业率会维持在稳定水平。2019 年秘鲁经济继续处于恢复阶段，预计经济增长率为 3.2%。

关键词：秘鲁　经济增长　宏观经济政策　中秘合作

　　2016 年秘鲁的经济增长率为 4.0%。2017 年，受奥德布雷希特公司（ODEBRECHT）行贿丑闻给秘鲁经济造成的负面影响，以及 2017 年第 1 季度厄尔尼诺现象引发的洪水和泥石流灾害对农业等行业造成的不利影响，秘鲁的经济增长率降为 2.5%。2018 年，秘鲁采取宽松的货币政策和财政政策后，经济增长率达到 4.0%，为 5 年

---

　　* 陈文君，博士，西南科技大学教授，主要从事产业经济、环境经济、技术创新研究。

来的高点。① 2019 年，面对国内外不利因素影响，秘鲁经济发展速度将会减缓，预计经济增长率将达到 3.2%。②

一 影响秘鲁经济发展的主要因素

（一）国内政治动荡对秘鲁经济的潜在影响

2016~2019 年，围绕着总统大选、反腐、总统辞职等事件，秘鲁国内发生了一系列政治动荡，这对秘鲁的经济发展产生了潜在的不良影响。

2016 年 6 月 10 日，在秘鲁总统选举第 2 轮投票中，库琴斯基以极其微弱的优势在竞选中获胜，但其竞选对手藤森庆子（秘鲁前总统阿尔韦托·藤森的女儿）始终未承认败选。与此同时，藤森庆子领导的反对派在议会中处于绝对优势地位，这让库琴斯基的执政之路面临严峻考验。2016 年 12 月，轰动全球的巴西建筑业龙头企业奥德布雷希特公司行贿案使多国政界高层人士受到牵连，其中就包括秘鲁 5 名前总统，即阿尔韦托·藤森、亚历杭德罗·托莱多、加西亚、奥良塔·乌马拉和佩德罗·库琴斯基。2017 年 1 月，秘鲁反腐检察机关宣布将对总统库琴斯基展开调查，核查其 2006 年担任国家总理期间是否曾协助奥德布雷希特公司获取公共项目。

2017 年 12 月 15 日，秘鲁国会接受弹劾库琴斯基总统的动议，12 月 21 日弹劾案被否决。库琴斯基竞选总统时，曾承诺当选后不会赦免藤森。12 月 24 日库琴斯基自食其言，特赦藤森。2018 年 3 月 15 日，秘鲁国会再次启动总统弹劾程序。3 月下旬，库琴斯基与藤森的政治交易录像曝光。录像拍摄于 2017 年 12 月，首轮弹劾总统投票之前。3 月 21 日库琴斯基提出辞职。秘鲁国会原定 3 月 22 日对总统弹劾案进行辩论和最终投票表决。3 月 23 日，秘鲁第一副总统马丁·比斯卡拉在国会宣誓就

① 本段中 2016~2018 年秘鲁的经济增长率数据来自世界银行数据库（中文版），https://data.worldbank.org.cn。

② 拉美经委会：《2019 年拉丁美洲和加勒比经济研究》，Estudio Económico de América Latina y el Caribe（Julio 2019），https://www.cepal.org/es/publications。

任总统，接替于 21 日宣布辞职的库琴斯基。

受到巴西奥德布雷希特公司行贿丑闻的牵连，秘鲁南方天然气管道（GSP）项目暂时取消，这是秘鲁重大公私合营（PPP）项目之一。项目取消，对秘鲁造成严重的负面后果。虽然根据合同惩罚条款，秘鲁对奥德布雷希特公司罚款 2.62 亿美元（占其 GDP 的 0.1%），但是，国际评级机构穆迪（Moody's）认为，这不能抵消税收减少造成的影响。不仅如此，受到该事件的牵连，秘鲁将对许多公私合营以及公共投资项目进行审查，一些项目很有可能取消。① 2019 年 8 月，拉美经济咨询联盟预计 2019 年秘鲁经济增长率为 2.7%，低于此前秘鲁央行和财经部 3.4% 和 4.2% 的预期。理由之一就是秘鲁政府提出的包含 60 个项目、总额 270 亿美元的基础设施建设计划尚未实施。②

2019 年 4 月 16 日，涉嫌收受巴西建筑业巨头奥德布雷希特公司非法贿赂的秘鲁前总统加西亚自杀身亡③。2019 年 9 月 30 日秘鲁总统马丁·比斯卡拉宣布解散国会，2020 年举行国会选举，以推进反腐败改革，却受到国会"挑战"④。

这一系列政坛变动，会在一定程度上消耗政府的政治声望，扰乱秘鲁政坛稳定，使得民心民意大量流失，从而降低国内外投资者的信心，对秘鲁的经济形势产生负面影响。

（二）贸易保护主义升温对秘鲁经济的影响

利马证券交易所数据显示，S&P/BVL 综合指数在 2018 年 6 月最后一个交易日跌破 20000 点大关，月度跌幅为 4.87%。Kallpa Securi-

---

① 《穆迪下调今年秘鲁经济增速》，中国铁合金在线，https：//www. cnfeol. com/mu/n_ 112733221284. aspx。
② 《拉美经济咨询联盟预计 2019 年秘鲁经济增长率为 2.7%》，中华人民共和国驻秘鲁共和国大使馆经济商务处，http：//pe. mofcom. gov. cn/article/jmxw/201908/20190802893 369. shtml。
③ 汪梦唐：《外媒：秘鲁前总统开枪自杀，经抢救后不治身亡》，海外网，http：// news. haiwainet. cn/n/2019/0417/c3541093 - 31539354. html。
④ 郑昊宁：《秘鲁总统遭遇国会"抵抗"，职务被暂停 12 个月》，新华网，http：//www. xinhuanet. com/world/2019 - 10/02/c_1210299359. htm。

ties SAB 分析师 Natalia Saldívar 指出，中美贸易摩擦紧张升级导致的中国需求疲弱、铜和锌国际价格下跌是影响秘鲁证券市场的主要因素。[①]

国际评级机构穆迪副总裁海梅·劳舍（Jaime Reusche）表示，中美贸易摩擦对制造业和中间产品的出口影响较大，对原材料不会造成太大影响，秘鲁将继续做原材料的出口商。此外，秘鲁进出口贸易只占国内生产总值（GDP）的 50%，低于部分国家。秘鲁圣·伊格纳西奥·罗优拉大学（USIL）研究生院负责人、利马世贸中心（WTC）副主席胡安·卡洛斯·马修斯（Juan Carlos Mathews）认为秘鲁拥有一个非常多元化的贸易结构，其中，25% 面向北美，25% 面向欧洲，25% 面向亚洲，25% 面向拉美。此外，秘鲁与包括美国和中国在内的经济体签署了 19 项自由贸易协定。秘鲁对外贸易协会（Comex Perú）经济研究主管拉斐尔·萨克尼西（Rafael Zacnich）指出，中美贸易摩擦对秘鲁的影响首先取决于关税措施将如何影响中美经济。他说："如果保护主义让中美两国的经济失去活力，也将对我们产生影响，因为我们出口的产品四成销往中国和美国。但短期之内，不会有重大影响。"[②]

(三) 国际原油价格波动对秘鲁经济的影响

2018 年上半年国际原油价格震荡上行。截至 2018 年 5 月 18 日，Brent 原油和 WTI 原油期货价格分别为 78.51 美元/桶和 71.28 美元/桶，较年初分别增长 16.1% 和 16%。OPEC 及非 OPEC 国家联合减产执行率较高，国际原油需求较为强劲，美国、OECD 国家商业原油库存呈下降态势，供需的改善使国际原油价格上涨；此外，年内地缘政治风波不断，市场存在突发供应中断的隐忧，亦助力国际原油价格上行。[③]

---

① 《中美贸易战波及秘鲁证券市场》，中华人民共和国驻秘鲁共和国大使馆经济商务处，http://pe.mofcom.gov.cn/article/jmxw/201806/20180602761184.shtml。

② 言心：《贸易结构多元化，中美贸易战对秘鲁影响不大》，南美侨报网，http://www.br-cn.com/news/nm_news/20180706/111672.html。

③ 《2018 年国际原油价格走势及行业发展趋势》，中国产业信息网，http://www.chyxx.com/industry/201805/645429.html。

2018 年下半年，国际油价频繁波动。2019 年 5 月以来，受全球避险情绪升温及库存供应等方面影响，国际油价陷入新一轮下跌，两大国际原油期货主力合约走出 2019 年第一根月阴线。截至 2019 年 5 月 31 日收盘，Brent 原油主力合约收报 61.76 美元/桶，月跌 14.3%。WTI 原油主力合约收报 53.40 美元/桶，月跌 16.5%。[①] 今后国际油价仍然存在很大的不确定性，较大可能维持宽幅震荡。

自 20 世纪 90 年代以来，随着秘鲁的液态天然气产量上升，其石油产量逐渐下降。秘鲁天然气资源丰富且分布集中，总储量在 12 万亿立方英尺至 25 万亿立方英尺之间，其中位于该国中部乌鲁班巴河谷附近的 Camisea 气田的产气量占秘鲁全国天然气总产量的 95%。

目前秘鲁是石油净进口国。国际原油价格上涨会导致秘鲁进口石油及相应制成品的成本上升，对秘鲁的经济发展不利。2017 年秘鲁石油的需求缺口为 526 万吨，进口石油的金额为 54.91 亿美元；2018 年需求缺口为 494 万吨，进口石油的金额为 66.06 亿美元。[②] 与 2017 年相比，2018 年石油需求缺口下降了 6.1%，但由于国际原油价格上涨，秘鲁的石油进口金额增加了 20.3%。此外，2018 年秘鲁从美国、中国、哥伦比亚、俄罗斯等国进口化工产品 46.53 亿美元，同比增加 7.7%，占秘鲁全年进口金额的 10.8%。[③]另外，国际原油价格上涨对秘鲁经济也有好处：高油价让石油行业更有利可图，会吸引更多的投资到石油勘探和开采行业；高油价让相关消费者付出更高成本，有利于新型能源的开发和清洁能源的利用，以减少石油在能源消费结构中的比例。不过，国际原油价格上涨对秘鲁不利的影响会较快显现，而有利的影响需要较长时间才能显现（需要原油价格在较长的时间内维持在高位）。

---

① 汤翠玲：《油价创三个月新低，中国原油进口成本或下降》，东方财富网，http://finance. eastmoney. com/a/201906041141586430. html。

② 《BP 世界能源统计年鉴 2020》，https：//www. bp. com/en/global/corporate/energy – economics/statistical – review – of – world – energy. html。

③ 中国商务部：《国别贸易报告（秘鲁，2019 年第 1 期）》，https：//countryreport. mofcom. gov. cn/record/qikan110209. asp？ id =11058。

（四）拉美邻国通货膨胀对秘鲁经济的影响

委内瑞拉、巴西、阿根廷等拉美国家货币大幅贬值，甚至崩盘，通货膨胀居高不下，危及秘鲁等邻国的经济持续健康发展。

委内瑞拉由于经济崩坏，缺乏最基本的食品、药品等，而且委内瑞拉还处于政治危机中，反对派对执政党政策多有抗议，超过 230 万委内瑞拉人（约占其总人口的 7.3%）逃离了他们的国家，去往哥伦比亚、厄瓜多尔、巴西和秘鲁等国。难民潮造成了这些国家边境的混乱，引发了众多冲突。2018 年 8 月底，秘鲁总统马丁·比斯卡拉以委内瑞拉移民可能对当地民众的健康和环境卫生构成迫切风险为由，宣布北部边界的两个省份进入为期 60 天的紧急状态。[1]

由于庞大的财政赤字、高债务负担、高通货膨胀，阿根廷被认为是最容易受到危机波及的新兴市场之一，在彭博的新兴市场脆弱性计分卡上，这个南美第二大经济体排名第 2。受干旱造成的农作物减产导致的出口创收锐减、国际原油价格上升，以及美联储加息和美元走强等诸多因素影响，2018 年 5 月初和 6 月中旬，阿根廷比索曾两次暴跌，累计贬值近 40%。[2] 2019 年 8 月 11 日，阿根廷举行总统大选的初选，执政党（时任总统马克里）竞选阵营的惨败出乎所有民调和媒体预料。8 月 12 日晚间，阿根廷市场汇市、股市突然出现大跌，阿根廷比索兑美元即期汇率由 45.245 迅速跌至 61.995，跌幅达 37%。[3] 为稳定比索汇率，阿根廷央行连续三次抛售外汇储备，在 8 月 20 日收盘时才让美元兑比索持稳于 54.72 的水平。[4] 根据世界银行数据库的统计数据，2018 年阿根廷按

---

① 《委内瑞拉逃亡潮持续，巴西秘鲁紧急应对》，人民网，https://news.china.com/internationalgd/10000166/20180829/33726611.html。

② 《新出炉"崩盘四国"，了解一下，出口这些地方需谨慎》，雨果网，http://m.cifmews.com/article/37415。

③ 顾志娟：《股汇双杀！阿根廷比索一度跌 37% 为何现习惯性崩盘？》，新京报网，https://Baijiahao.baidu.com/s? id=641733439595071634&wfr=spider&for=pc。

④ 《稳定比索，阿根廷央行抛售外汇储备进行干预》，新浪网，https://finance.sina.com.cn/money/forex/forexinfo/2019-08-21/doc-ihytcitn0844824.shtml。

消费者价格指数衡量的通货膨胀率为 34.28%，按 GDP 平减指数衡量的通货膨胀率为 40.7%。① 阿根廷比索对内对外的贬值，给邻国秘鲁带来的影响是：阿根廷国内通货膨胀，物价上升，随之出口到秘鲁的货物价格也会上升，这或多或少对秘鲁的货币稳定有影响。不过，由于阿根廷出口秘鲁的货物金额占秘鲁整个进口额的比重较小，这种影响也很微弱。2018 年，秘鲁从阿根廷进口货物 12.25 亿美元，仅占全部进口的 2.8%。② 2018 年秘鲁按消费者价格指数衡量的通货膨胀率为 1.32%，按 GDP 平减指数衡量的通货膨胀率为 2.02%。③ 此外，如果阿根廷比索兑美元贬值，那么秘鲁货币索尔相对于阿根廷比索就会升值，购买力随之上升，可以预见 2019 年秘鲁将尽可能扩大从阿根廷进口的货物量。

二 秘鲁 2018～2019 年上半年经济发展状况

为了应对反腐对经济的负面影响，2018 年秘鲁政府多方努力，积极采取措施促进经济增长，收效良好。首先，政府采取促进公共投资的措施。秘鲁央行数据显示，受中央、大区及地方政府推动，2018 年 1～7 月公共投资累计 143.97 亿索尔（约合 43.89 亿美元），同比增长超过 19%，其中，7 月份 27.99 亿索尔（约合 8.53 亿美元），同比增长 15.9%，主要投资在宽带、道路及医院基础设施等建设项目上④。显然这将推动经济发展，增加就业。其次，出口增长。据 2018 年 9 月秘鲁农业和灌溉部的统计，2018 年 1～7 月秘鲁的农产品出口总额为 32.75 亿美元，比 2017 年同期增长 7%。秘鲁外贸旅游部长瓦伦西亚表示，上半年秘鲁各大区出口总额达 156.12 亿美元，与上年同期相比增长 20.1%。

---

① 世界银行数据库，https：//data. worldbank. org. cn/indicator。
② 中国商务部：《国别贸易报告（秘鲁，2019 年第 1 期）》，https：//countryreport. mofcom. gov. cn/record/qikan110209. asp？id=11058。
③ 世界银行数据库，https：//data. worldbank. org. cn/indicator。
④ 《秘鲁公共投资实现较快增长》，中华人民共和国驻秘鲁大使馆经济商务参赞处，ht- tp：//pe. mofcom. gov. cn/article/jmxw/201808/20180802778275. shtml。

17 个大区实现出口额增长，其中洛雷托大区增速最快。各大区出口产品销往全球 121 个国家，中国、美国、印度是前三大出口市场。①

2017 年秘鲁全年经济增长率为 2.5%②，但低于 2016 年的 4.0% 和 2015 年的 3.5%。2018 年，秘鲁政府加速推进 2017 年厄尔尼诺灾害重建、利马地铁等一些重大基础设施项目，在石油工业、制造业、建筑业、电力、渔业、银行业和电信业增长带动下，秘鲁经济增长率达到 4.0%，创 2013 年 5.1% 以来的高点③，秘鲁经济创 20 年连续增长纪录，2019 年第 1、2 季度 GDP 增长率分别为 2.4% 和 1.2%。④ 2019 年 7 月，拉美经委会预测 2019 年秘鲁的国内生产总值（GDP）增长率为 3.2%。⑤ 鉴于前面对影响秘鲁经济发展主要因素的分析，笔者认为此预测数据总体上趋于乐观。

三 秘鲁经济政策及效果分析

（一）财政政策

公共债务水平维持平稳。其中，内债呈现增加、外债呈现减少、总债务呈现比较平稳的趋势。秘鲁中央政府债务总额占 GDP 的比重曾在 2007 年达到 25.8% 的高位，之后几年持续下降，2014 年降为 17%。之后缓慢上升，2016 年达到 22%，2017 年略降为 21.5%，2018 年又回升到 22.1%（见图 1）。

2010~2014 年秘鲁中央政府的收入占 GDP 的比重维持在 19% 上下，

---

① 《秘鲁上半年各大区出口总额 156.12 亿美元》，中华人民共和国驻秘鲁大使馆经济商务参赞处，http://pe.mofcom.gov.cn/article/jmxw/201808/20180802776459.shtml。
② 《2017 年秘鲁经济继续保持稳定增长》，中华人民共和国驻秘鲁大使馆经济商务参赞处，http://pe.mofcom.gov.cn/article/jmxw/201803/20180302717048.shtml。
③ 《2018 年秘鲁经济增速创 5 年来新高》，我的钢铁网，https://world.mysteel.com/19/0219/08/4FFFF0DC05E8F150.html。
④ 2019 年数据来源于秘鲁中央储备银行网站（http://www.bcrp.gob.pe）。
⑤ 拉美经委会：《2019 年拉丁美洲和加勒比经济研究》，Estudio Económico de América Latina y el Caribe（Julio 2019），https://www.cepal.org/es/publications。

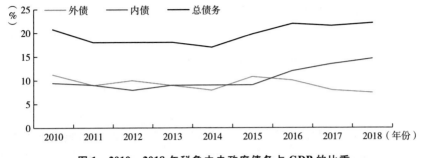

图1　2010～2018年秘鲁中央政府债务占GDP的比重

资料来源：拉美经委会（ECLAC）官方统计数据库，http：//statistics. eclac. org/cepalstat。

但2015～2017年的比重在下降，2018年有一定增长；与此同时，2011～2017年秘鲁中央政府的支出几乎年年上涨。因此，2010～2013年财政还略有盈余，2014～2018年就开始出现财政赤字，2017年赤字占GDP的比重达到3.6%，2018年略降为2%（见表1）。

表1　2010～2018年秘鲁中央政府2010～2018年收入和支出占GDP的比重

单位：%

	2010	2011	2012	2013	2014	2015	2016	2017	2018
收入	17.9	18.8	19.1	19	19.1	16.7	15.3	15.1	19.9
支出	17.8	17.8	17.8	18.5	19.6	19.6	17.9	18.7	21.9
盈余情况	0.1	1.0	1.3	0.5	-0.5	-2.9	-2.6	-3.6	-2

资料来源：2010～2017年数据来源于拉美经委会（ECLAC）官方统计数据库，http：//statistics. eclac. org/cepalstat；2018年数据来源于拉美经委会《2019年拉丁美洲和加勒比经济研究》，Estudio Económico de América Latina y el Caribe（Julio 2019），https：//www. cepal. org/es/publications。

（二）货币政策

为了刺激经济，2012～2015年，秘鲁实施了适度宽松的货币政策，将货币政策利率不断调低。到2016年，经济有所复苏后，为了控制通货膨胀，秘鲁又适度提高了货币政策利率，采取适度紧缩的货币政策。2017年经济增长乏力，秘鲁又采取了适度宽松的货币政策。

2017年5月11日秘鲁央行决定将央行基准利率从4.25%下降至4.00%。秘鲁央行2017年7月14日，将基准利率从4.00%下调至

3.75%；2017 年 9 月 15 日，将基准利率从 3.75% 下调至 3.50%；2017 年 11 月 10 日，将基准利率从 3.50% 下调至 3.25%；2018 年 2 月 9 日，将基准利率从 3.25% 下调至 3.00%；2018 年 3 月 9 日，将基准利率从 3.00% 下调至 2.75%。为了促进矿业投资，推动经济显著复苏，2017 年 5 月至 2018 年 3 月期间，秘鲁先后 6 次下调利率，每次下调 25 个基点，使基准利率从 4.25% 降至 2.75%。2018 年 3 月之后的货币政策会议上，央行均维持基准利率为 2.75% 不变。时隔 16 个月后的 2019 年 8 月，秘鲁央行宣布将基准利率再次降为 2.50%，基准利率达到 2010 年 9 月以来最低水平（见图 2）。

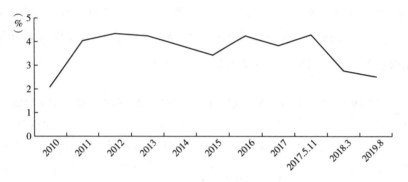

图 2　2010～2019 年 8 月秘鲁央行基准利率

资料来源：拉美经委会（ECLAC）官方统计数据库，http：//statistics. eclac. org/cepalstat。

（三）经济政策的效果

1. 国内生产总值

从总量来看，以现价美元计算的国内生产总值（以下简称 GDP）从 2010 年的 1475.3 亿美元上升到 2013 年最高时的 2011.8 亿美元，2014 年有所下滑，2015 年处于低谷，2016～2018 这 3 年出现逐步回升趋势（见图 3）。

从人均 GDP 来看，以 2010 年不变价格计算的秘鲁人均 GDP，从 2010 年的 5082 美元上升到 2018 年的 6454 美元，增长近 30%（见图 4）。

从增长率来看，根据世界银行的数据，2010 年秘鲁 GDP 增长率达

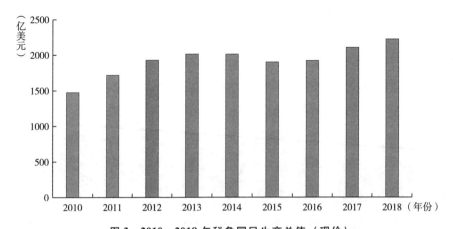

图 3 2010～2018 年秘鲁国民生产总值（现价）

资料来源：世界银行数据库（中文版），https：//data. worldbank. org. cn。

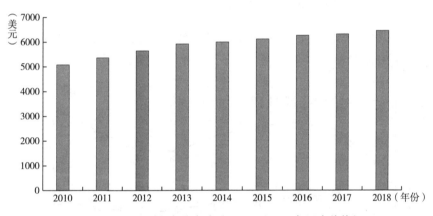

图 4 2010～2018 年秘鲁人均 GDP（2010 年不变价格）

资料来源：世界银行数据库（中文版），https：//data. worldbank. org. cn。

到 8.3%，此后连续 4 年呈回落态势。2014 年 GDP 增长率回落到 2.4%，2015 年起又出现连续 2 年的增长，2016 年达到 4%，2017 年跌到 2.5%，2018 年恢复到 4%。2019 年第 1、2 季度 GDP 增长率分别为 2.4% 和 1.2%。秘鲁人均 GDP 增长率的走势与 GDP 增长率的走势一致，2016 年为 2.4%，2017 年降为 0.8%，2018 年恢复到 2.2% 的水平（见图 5）。

2. 对外贸易

2010 年秘鲁进出口总额为 650.36 亿美元，2012 年达到 880.44 亿美元，后面连续下滑至 2015 年的 715.54 亿美元。2016 年小幅回升，2017

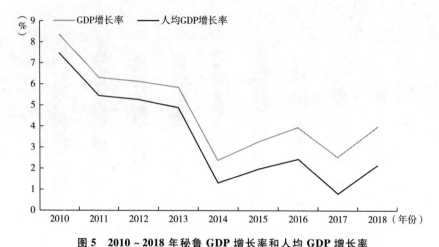

图 5　2010～2018 年秘鲁 GDP 增长率和人均 GDP 增长率

资料来源：世界银行数据库（中文版），https：//data. worldbank. org. cn。

年增加到 830. 5 亿美元，2018 年增加到 950. 9 亿美元，处于大幅回升趋势（见图 6）。

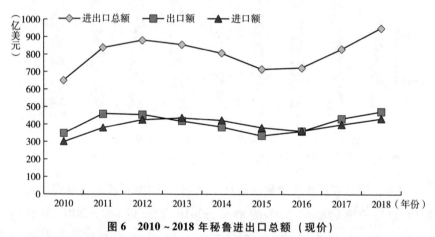

图 6　2010～2018 年秘鲁进出口总额（现价）

资料来源：中国商务部国别报告网，https：//countryreport. mofcom. gov. cn/。

2011 年秘鲁进出口总额占 GDP 的比重达 56%，处于较高水平。从 2012 年起，进出口总额占 GDP 比重连续 6 年下滑，2017 年降至 42. 2%，2018 年降至 40. 8%。虽然 2016～2018 年秘鲁进出口总额处于增长势头（见图 6），但其在 GDP 中的相对份额处于下降势头（见图 7）。

秘鲁的净外商直接投资增长乏力。2012 年秘鲁净外商直接投资达

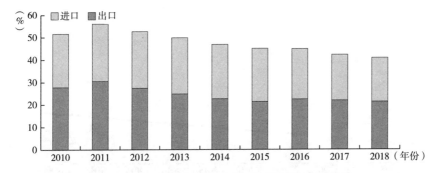

图7　2010～2018 年秘鲁进出口贸易占 GDP 的比重

资料来源：2010～2017 年秘鲁进出口贸易占 GDP 的比重数据来源于世界银行数据库（https：//databank. worldbank. org/data/home. aspx）；2018 年数据由笔者计算所得。

117. 9 亿美元的高峰。此后一路走低，2014 年处于 44. 4 亿美元的低谷，2015 年虽然回升到 82. 7 亿美元，但 2016～2018 年又连续 3 年降低，增长乏力（见图 8）。

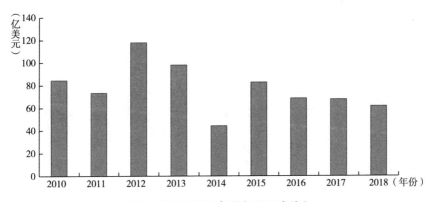

图8　2010～2018 年秘鲁 FDI 净流入

资料来源：联合国贸发会议数据库，https：//unctadstat. unctad. org。

3. 汇率变化

汇率小幅波动。2010～2012 年，秘鲁索尔兑美元汇率小幅升值。2013～2016 年，秘鲁索尔兑美元汇率由 2. 7 显著贬值到 3. 38。2017～2019 年第 2 季度，又出现小幅震荡。2018 年以来，随着美联储加息，秘鲁索尔兑美元汇率小幅贬值，截至 2018 年底，1 美元可兑 3. 36 秘鲁索尔。2019 年第 2 季度结束时略微升值到 3. 32。考虑到秘鲁具有较为充足的外汇储备和比较稳定的资本流入，因此秘鲁索尔大幅贬值的风险较低（见图 9）。

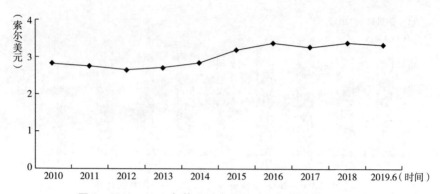

图9　2010～2019年第2季度美元对秘鲁货币索尔的汇率

资料来源：国际货币基金组织，http：//data.imf.org/（数据为期间内平均数）。

4. 失业率变化

失业率平稳。2010～2018年秘鲁失业率一直维持在2%～4%，波动幅度小。2010年失业率较高，为3.48%。2014年降到2.96%的较低水平后，2016年开始回升到3.54%，为9年里最高点。2017年略降到3.46%，2018年进一步降低到2.86%，为9年来最低点（见图10）。

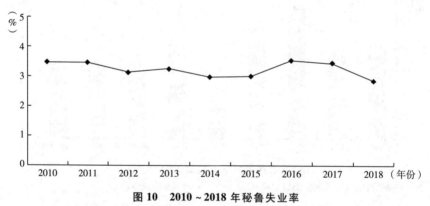

图10　2010～2018年秘鲁失业率

资料来源：世界银行数据库，https：//databank.worldbank.org。

四　秘鲁与中国经贸合作关系

（一）双边贸易

进入21世纪以来，全球经历了大宗商品持续繁荣的时期，中秘贸易也曾经出现了高速发展阶段。但随着大宗商品贸易进入低谷时期，资源类商品贸易深受影响，2013～2016 年里中秘双边商品贸易额增速回落。2012～2016 年仅累计增长 6.64%。2017、2018 年增长迅速，同比分别增长 21.43% 和 13.9%（见图 11）。

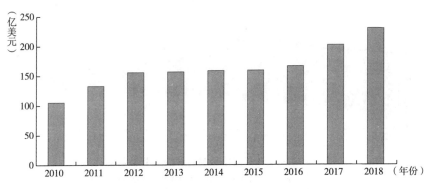

图 11　2010～2018 年中秘双边贸易总额

资料来源：联合国商品贸易数据库（UNCOMTRADE），https：//comtrade. un. org。

2010～2012 年，秘鲁对华贸易有少量顺差。2013～2015 年，秘鲁对华贸易出现了连续 3 年逆差，累计逆差额超过 42 亿美元。2016 年又实现 2 亿美元的顺差。2017 年和 2018 年顺差大幅增加，分别为 25.4 亿美元和 29.9 亿美元，合计达到 55.3 亿美元（见图 12）。

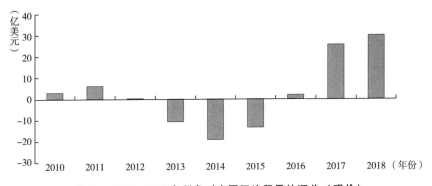

图 12　2010～2018 年秘鲁对中国双边贸易的顺差（现价）

资料来源：联合国商品贸易数据库（UNCOMTRADE），https：//comtrade. un. org。

对于秘鲁而言，中国是其最大的贸易伙伴、第一大出口市场和第一大进口来源地。2010 年秘鲁对华贸易占秘鲁对外贸易的 16.3%。2018年，秘鲁对华贸易为 231 亿美元，秘鲁对外贸易总额为 905.9 亿美元，对华贸易占秘鲁对外贸易的比重就达 25.5%（如图 13 所示），可见中国对秘鲁的重要性。

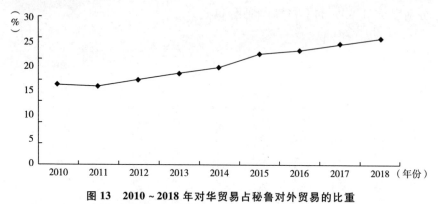

图 13　2010～2018 年对华贸易占秘鲁对外贸易的比重

资料来源：中国商务部国别报告网，https：//countryreport. mofcom. gov. cn/；联合国商品贸易数据库（UNCOMTRADE），https：//comtrade. un. org。

2019 年 1～6 月，秘鲁货物进出口额为 426.1 亿美元，比上年同期下降 5.4%。其中：出口 218.7 亿美元，下降 8.5%；进口 207.4 亿美元，下降 1.9%。2019 年 1～6 月，中秘双边货物进出口额为 118.3 亿美元，增长 3.9%。其中：秘鲁对中国出口 67.9 亿美元，增长 2.9%，占秘鲁出口总额的 31.0%；秘鲁自中国进口 50.5 亿美元，增长 5.4%，占秘鲁进口总额的 24.3%。①

从秘鲁对华出口商品结构看，2018 年秘鲁对中国出口的商品主要是矿产品等原材料及食品，初级产品占了绝大部分（见表 2）。

表 2　2018 年秘鲁对中国出口主要商品构成（前 5 位）

单位：百万美元，%

商品类别	2018 年	上年同期	同比 增长率	占秘鲁总 进口额比重
矿砂、矿渣及矿灰	10015	8710	15. 0	76. 8
食品工业的残渣及废料；配制的饲料	1220	1094	11. 5	9. 4
铜及其制品	1167	1046	11. 6	9. 0

① 中国商务部：《国别贸易报告（秘鲁，2019 年第 3 期）》，https：//countryreport. mofcom. gov. cn/record/qikan110209. asp？ id = 11389。

商品类别	2018 年	上年同期	同比增长率	占秘鲁总进口额比重
食用水果及坚果；甜瓜等水果的果皮	114	88	29.3	0.9
肉、鱼及其他水生无脊椎动物的制品	100	72	40.1	0.8
总　值	13047	11411	14.3	100.0

资料来源：中国商务部国别报告网，https：//countryreport. mofcom. gov. cn。

从秘鲁自华进口商品结构来看，2018 年秘鲁从中国进口的商品主要是工业制成品（见表 3）。

表 3　2018 年秘鲁自中国进口主要商品构成（前 5 位）

单位：百万美元，%

商品类别	2018 年	上年同期	同比增长率	占秘鲁总进口额比重
电机、电气、音像设备及其零附件	2394	2290	4.6	23.8
核反应堆、锅炉、机械器具及零件	1542	1338	15.3	15.3
车辆及其零附件，但铁道车辆除外	632	575	10.0	6.3
钢铁	616	444	38.7	6.1
塑料及其制品	488	334	46	4.9
总　值	10058	8879	13.3	100.0

资料来源：中国商务部国别报告网，https：//countryreport. mofcom. gov. cn。

（二）对外投资

在加拿大弗雷泽研究所 2019 年 2 月发布的世界矿业投资环境调查报告中，秘鲁以投资吸引力指数 81.55 分的好成绩排名世界第 14 位，提升了 5 位，为近 5 年来最高水平，继续成为最具吸引力的矿业投资国家之一。① 根据秘鲁能矿部数据，2019 年上半年秘鲁矿业投资总额达 25.32 亿美元，同比增长 26.2%。其中 6 月投资额 4.78 亿美元，环比增长 12.6%，同比增长 23.2%。②

① 《秘鲁矿业投资吸引力再提升》，中华人民共和国驻秘鲁共和国大使馆经济商务处，ht-tp：//pe. mofcom. gov. cn/article/sqfb/201903/20190302839526. shtml。

② 《秘鲁上半年矿业投资 25.32 亿美元》，中华人民共和国驻秘鲁共和国大使馆经济商务处，http：//pe. mofcom. gov. cn/article/jmxw/201908/20190802893400. shtml。

2018 年 6 月 1 日与 2019 年 5 月 28 日，中国秘鲁投资发展协会在中国国际服务贸易交易会（CIFTIS）分别主办了"中国与秘鲁：经济化纽带链接中秘两国"及"中国—秘鲁：两国的合作机遇"的主题论坛活动。秘鲁驻华使馆官员路易斯·奎萨达认为秘鲁具有稳定的政局、高速增长的经济、低通货膨胀率和极佳的贸易平衡，因此秘鲁的矿产、农业、能源和基建等行业，目前均已引起了中国公司的极大关注。Camposol 是秘鲁最大的农业公司，过去几年向中国出口了大量的牛油果、蓝莓、虾等产品。秘鲁驻华经济和商务参赞戴安娜·皮塔女士认为秘鲁是中国进行海外投资的理想之地。秘鲁当地高原生长的一系列高营养谷物深受中国消费者喜爱。秘鲁是理想的、优质的旅游目的地，其丰富的文化可以为中国游客提供多种体验。中国秘鲁投资发展协会董事会主席崔宸瑜女士介绍了中国对秘鲁采矿业的投资。[1]

目前在秘的中资企业已超过 170 家，涵盖矿业、能源、制造业、通信、渔业、基础设施建设等多个领域，投资总额超过 200 亿美元。目前在秘鲁投资的矿业投资企业主要有中国五矿集团、中国铝业公司、首钢集团等。中国五矿在秘鲁的项目有格兰诺铜矿项目（Galeno）、拉斯邦巴斯项目（Las Bambas），拉斯邦巴斯是中国最大的海外矿业项目。中铝在秘鲁的项目有特罗莫克铜矿项目（Toromocho）。2018 年 6 月 1 日，总投资 13 亿美元的中铝秘鲁特罗莫克铜矿二期扩建项目开工。首钢在秘鲁的项目有马尔科纳铁矿项目（Marcona）。除此之外，其他中国企业还有紫金铜冠矿业公司（白河铜钼矿项目，RIo blanco）、金兆矿业公司（邦沟铁矿项目，Pampa de Pongo）和庄胜矿业公司等。

（三）金融合作

中国工商银行秘鲁分行（工银秘鲁）2014 年 2 月 5 日在利马举行开业仪式。这意味着中秘两国在金融领域的双边合作又向前迈进一步。工

---

① 《2019 年 CIFTIS 中国秘鲁投资论坛》，搜狐网，https：//www. sohu. com/a/31781431 1_258993。

银秘鲁可为到秘鲁创业的中资企业提供金融服务，还可为愿与中国开展进出口贸易的秘鲁企业提供支持。

2016 年 11 月 20 日，中国出口信用保险公司（简称中国信保）与秘鲁国家金融开发公司（简称"COFIDE"）签署框架合作协议。2016 年 12 月 19 日，中国银行在秘鲁首都利马设立代表处。

2019 年 4 月 22 日，中拉开发性金融合作机制成立大会暨首届理事会会议在北京召开，各成员行共同签署了中拉开发性金融合作机制合作协议。这是中国与拉美之间首个多边金融合作机制，由中国国家开发银行牵头成立，拉方创始成员行包括秘鲁开发金融公司在内的 7 家具有区域代表性和影响力的拉美开发性金融机构。各家成员银行将加强对接、密切合作，积极参与中拉多双边合作机制建设和规划合作，深化政策沟通；共同支持中拉基础设施重大合作项目，促进设施联通；推动中拉经贸往来，助力贸易畅通；推进人民币和拉美地区货币融资合作，引导资金融通；切实履行社会责任，共同支持改善民生和人文交流，推动民心相通。①

（四）双边自贸协定

2009 年 4 月签订自由贸易协定，2010 年 3 月 1 日起生效。中秘自贸协定生效后 9 年中，共有 7 年中国是秘鲁的第一大贸易伙伴，近 5 年，中国连续保持秘鲁第一大贸易伙伴地位。

2016 年 11 月，中秘两国领导人就启动双边自贸协定升级联合研究达成共识。双方一致认为，开展中秘自贸协定升级谈判有助于深入挖掘中秘自贸协定给两国带来的潜在利益，进一步密切双边关系，共同维护自由贸易，发展开放型世界经济。2019 年 6 月 17～19 日，中秘自贸协定升级谈判第 2 轮在利马完成，希望通过此次升级谈判，两国共同更新和创新协定内容，促进双边贸易和投资，实现协定利益最大化。中秘自贸协定不仅能促进秘鲁出口，而且能为秘鲁的科技、物流和交通等重要

---

① 《国开行牵头成立中拉开发性金融合作机制》，新浪网，http：//finance. sina. com. cn/money/bank/gsdt/2019 - 04 - 22/doc - ihvhiewr7562811. shtml。

领域吸引更多中国投资，为秘鲁带来更多的机遇和好处。

五　2019 年秘鲁经济发展展望

（一）秘鲁经济发展面临的国际经济环境

从国际大环境来看，全球经济发展的不确定性因素增多，逆全球化及贸易投资保护主义的趋势有所抬头。2018 年全球经济存在很多不确定性、不稳定性：逆全球化思潮继续发展并发挥作用；全球主要国家可能退出量化宽松货币政策，资本紧缩会导致相当大的金融风险；一些国家可能会出现较大经济波动，这些波动也会对世界经济带来较大影响。

当然，国际大环境中也有影响经济的积极因素，例如：全球经济开启新一轮复苏和增长周期；美国经济和外交政策思路日益清晰；欧洲在英国"脱欧"以及法德大选落幕后的不确定性明显下降；美联储加息引起美元大幅升值、资本大规模回流美国的情况并没有出现；中国倡议的"一带一路"得到一些国家积极响应。①

关于逆全球化和贸易保护主义，有三方面值得关注：其一，发达经济体和发展中经济体采取了包括提高关税、数量限制、增加清关手续等不同形式的贸易限制措施。其二，以美国为代表的部分经济体对全球化和自由贸易的立场发生了重大的变化，美国优先实际上是逆全球化的态度。美国对多边机制和多边机构的支持力度显然下降，相继退出了多项国际公约，同时削减对一些国际机构，特别是联合国的财政支持力度。其三，民粹主义抬头，英国"脱欧"被认为是"灰犀牛"事件，也是民粹主义的一次集体爆发，紧接着欧洲其他的经济体相继出现新的不同形式的民粹主义，这种民粹主义的势力在加强，给世界经济增加了不确定性。②

---

① 张治棠：《2018 年世界经济形势：积极与不确定并存》，《中国经济导报》，http://www.ceh.com.cn/xwpd/2017/12/1043960.shtml。

② 周强武：《展望 2018 世界经济形势：向好势头下有暗流涌动》，新华网，http://sike.news.cn/statics/sike/posts/2018/02/219529515.html。

（二）2019 年秘鲁经济展望

政府努力改善商业环境，但国际国内形势依然严峻。秘鲁比斯卡拉政府将打击腐败、重振经济、基础设施建设、国家现代化和巩固财政作为其政策重点，并力图通过实施"国家竞争力计划"来改善商业环境和促进经济增长。该计划的目标是到 2022 年将潜在的国内生产总值增长率从 2019 年估计的 3.5% 提高到 4.5%。而且，改革将包括改善公私伙伴关系框架、加强技能建设和数字能力建设，以及鼓励经济多元化等。这些措施均有利于产业升级和创新发展。① 虽然如此，2016～2019 年秘鲁仍然面临国内反腐导致的政局动荡、国际经济形势低迷、中美贸易摩擦、国际原油价格波动、邻国通货膨胀等不确定性因素，形势严峻。

秘鲁经济 2019 年会持续增长，但增速会低于 2018 年。秘鲁从 2017 年起采取了宽松的财政政策与货币政策，效果良好，使得 2018 年的经济增长率从 2017 年的 2.5% 迅速恢复到 4%。2019 年秘鲁经济继续处于恢复阶段，但由于上述国际国内不利因素，第 1、2 季度的经济增长不尽如人意，增长率分别为 2.4% 和 1.2%。虽然如此，我们根据权威报告《2019 年拉丁美洲和加勒比经济研究》的结果，仍然预计 2019 年秘鲁经济增长率为 3.2% 左右。

失业率维持在稳定水平。2010～2018 年秘鲁失业率一直维持在 2%～4%，波动幅度小。2010 年失业率较高，为 3.48%。2014 年降到 2.96% 的较低水平后，2016 年开始回升到 3.54%，为 9 年里最高点。2017 年略降到 3.46%，2018 年进一步降低到 2.86%，为 9 年来最低点。2018～2019 年秘鲁整体经济处于复苏状态，就业市场可能会有一定改善。但秘鲁由于面临的国际国内形势非常严峻，经济复苏步伐缓慢，就业问题短期内不易解决，失业率仍然会维持在一个较为稳定的水平。

外贸增长乏力，但中秘双边贸易还有潜力。据秘鲁海关统计，2019

---

① 张勇：《2019 年中国和秘鲁贸易环境新形势》，读览天下，http://beta. dooland. com/in-dex. php? s＝/magazine/article/id/1027039. html。数据来源于 CEPAL，Estudio Económico de América Latina y el Caribe（Julio 2019）。

年 1～6 月，秘鲁货物进出口额为 426.1 亿美元，比上年同期下降 5.4%。其中，出口 218.7 亿美元，下降 8.5%；进口 207.4 亿美元，下降 1.9%。2019 年 1～6 月，中秘双边货物进出口额为 118.3 亿美元，增长 3.9%。其中，秘鲁对中国出口 67.9 亿美元，增长 2.9%，占秘鲁出口总额的 31.0%，提高 3.4 个百分点；秘鲁自中国进口 50.5 亿美元，增长 5.4%，占秘鲁进口总额的 24.3%，提高 1.6 个百分点。秘鲁是唯一一个与中国既达成全面战略伙伴关系，又签署自贸协定的拉美国家。目前中国已经是秘鲁全球第一大贸易伙伴、第一大出口市场及第二大进口来源国，秘鲁则是中国在拉美地区的第二大投资目的地国和第四大贸易伙伴。因此我们判断，虽然 2019 年秘鲁的外贸增长乏力，但随着中国"一带一路"倡议的推进，中秘双边贸易还会继续增长。中国在矿产、石油开发、制造、通信、基础设施、金融等领域还会继续扩大与秘鲁的合作，达到双方互利共赢的目的。

参考文献

1. 张治棠：《2018 年世界经济形势：积极与不确定并存》，《中国经济导报》，http://www.ceh.com.cn/xwpd/2017/12/1043960.shtml。

2. 周强武：《展望 2018 世界经济形势：向好势头下有暗流涌动》，新华网，http://sike.news.cn/statics/sike/posts/2018/02/219529515.html。

3. 《中美贸易战波及秘鲁证券市场》，中华人民共和国驻秘鲁共和国大使馆经济商务处，http://pe.mofcom.gov.cn/article/jmxw/201806/20180602761184.shtml。

4. 《贸易结构多元化，中美贸易战对秘鲁影响不大》，南美侨报网，http://www.br-cn.com/news/nm_news/20180706/111672.html。

5. 《2018 年国际原油价格走势及行业发展趋势》，中国产业信息，http://www.chyxx.com/industry/201805/645429.html。

6. 《委内瑞拉逃亡潮持续，巴西秘鲁紧急应对》，人民网，https://news.china.com/internationalgd/10000166/20180829/33726611.html。

7. 《巴西雷亚尔"破四"，危机正在蔓延?》，中国证券报·中证网，http://cs.com.cn/xwzx/hwxx/201808/t20180823_5862533.htm。

8. 《秘鲁上半年各大区出口总额 156.12 亿美元》，中华人民共和国驻秘鲁大使馆经济商务处，http：//pe. mofcom. gov. cn/article/jmxw/201808/20180802776459. shtml。

9. 《2017 年秘鲁经济继续保持稳定增长》，中华人民共和国驻秘鲁共和国大使馆经济商务处，http：//pe. mofcom. gov. cn/article/jmxw/201803/20180302717048. shtml。

10. 《2018 年秘鲁经济增速创 5 年来新高》，我的钢铁网，https：//world. mysteel. com/19/0219/08/4FFFF0DC05E8F150. html。

11. 拉美经委会：《2019 年拉丁美洲和加勒比经济研究》，Estudio Económico de América Latina y el Caribe（Julio 2019），https：//www. cepal. org/es/publicaciones/。

墨西哥经济发展分析与展望

廖传惠[*]

摘　要：2018 年，面对内外部不利环境，墨西哥的经济保持正增长，GDP 同比增长 2.0%，人均 GDP 同比增长 0.7%；但是，2019 年上半年，经济增长减速，与上年同期相比，仅增长 0.2%。另外，通货膨胀率继续回落，逐渐接近通胀管理目标区间；失业率基本保持稳定；外商直接投资持续增长。墨西哥经济持续低速增长，主要是因为出口和固定投资虽呈上升趋势，但由于所占比重较小而没能有力地带动经济增长；消费增速虽慢但其比重大，故成为带动墨西哥经济低速增长的主要动力。同时，《美墨加协定》启动、政府换届和贸易保护主义抬头，对墨西哥经济也产生了影响。

关键词：墨西哥　经济增长　宏观经济政策　中墨合作

一　墨西哥经济发展概况

2018 年，墨西哥在内外各种积极因素推动下，经济上实现了自 2010 年以来连续 9 年的正增长，以 2010 年不变价美元为准，从 2009 年的 1.006 万亿增长到 2018 年的 1.311 万亿。[①]

经济整体呈现持续低速增长态势。按 2010 年不变价美元计，2018

---

[*] 廖传惠，博士，西南科技大学教授，主要从事风险管理、拉美经济研究。

[①] 本部分数据除特别说明以外均来自世界银行数据库，https：//data.worldbank.org/。

年墨西哥 GDP 13105.3 亿美元，同比增长 2.0%，人均 GDP 10385.30 美元，同比增长 0.8%，据墨西哥国家地理、统计与信息局数据显示，2018 年墨西哥经济增速为 5 年来最低。增长动因包括全球贸易发展和投资环境的改善，全球经济出现 2011 年以来最快的增长，但经济增速放缓与墨西哥总统选举和重启北美自贸协定谈判等不确定因素密切相关。从相对水平来看，墨西哥经济增长在 2018 年高于同期拉美地区平均水平但低于世界平均水平（3.2%）。墨西哥经济继续呈现稳步上升的态势。

进出口持续增长，贸易逆差扩大。近 10 年来，墨西哥进出口总体呈现贸易逆差，仅在 2015 年和 2016 年两个年度实现了顺差。世界银行数据显示，2018 年墨西哥货物和服务进出口总额 9694.49 亿美元，同比增长 6.0%，显著高于 2017 年的 5.1%。其中，进口总额 4864.48 亿美元，同比增长 6.2%，略低于 2017 年的 6.4%；出口总额 4830.01 亿美元，同比增长 5.75%，相比于 2017 年的 3.8% 有较大幅度的提升。墨西哥对外贸易逆差加大，2018 年的贸易逆差为 34.47 亿美元，显著地高于 2017 年贸易逆差，增幅达到 5.97%。

美国是墨西哥最大的贸易伙伴。2018 年墨西哥对美国出口 3443.2 亿美元，增长 5.3%，占其出口总额的 76.4%；墨西哥自美国进口 2158.2 亿美元，增长 10.9%，占其进口总额的 46.5%。墨西哥与美国的贸易顺差 1285.0 亿美元，同比下降 2.9%。虽然墨西哥经济对美国的依赖性很大，但是墨西哥也在逐步加强与其他国家的贸易关系。2018 年墨西哥与中国的双边货物贸易额为 907.0 亿美元，增长 12.2%。其中，墨西哥对中国出口 72.0 亿美元，增长 7.2%，占其出口总额的 1.6%，下降 0.04 个百分点；墨西哥自中国进口 835.0 亿美元，增长 12.6%，占其进口总额的 18.0%，提高 0.4 个百分点。墨西哥对中国贸易逆差 763 亿美元，增长 13.2%。[1]

失业率继续下跌。世界银行数据显示，2018 年墨西哥全国失业率

---

① 《墨西哥对外贸易》，对外经贸之家，https://www.duiwaimaoyi.com/archives/3305.html。

为 3.2%，从 2013 年失业率为 4.8% 开始连续 5 年下降。墨西哥国家地理、统计与信息局数据显示，墨西哥劳动力规模持续扩大，2018 年墨西哥失业人口约 187 万。2018 年第 4 季度墨西哥经季节性调整的失业率为 3.4%，环比和同比均持平。2018 年墨西哥就业人口为 5663 万，同比增长 1.7%，墨西哥就业增长的主要动力来源于投资，随着资本存量的增加，它可以产生更多的生产活动，创造更多的就业机会并改善人口福祉。

通货膨胀率回落，但略高于通胀管理目标。2018 年墨西哥通货膨胀率为 4.83%，比 2017 年的 6.88%（近 17 年来最高水平）回落明显，但仍然连续两年高于墨西哥央行设定的 3%±1% 的通胀目标。

固定资本投资贡献率基本持平，但仍处于相对较高水平。2016 年至 2018 年墨西哥固定资本投资占 GDP 的比重分别为 22.9%、22.12% 和 22.1%。墨西哥固定资本投资贡献率自 2004 年占 GDP 的比重突破 20% 以后，一直保持在 20% 以上，在 20%～23.2% 区间内徘徊。与 2017 年相比，2018 年墨西哥固定资产投资占 GDP 的比重小幅下降 0.02 个百分点，这表明固定资产投资贡献率对墨西哥经济整体上行并未有明显促进作用。

外商直接投资（FDI）继续增长。世界银行数据显示，2018 年墨西哥吸引外国直接投资达 386.44 亿美元，同比增长 17.18%。由于全球 FDI 整体规模下降 13.0%[①]，再加上 2017 年开始的经济复苏停滞不前，拉美的外商直接投资下降了 6%，2018 年墨西哥吸引外商直接投资的世界排名由 2017 年的第 12 位降至第 13 位。墨西哥央行 2018 年统计数据显示，从 FDI 来源结构看：美国 122.73 亿美元，占比 38.8%，为墨西哥第一大外资来源国；西班牙 41.27 亿美元，占比 13.1%；加拿大 31.82 亿美元，占比 10.1%；德国 26.04 亿美元，占比 8.2%；

---

① 联合国：《2019 年世界投资报告》，http://worldinvestmentreport.unctad.org/world - investment - report - 2019/。

日本 21.23 亿美元，占比 6.7%；意大利 14.18 亿美元，占比 4.5%；其他国家共计 58.75 亿美元，占比 18.6%（见图 1）。

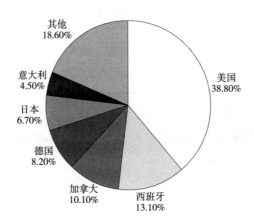

图 1　2018 年墨西哥外商直接投资来源

资料来源：墨西哥《金融家报》。

联邦政府债务基本保持平稳。拉美经委会数据显示，近年来墨西哥联邦政府债务呈现出小幅波动的态势。2014～2018 年墨西哥联邦政府债务占 GDP 的比重分别为 32.6%、35%、37%、35.3%、35.4%（不包括非金融国有企业负债）。其中，按 2010 年不变价美元计，2018 年墨西哥联邦政府债务已达 4639.28 亿美元，同比增加 0.1%。

二　墨西哥经济发展的基本特征

墨西哥作为拉美地区第二大经济体和世界重要经济体，其经济增长对拉美地区经济增长起到了重要推动作用。墨西哥属于服务业占主导地位的国家，国内消费对墨西哥经济增长有重要助推作用。

（一）经济整体增长：经济增速从落后到领先

墨西哥是拉美地区经济发展较好的国家之一，其经济规模居拉美地区第 2 位，2018 年经济总量占拉美经济总量的 21.4%，远高于阿根廷、哥伦比亚和智利等区域内经济总量排名第 3 ~ 5 位的经济体。从增长速度看，2018 年墨西哥 GDP 总量同比增长 2.0%，比拉美地区 0.9% 的增长率高 1.1 个百分点，人均 GDP 同比增长 0.9%，比拉美地区 0.5% 的增长率高 0.4 个百分点。2008 ~ 2013 年，墨西哥 GDP 和人均 GDP 增长率低于拉美地区整体水平；但 2014 ~ 2018 年，墨西哥两项数据均领先于拉美地区整体水平；墨西哥从拉美地区经济增长的落后者一跃成为领先者。增速的提升使得墨西哥人均 GDP 与拉美地区整体水平的差距变大：2015 年墨西哥人均 GDP 是拉美地区整体水平的 1.02 倍，但 2018 年上升到了 1.09 倍（见图 2、3、4）

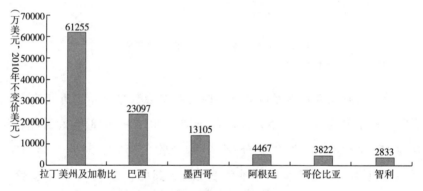

图 2 2018 年拉美地区主要国家 GDP

资料来源：世界银行数据库，https：//data. worldbank. org/。

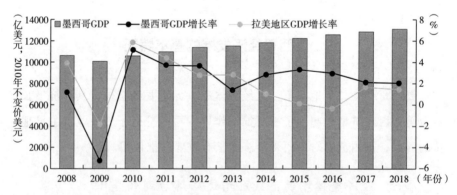

图 3 2008 ~ 2018 年墨西哥 GDP 总量及其增长率

资料来源：世界银行数据库，https：//data. worldbank. org/。

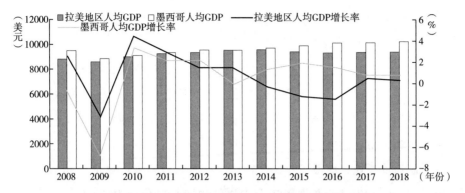

图 4　2008～2018 年墨西哥人均 GDP 及其年增长率

资料来源：世界银行数据库，https：//data.worldbank.org/。

（二）三大产业发展情况

1. 农业：比重小，增长幅度下降

农业是墨西哥国民经济中比重最小的产业。2008～2018 年，墨西哥农业占 GDP 的比重均小于 3.5%。以 2010 年不变价美元计算，2018 年墨西哥农业增加值为 413 亿美元，占 GDP 的比重仅为 3.34%。从增长率看，2018 年墨西哥农业同比增长 2.37%，2016～2018 年农业增加值增长率呈下降趋势，并未对墨西哥经济增长有明显的促进作用。但从整体看，2013～2018 年农业增加值增长率波幅较小，体现出墨西哥农业增长较稳定。2008 年至 2018 年，墨西哥农业增加值年增长率有 2 年为负，有 9 年为正，并且逐渐趋于 3% 左右（见图 5），说明墨西哥农业增长从

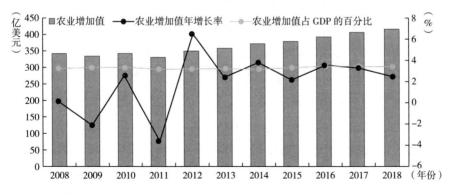

图 5　2008～2018 年墨西哥农业在国民经济中的地位

资料来源：世界银行数据库，https：//data.worldbank.org/。

开始的波动较大逐渐趋于稳定。

2. 工业：比重较大，增长稳定

工业是墨西哥重要产业，墨西哥工业产值及规模居拉美第 2 位，仅次于巴西。2018 年墨西哥工业增加值为 3761 亿美元，占墨西哥 GDP 的比重为 31.2%。墨西哥拥有比较完整且多样化的工业体系，不仅拥有食品、纺织、制革、服装、造纸等轻工业，而且有钢铁、化工、汽车、机器制造等重工业。能源工业比较发达，石油工业和采矿业也具有悠久的历史。2014 ~ 2017 年墨西哥工业增加值的增长率分别为 2.6%、1.2%、0.4% 和 - 0.3%，2018 年增长率仅 0.2%（见图 6），表明墨西哥工业由下行开始复苏。

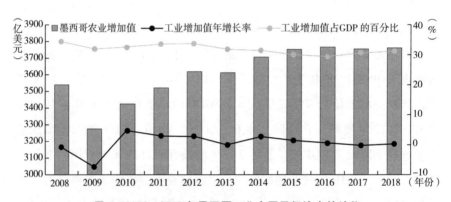

图 6　2008 ~ 2018 年墨西哥工业在国民经济中的地位

资料来源：世界银行数据库，https：//data. worldbank. org/。

3. 服务业：比重最大，但近年增长乏力

服务业是墨西哥规模最大的产业，对墨西哥经济增长具有至关重要的作用。2013 ~ 2017 年，墨西哥服务业增加值占 GDP 的比重超过 60%。2018 年墨西哥服务业增加值为 8356 亿美元，占 GDP 的比重高达 60.2%，远高于农业和工业，表明服务业是助推墨西哥经济增长最重要的引擎。墨西哥服务业部门主要包括商业、金融业、电信产业、不动产、旅游、保险、广告、传媒等。[①] 但 2015 年以来墨西哥服务业增速明

---

① 中华人民共和国驻墨西哥合众国大使馆经济商务参赞处：《墨西哥服务业》，http：//mx. mofcom. gov. cn/article/ddgk/zwjingiji/201405/20140500569765. shtml。

显放缓，增长乏力。2015 年服务业增加值年增长率为 4.3%，显著高于 2014 年的 2.7%。2016 年和 2017 年增速放缓，分别同比增长 3.9%、3.1%。2018 年墨西哥服务业增速继续放缓，服务业增加值年增长率仅同比增长 2.8%（见图 7）。

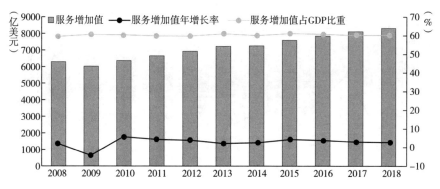

图 7 2008～2018 年墨西哥服务业在国民经济中的地位

资料来源：世界银行数据库，https://data.worldbank.org/。

（三）经济增长动能分析

1. 出口：增长趋势凸显，有利于经济增长

作为拉美地区最大的出口国，墨西哥的出口对经济增长具有极其重要的作用。2018 年墨西哥货物进出口总额为 9152.0 亿美元，比上年（下同）增长 10.3%。其中：出口 4509.2 亿美元，增长 10.1%；进口 4642.8 亿美元，增长 10.4%；贸易逆差 133.6 亿美元，增长 21.8%。分商品看，机电产品和运输设备是墨西哥的前两大类出口商品，2018 年的出口额分别为 1573.1 亿美元和 1198.7 亿美元，分别增长 6.1% 和 13.6%，合计占墨西哥出口总额的 61.5%。其中，机电产品主要出口至美国，出口额为 1356.6 亿美元，占墨西哥机电产品出口总额的 86.2%；而运输设备同样主要出口至美国，出口额为 963.5 亿美元，占墨西哥运输设备出口总额的 80.4%。机电产品是墨西哥的主要进口商品，2018 年进口额为 1723.6 亿美元，增长 9.8%，占墨西哥进口总额的 37.1%。机电产品主要从中国和美国进口，2018 年分别从两国进口 524.9 亿美元和

507.4 亿美元，占墨西哥机电产品进口总额的 30.5% 和 29.4%。^① 2009 ~
2018 年，墨西哥出口总额从 2567.3 亿美元上升至 4830.1 亿美元，2018 年
出口增长率为 5.8%（见图 8），高于 2018 年 2.0% 的 GDP 增长率，表明
出口仍然是墨西哥经济增长的重要推动力之一。

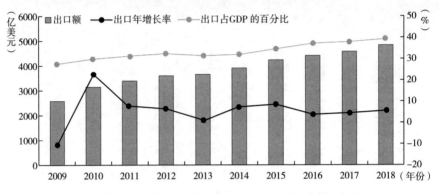

图 8　2009 ~ 2017 年出口在墨西哥国民经济中的地位
资料来源：世界银行数据库。

2. 固定投资：比重较大，增速有所回升

固定资产投资是社会固定资产再生产的主要手段，被认为对经
济增长特别是长期经济增长具有重要意义，墨西哥固定资本投资额
占 GDP 比重较大，且整体稳定在 22% 左右（见图 9），高于拉美地区
的整体水平但低于世界整体水平。2018 年墨西哥固定资本投资额为
2702.7 亿美元，占当年墨西哥 GDP 比重的 22.1%，显著高于同期拉
美 18.1% 的整体水平。从增速看，2018 年墨西哥固定资本投资额同比
增长 0.6%，打破 2017 年负增长的情况。2015 ~ 2017 年墨西哥固定
资本投资额分别同比增长 5.0%、1.0% 和 -1.6%，表明墨西哥这 3
年固定资本投资增速放缓，甚至出现下滑，但 2018 年增速打破
2017 年的负增长，有所回升。伴随着固定资本投资额的增长，墨西
哥固定资本投资所占比重非常稳定，有利于墨西哥经济长期可持续
发展。

① 《墨西哥 2018 年对外贸易》，https://www.duiwaimaoyi.com/archives/3305.html.

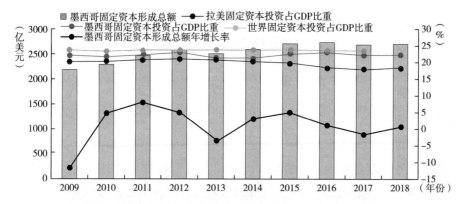

图9　2009～2018 年墨西哥固定投资额在国民经济中的地位

资料来源：世界银行数据库。

3. 消费：比重大，增速慢，是经济增长的主要因素

2018 年墨西哥最终消费支出额为 9998.4 亿美元，占 GDP 的比重高达 76.2%，这表明消费支出对墨西哥经济增长特别是短期经济增长起决定性作用。但近年来墨西哥最终消费支出增长缓慢，2014 年至 2017 年墨西哥最终消费支出均在 2% 以上，分别同比增长 2.2%、2.6%、3.6% 和 2.8%，2018 年增速为 2.1%，增长率比 2017 年低 0.7 个百分点（见图 10）。考虑到消费在墨西哥经济中的重要地位，墨西哥经济要实现更快速度的增长，仍有赖于墨西哥最终消费的进一步提速。除此之外，为了使得墨西哥经济增长动能更加多元，墨西哥还应有效地增加出口和固定资本投资在 GDP 中的比重。

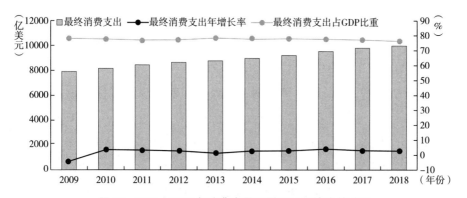

图10　2009～2018 年消费在墨西哥国民经济中的地位

资料来源：世界银行数据库。

三 墨西哥经济发展的影响因素

从整体上来看，墨西哥经济已经连续 8 年处于正增长，只是近 3 年增速连续放缓，这与全球经济增速放缓，美、墨两国总统竞选和中美贸易摩擦有很大的关系。国际方面，一方面是全球经济增长减缓，复苏不明朗，另一方面墨西哥面临从《北美自由贸易协定》（以下简称 NAF-TA）到《美墨加协定》（以下简称 USMCA）的政策和标准的重大改变。国内方面，墨西哥政府换届带来政策不确定性，以及由此导致的吸引外商投资不足，也给未来墨西哥经济带来了极大的影响。

（一）《美墨加协定》：广领域、高标准，影响墨西哥经贸和投资

自 2017 年特朗普就任美国总统以来，美国政府提出重启 NAFTA 谈判，并于 2018 年 10 月 1 日最终达成协议，在阿根廷 G20 峰会上更名为USMCA。该协定体现了美国主导的"美国优先"原则，提高了对汽车和纺织品的原产地要求，协定规则涉及领域广且标准高，并加强了对所谓"非市场经济国家"的歧视性约束。

1. 提高汽车贸易原产地标准对汽车产业影响

汽车产业是墨西哥制造业的支柱产业，墨西哥名列世界第七大汽车生产国和第四大汽车出口国。USMCA 提高了汽车原产地要求，主要包括下述 4 个领域。（1）提高产品和零部件在成员国间的采购比例。一是将汽车原产地净成本价值含量占比从以前的 62.5% 提升至 75%，二是要求汽车生产所用的主要材料（钢铁、玻璃和铝）成员国原产地占比为70%，三是提高各类零部件的原产地价值占比，其中核心、主要和补充零部件分别为 75%、65% 和 60%。原产地标准的提高，将美、墨、加三国的利益更为紧密地联系在一起，拉近了墨美之间在经济上的距离。但是，该协议同时也减少了墨西哥和美加之外的其他国家，特别是亚洲和欧洲等汽车和零部件生产大国间的汽车经贸往来。截至 2017 年底，外

资汽车厂商占墨西哥汽车厂商的 69.1% （1060 家），其中日本、美国和德国的占比分别为 28.3%、25.3% 和 22.3%。这一规定极有利于美国车企，如在墨投资的福特和通用。但是对占比最大的日本，以及正在进入墨西哥的中国车企，提出了不小的挑战。由于日本和中国车企的零部件较多地依赖本国生产，如果要保住零关税，要么被迫更换部分零部件供应商，要么让原有供应商在美、加、墨设厂经营。（2）提高汽车生产的人力成本。为平衡人力成本，协议提高劳工标准，要求享受零汽车关税的机动车中，40% 的汽车和 45% 的轻型卡车的生产工人的时薪不得低于 16 美元。这将极大地影响墨西哥汽车生产企业的人力成本。据统计，目前墨西哥汽车行业的时薪介于 3.4 ~ 7.4 美元，仅为 16 美元时薪的 1/3，而在墨生产并对美出口的汽车中，大约 30% 的汽车均不符合这一薪酬标准。因此，如此大幅度提高时薪标准，可能导致车企放弃 40% ~ 45% 的零关税份额中的一部分，从而减少利润，影响就业。[①]

2. 广领域、高标准规则对墨西哥经济的影响

总体而言，USMCA 设置了远高于 NAFTA 的标准，主要体现在数字贸易、竞争政策、知识产权和劳工与环境等 4 个方面。（1）增加数字贸易规则。USMCA 的第 19 章对数字贸易进行了详细的规定，确认跨境的数字贸易不以计算设施在买方境内为前提条件，并保证算法和源代码不被侵害。（2）增加竞争政策、国有企业和垄断企业信息的透明度。USMCA 在第 21 章的"竞争政策"条款中明确了成员国遏制反竞争行为的义务，要求保证地方法院程序公平以保护消费者。同时在第 21 章和第 22 章中要求提高国有企业和垄断企业的信息透明度，通过制定更为详细的标准促进两类企业的运营符合商业规范。（3）加强知识产权保护力度。USMCA 的第 22 章中针对生物制药和版权保护等制定了更为严格的规范，其中，生物制药的数据保护期从 8 年延长到 10 年，版权保护期则由作者死后的 50 年延长到 70 年。（4）提高劳工和环境标准。USMCA

---

① 《USMCA：墨西哥的贸易"围城"》，https：//www.sohu.com/a/258972306_175647。

的第 23 章劳工条款中，要求成员国切实遵循国际劳工组织和相关法律法规，提高劳工标准，并在汽车贸易相关条款中规定了一定比例汽车生产工人的最低时薪。USMCA 第 24 章则对环境标准提出新的要求，即成员国须遵守多边环境协定改善和保护环境。这些条款，将直接影响墨西哥本土电商、医疗和制造业生产和管理工作，并且也对墨西哥与其他国家进行贸易谈判增加了标准模板，加大墨西哥对外进行双边和多边谈判的难度。

3. 排他性条款影响外商对墨投资

USMCA 协定主要设置了 3 个排他性条款。首先，在汽车原产地规则中对区域内生产总价值占比、零部件来源和价值占比以及最低薪酬设置了更高的门槛，这一规定将会把很大一部分日本、欧盟和中国的车企排除在外，从而引导部分汽车及配套产业回流美国，同时也通过减少人口红利提高他国车企的成本，增加竞争压力，进而影响区域外车企对墨西哥的投资。其次，限制第三方投资者争议仲裁权。USMCA 限定墨西哥境内的投资者－国家争端解决机制（ISDS）的运用，但是在加拿大则保留了这一机制。根据这一条款，当发生投资争端时，如果投资者来自区域外的第三方，而该方被美、加、墨认定为"非市场经济国家"，则该投资者不能成为申诉方提起投资仲裁。这将影响区域外国家在墨西哥投资，特别是它们认定的"非市场经济国家"。最后，协定对成员国签订多边和双边协议提出严格约束。USMCA 协定引入了前所未有的排他性条款，强化了对"非市场经济国家"的歧视性约束。协定的第 32 章例外情况和一般规则中规定，任何成员国启动与"非市场经济国家"进行自由贸易协定的谈判，必须提前 3 个月通知其他成员国，并尽早将缔约目标告知其他成员国，同时在协议签署前至少 30 天将拟签署的文本提交各成员国审阅，以评估该文本对 USMCA 协定的影响；若某一成员国与"非市场经济国家"达成自由贸易协定，则其他成员国可在协议签署后的 6 个月内终止 USMCA，并以缔约方的双边协议取代。美国通过新协议约束墨、加两国与第三方"非市场经济国家"签署自由贸易协定，将极大地影响中国和越南等所谓"非市场经济国家"与墨西哥的经贸、投资往来和自贸协定的签署工作。①

（二）政府换届：政策不确定性影响经济增长

2018 年，墨西哥大选落下帷幕，以国家复兴运动党为主组建的"让我们共同创造历史"联盟候选人洛佩斯，以压倒性的优势当选为墨西哥总统。作为该国最近几十年来首次产生的左翼政府首脑，洛佩斯自竞选以来提出的施政主张和言论，与当期墨西哥的政策矛盾较大，特别在上届政府推行的一系列结构性改革的政策方面分歧较大。

1. 新能源政策转向影响投资

墨西哥新任总统洛佩斯对 2013 年开始的能源改革一直持强烈的批评，对私营部门更多地参与油块竞拍和经营持有防御性立场。自其上任以来，出台的能源政策主要包括：（1）暂停新的石油招标 3 年；（2）以国内燃油生产替代进口产品，拟投资 86 亿美元建设一个新的炼油厂，由墨西哥国家石油公司（Pemex）运营；（3）Pemex 将在 2019 年开发 20 个新油田，重点开发浅水和常规陆上项目以降低生产成本和加快开发速度；（4）保留 Pemex 国企身份，并为其提供 52 亿美元的一揽子援助计划。② 但是，Pemex 近 80 年来的垄断地位导致其缺乏石油开采和冶炼的尖端技术，近 10 年来石油产量稳步下降（－48%）。同时，Pemex 融资严重依赖债券发行，2018 年底其债务约为 1060 亿美元（不含 700 亿美元的社会保障义务），且近 1/3 的债务将于未来 3 年内到期，债务偿还压力较大。同时，由于墨西哥炼油产业的利润低于石油出口的利润，提高炼油产能可能抵销 Pemex 石油利润的一半，其收入的增加将面临较大的压力。鉴于 Pemex 较高的财务风险和较大的偿债规模，市场担心墨西哥的新能源政策会加重 Pemex 的财务不平衡，对 Pemex 的债务恐慌情绪增大，因此国际评级机构纷纷下调了该公司 2019 年的信用质量评级。

---

① 邵宇：《美—墨—加（USMCA）全解及其对中国的启示》，国家金融与发展实验室，http：//www.nifd.cn/ResearchComment/Details/1104。

② 科法斯集团：《巴西和墨西哥石油业：背道而驰？》，http：//www.tradetree.cn/content/7019/2.html。

在前任政府执政期间实施的能源改革期间，墨西哥已先后与 75 家公司签订 100 多份石油合同，而新政府实施的 3 年内暂停新的油田拍卖的政策，则又会影响这些合同的履行，并导致私营企业（特别是国际大型油企）对墨石油投资和合作持谨慎的观望态度。

2. 新财税政策使财政平衡面临较大的挑战

本届政府施政伊始，即实施了一系列新的财税政策。在税收方面，新政府承诺不增加新税种并维持目前的税率，并同时恢复美墨边境地区差别增值税征收方式（边境地区 8%，其他地区 16%）。这一举措，使得未来 6 年内财政收入将主要依赖于经济增量，财政收入增加的压力较大。同时，作为墨西哥政府重要经济来源的 Pemex 财务进一步恶化，2019 年 1 月 Pemex 的石油收入下降 52%，销售税收下降 12.3%。2019 年 1 月墨西哥财政总收入较 2018 年同期下降 7.5%，约合 13 亿美元。在财政支出方面，新政府将残疾人的养老金和津贴提高 1 倍，为学生和失业年轻人设立了助学金和学徒计划，这些社会福利计划将极大地增加财政支出。尽管新政府提出通过缩减政府开支和反腐的手段来提高财政支出使用效率，但是财政平衡仍面临较大的挑战。

3. 政策多变导致外国投资者信心降低

洛佩斯执政以来，已对前任政府的许多重大投资决策进行了更改，暂停未来 3 年内墨西哥油田拍卖、叫停设计造价 130 亿美元的墨西哥城新机场项目、养老和教育改革政策大逆转等政策的实施，转而加强了"玛雅铁路"和"两洋公路"的项目投资，这种施政政策的大逆转，导致投资者缺乏足够的信心进行投资，进一步保持警惕，市场情绪持续走弱。国际经营咨询公司 ATKearney 的报告指出，2019 年墨西哥外资信任指数位列全球第 25 位，比 2018 年下降 8 位，是 2011 年以来的最差表现。[①] 对新政府政策倒退的担忧也导致主权债利差在 2018 年的 11 ～ 12 月显著扩大，虽然随后收窄，但市场观望情绪仍然浓厚，政府吸引外资

---

① 中国商务部：《墨西哥外资信任指数下调 8 位》，http：//santodomingo. mofcom. gov. cn/article/i/jyjl/l/201905/20190502861987. shtml。

存在较大的困难。

（三）墨西哥宏观经济政策及其影响

1. 财政政策：赤字减少，持续稳健

2019 年上半年，墨西哥公共财政平衡情况好于计划。公共部门的基本盈余达到 2288 亿比索，高于预计的 1353.4 亿比索和 2018 年的 1267.9 亿比索。这一水平与 2019 年预算占 GDP 总值的 1% 是一致的。同期，公共财政部门的最终收支赤字 1199.2 亿比索，低于预算的 2580.7 亿比索，也低于 2018 年同期的 2067 亿比索。而公共预算总收入为 2.6 万亿比索，比预算低 680.3 亿比索，但高于上年同期的 0.6%。低于预算主要是由于经济增长速度低于预期和墨西哥国家石油公司的石油收入降低。其中，联邦政府的总收入比 2018 年同期实际增长 112.1 亿比索，增长率为 1.7%。国内税收总额为 6945 亿比索，同比增长 4.4%。2019 年 6 月，墨西哥完成了向日本市场发行价值 15 亿美元的债券，使得联邦政府在日本市场上发行的债券金额总和达到了历史最高水平。同期在国内市场进行了债券掉期交易，通过长、短期工具的交换降低了到期风险。

由此可见，未来汇率风险继续向上倾斜，这可能会受到两个因素的影响。在外部，对美国国会可能不批准 USMCA 的担忧可能再度抬头，在内部，对墨西哥国家石油公司财务和经营状况恶化最终拖累墨西哥财政的担忧，将会导致汇率的上升。预计墨西哥将会进一步实施审慎的财政政策，在财政支出控制方面，通过对墨西哥国家石油公司的注资，扩大其石油冶炼业务，稳定其收支状况，以减少流动风险；在财政支出方面，继续使用债务掉期手段平衡到期债务，降低到期偿付风险，同时着力监控公共部门的办公性支出，力争在 2019 年底达到预算的减值要求。

2. 货币政策：审慎而坚定，通胀压力巨大

2018 年是墨西哥大选之年，墨西哥比索也随着大选的进程展开疯狂之旅。在墨西哥总统大选过程中，由于候选人洛佩斯提出的竞选纲领与当届政府的政策完全相悖，因此墨西哥商界对洛佩斯当选总统十分担忧，进而引起连锁反应，使得墨西哥比索在 2018 年 6 月 18 日，即大选前 2 周触底 18 个月的最低点，达到 20.80 比索兑 1 美元[①]。而后，由于洛佩斯获得大选胜利后，其团队强调财政收支平衡，并延续央行自治权，市场重拾信心，比索对美元的汇率开始逐步走强。在 8 月 5 日到达 18.57 的高点后，汇率企稳。2018 年，美联储分别在 3 月、6 月、9 月和 12 月各加息一次，每次加息 25 个基点，年内累计加息 100 个基点。美联储加息后，各国央行纷纷跟进。由于墨西哥能源价格持续上涨，通胀率连续多月走高，墨西哥政府也在 6 月和 11 月分两次将参考利率分别上调 25 个基点，至 8.25% 的水平。稳定和控制通货膨胀是墨西哥 2018 年进行加息的主要原因。2018 年 12 月新政府执政首月，通货膨胀率达 4.83%，连续 2 年高于墨西哥央行 3% 的预期。[②] 其中，MAGNA 和 PRE-MUIM 汽油的价格延续 11 月的快速上涨态势，分别上涨 19.34% 和 15.42%，而农产品也延续了强劲的增长势头，作为主要食物的辣椒、绿番茄和仙人掌的涨价带来了不小的民怨。2019 年，墨西哥通货膨胀率除 3~5 月超过 4%，其他月份均低于 4%，且呈现逐月下降的趋势。

墨西哥的货币政策在短期内将从防御性转为审慎稳定性。当前墨西哥通胀平衡持续得到改善，比索走强，汇率随后相对稳定，通胀预期减小，只要妥善处理 Pemex 的经营和财务问题，通胀不会再度飙升。同时，由于美国经济前景不太乐观，2019 年不再加息的可能性较大，且 2019 年 8 月 1 日，美联储甚至宣布降息 25 个基点，因此墨西哥在国内企业投资疲软，通胀压力不大的情况下，可能会在必要的时候进行降息，或至少保持当前的利息水平，预计 2019 年墨西哥通胀率和货币利率将进入缓速下降通道。

（四）全球贸易保护主义抬头：影响出口和经济复苏

美国是墨西哥最重要的贸易伙伴国，尽管依赖美国的贸易格局没有

---

① 《墨西哥比索的 2018 年疯狂之旅》，http://dy.163.com/v2/article/detail/EOO1N8MI05391VBQ.html.

② 中华人民共和国驻墨西哥合众国大使馆经济商务参赞处：《墨西哥 2018 年末通货膨胀率 4.83%》，http://mx.mofcom.gov.cn/article/jmxw/201901/20190102825723.shtml.

改变，但墨西哥也在逐步加强同其他国家和地区的贸易联系。在短期内，由于中美贸易摩擦的转移效应，中美彼此进口减少，两者对墨西哥的进口均有增加。其中显著体现在"食品、饮料、烟草"和"纺织品及原料"方面，据墨西哥联邦经济部统计，2018年1~3月墨西哥上述两商品种类出口分别同比增加了213.1%和209.3%，而这两类恰好就是中美贸易摩擦造成影响较大的商品种类，转移效应明显。但长期来看，中美贸易摩擦对墨西哥经济也会产生负面影响。因为中、美两国在全球经济中占据重要地位，两国的贸易摩擦可能使得全球经济放缓，墨西哥终究是处在全球经济的大环境中，难免不受影响。

四　墨西哥与中国的经贸关系

墨西哥与中国建交于1972年，2003年两国建立战略伙伴关系，2008年两国建立中墨战略对话机制，2013年提升为全面战略伙伴关系。截至2018年，两国签订了87份合作协议和备忘录，在经贸、教育、科技、金融、司法等领域展开合作。

（一）中墨双边贸易及展望

1. 中墨双边贸易现状

贸易规模和中方顺差逐步扩大。中墨双方经贸关系经过几十年长足的发展，2008~2017年，中墨贸易规模不断扩大，从2008年的162亿美元发展到2017年的581亿美元，年均增长逾25%（见图11）。目前，中国是墨西哥第二大贸易伙伴国、墨西哥则为中国在拉美的第二大贸易伙伴。中墨贸易一直呈现中方顺差，且顺差规模逐年扩大的情况。到2018年，中墨贸易总额为580.6亿美元，其中中方出口440.2亿美元，进口140.4亿美元，中方顺差约300亿美元。2019年1~3月，中墨贸易规模继续扩大，贸易总额、中方出口和中方进口金额分别为533.7亿美元、500.7亿美元和33.0亿美元，同比分别增长12.9%、15.4%和5.8%，中方贸易顺差继续扩大。

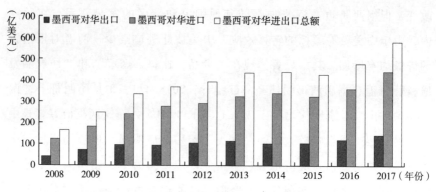

图 11　2008～2017 年墨西哥与中国的贸易规模

资料来源：中国国家统计局，http：//data.stats.gov.cn/。

贸易结构互补，集中度高。中国出口墨西哥的产品主要集中于机电产品、贱金属及制品和运输设备等，而墨西哥出口中国的前三类商品主要是矿产品、运输设备和机电产品，占 2018 年出口中国总额的 73.3%。中墨在贸易结构上有一定的相似性，双方在机电产品和运输设备等领域互为进出口的主要渠道。2018 年，根据墨西哥联邦经济部公布的数据，中墨双方进出口最多的是机电产品，墨西哥从中国进口的金额为 524.9 亿美元，占当年墨西哥机电产品进口总额的 30.4%，而墨西哥机电产品全球出口总值 1573 亿美元，其中出口中国 12.5 亿美元，仅占 0.8%。但在矿产品方面，墨西哥出口中国 24.9 亿美元，占墨西哥出口中国总值的 34.0%。因此，中墨双方虽然在机电产品等领域互有出口，但总体的贸易结构仍体现为"中方制成品，墨方原材料"的格局，未来需要开拓新的领域，促进双边贸易的发展。

双方贸易摩擦不断，有碍可持续发展。中墨在经贸发展过程中，贸易摩擦不断，成为困扰中墨经贸发展的一大因素。由于中国和墨西哥在制造领域的产业结构、双边贸易结构等方面相似性较高，因此产业竞争较为激烈，中墨之间贸易摩擦时有发生。据世界贸易组织统计，2009 到 2018 年的 10 年间，墨西哥共提起反倾销案例 61 件，其中针对中国的案件数 42 件，占比达 70%，在裁定倾销成立、执行反倾销税的 50 件案件中，针对中国的为 27 件，占比 55%（见表 1）。在某些年份，如 2009

年、2013年和2018年，甚至仅针对中国发起反倾销调查。近十年来，对华反倾销的占比远超与中国的实际贸易水平，且裁定反倾销的比重很高，导致中国出口墨西哥面临较大的挑战。长期来看，贸易摩擦将有损中墨双方的经贸关系，侵蚀双边贸易的根基，不利于两国经贸的可持续发展。

表1 墨西哥对华反倾销统计

单位：件

	2009	2010	2011	2012	2013	2014	2015	2016	2017	2018	合计
新增起诉数（中国）	2	2	2	3	6	6	5	11	2	3	42
新增起诉数（全球）	2	3	6	4	6	14	9	6	8	3	61
新增执行数（中国）	1	1	1	2	0	8	6	4	1	3	27
新增执行数（全球）	1	2	1	5	2	8	9	12	3	7	50

资料来源：世界贸易组织数据库：https：//data. wto. org/。

2. 中墨双边贸易展望

中墨双边贸易进一步拓展困难重重。2019年，中墨双边贸易面临诸多不确定因素，既受到中美贸易摩擦的影响，也受到待核准的USMCA的影响，展望未来，在新冠肺炎疫情重创全球经济的背景下，中墨双边贸易的进一步提升面临诸多困难。

USMCA新规则对中墨贸易产生不利影响。2017年，墨西哥成为拉美第一个向中国提供汽车和汽车零部件的国家，而中国也成为墨西哥汽车和汽车零部件第五大出口国。这一新开拓的市场马上要面临USMCA新的约束。首先，USMCA提高了对汽车整车和零配件的原产地要求，可能会影响中墨之间汽车及汽车零部件贸易。2018年，墨西哥从中国进口的机电产品和运输设备分别价值1724亿美元和448亿美元（中国国家统计局数据），机电产品和运输设备是中国出口墨西哥的主要产品类别。在墨西哥机电产品进口市场中，中国的主要竞争对手是美国。USMCA的规定将加大中国机电产品出口墨西哥的难度。其次，USMCA也降低了墨西哥出口美国纺织品的关税优惠水平（TPL）的额度。TPL是指对一定规模的不符合原产地规则的纺织品给予最惠国待遇，该额度的降低，将导致墨西哥对美国出口非原产国纺织品可享受的最惠国待遇的规模的下降。这整体上会对中墨纺织品贸易产生一定的影响。从 2018 年中墨贸易结构来看，墨西哥自中国进口的纺织品及原料为 30.8 亿美元，占该产品进口总额的 28.1%，此项规定将会在一定程度上影响中墨间纺织品贸易。最后，USMCA 的汇率条款、日落条款和标准条款也将影响中墨贸易。汇率条款要求成员国遵循市场汇率机制，而日落条款则对协议的生效和延续进行了要求。同时，USMCA 在知识产权、竞争政策和国有企业、劳工和环境等方面提出了较高的要求，这些规则本身不会直接影响中墨经贸关系，但可能会作为范本纳入未来的贸易协定协商范畴，可能会影响中墨之间的贸易谈判和争端处理。

（二）中墨双边投资及展望

1. 中墨双边投资现状

相较于中墨双边贸易而言，墨西哥和中国相互投资启动较晚，规模也较小。为促进双边投资，中国国家主席习近平和墨西哥总统恩里克·培尼亚·涅托在双方 7 次会面中都强调了双向投资的重要性。为此，中国和墨西哥发起了多项倡议来促进两国企业的战略性伙伴关系，包括成立了双边高级别投资工作组，以及中墨投资基金。该基金持有 12 亿美元联合资本，目前这笔资金的用途已经落到实处。[①] 目前，中国位列墨西哥第三大亚洲投资国，仅次于日本和韩国。联想、中兴、华为、北汽、江淮汽车、敏实、明华、中海油、远景能源、晶科太阳能、海尔、海信、中国工商银行和中国银行等成功在墨西哥国内市场立足。与此同时，墨西哥对华投资也成果颇丰，包括宾堡（烘烤类产品）、Gruma（玉米和小麦类产品）、萨孚凯（软件）、尼玛克和 Metalsa（汽车配件）、Kuo Group（化工产品）和 ICC 公司（陶瓷制品）均实现在华投资。从总体规模上，中国对墨西哥直接投资从 2008 年的 563 万美元，一路上行到

---

① 《墨西哥驻华大使：投资墨西哥正当时》，http：//www. hofusan. net/? mod = news - info&id = 113。

2012 年的 10042 万美元，其后在 2014 年上升至 1.4 亿美元后，又在 2015 年大幅度地下滑至 628 万美元（见图 12）。截至 2017 年底，中国对墨西哥的直接投资净额为 17133 万美元。同样地，墨西哥对中国的直接投资波动较大，2010 年达到最大值 1525 万美元，而最少的 2016 年，仅 74 万美元，2017 年，墨西哥对中国直接投资金额又大幅增加到 1204 万美元。总体而言，中墨直接投资主要是中国对墨西哥的投资，墨方投资呈现金额小和波动大的特点。中国对墨西哥实业投资的 58 个项目合计 58.5 亿美元，占中国在拉美投资份额的 5.5%，投资行业主要集中于制造业、信息和建筑业 3 个行业。近年来，中国在墨西哥制造业投资的成效较为显著，例如江淮汽车 2017 年在墨西哥的撒哈冈市（Sahagun）投资 1.1 亿美元建立了 SUV 汽车生产线，目前运转正常。在能源领域，中国海洋石油总公司在 2016 年墨西哥深水石油区块拍卖中获得了 8 个区块中的 2 个，目前项目运转情况良好。

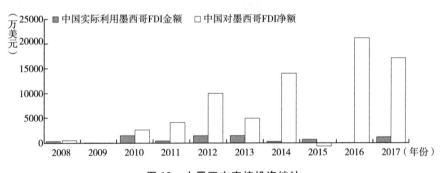

图 12　中墨双方直接投资统计

资料来源：中国国家统计局，http://data.stats.gov.cn/。

2. 中墨双边投资展望

USMCA 的歧视性约束将阻碍中国对墨西哥的投资。USMCA 规定了成员国与"非市场经济国家"自贸协定谈判中的告知义务和审查程序，在一定程度上是为了孤立中国等"非市场经济国家"，为中加、中墨自贸协定的商议设置障碍。同时，USMCA 限定了墨西哥使用投资者－国家争端解决机制（ISDS）的权限。在美墨之间 ISDS 新增了限制性约束，即 ISDS 并不适用于由"非市场经济国家"的第三国国民控制或所有的企业，且所谓"非市场经济国家"的认定只需由美墨双方单独认定即可。这一规定使得在墨投资的中国企业与美国政府产生纠纷时，中国企业可能无法使用 ISDS 进行仲裁，从而对中国投资墨西哥产生影响。同时，受墨西哥经济增速减缓、新政府政策令人担忧、劳动生产力下降以及社会治安等问题的困扰，墨西哥外资信任指数在 2019 年较 2018 年下调 8 位，为 2011 年以来最差的表现。因此，鉴于中墨间投资体量本来不大，墨西哥投资的风险较高，加上 USMCA 对所谓"非市场经济国家"的限定，虽然 2019 年数据尚未正式公布，但可以肯定的是，2019 年中国对墨西哥的投资不会出现大的增长。

五　墨西哥经济发展展望

尽管墨西哥经济在 2018 年继续保持增长势头，但是 2019 年经济形势不容乐观，特别是新政府执政以来，重大投资政策摇摆不定、军队参与警务执法、工会组织罢工增加等不确定因素增加，世界银行、世界贸易组织、国际货币基金组织、拉美经委会和墨西哥财政部等组织和机构纷纷下调了墨西哥经济增长预期，因此 2019 年墨西哥经济将维持低速增长态势，增速放缓。

（一）2019 年 1～6 月墨西哥经济概况

据墨西哥国家统计局数据，2019 年上半年，墨西哥经济增长 0.3%，半年通胀率为 4.16%，失业率维持在 3.5% 的水平。其中，2019 年第 1 季度墨西哥经济实际增长 1.2%，第 2 季度实际增速为 -0.9%。据墨西哥经济部数据，2019 年上半年，墨西哥货物贸易进出口总额为 4513 亿美元，同比增长 1.9%；其中，出口总额 2272 亿美元，进口总额 2241 亿美元，同比分别增长 3.6% 和 2%。同期，墨中贸易总额为 430.1 亿美元，同比增长 1.6%，其中墨西哥出口 32.7 亿美元，同比下降 4.1%，墨西哥进口 397.4 亿美元，同比增长 2.1%。

（二）2019 年墨西哥全年经济展望

经济有望持续增长，但增速不及预期。2019 年 7 月发布的《世界经济展望》更新预测中，IMF 下调了 2019 年墨西哥经济增长的预期，从 4 月预期的 1.6% 下调到 0.9%，2020 年温和复苏到 1.9%。

对外贸易将保持持续增长，特别是 USMCA 得到成员国确认后，墨西哥对美、加的贸易将得到一定程度的保障。

通货膨胀率有望持续下降。2018 年底和 2019 年上半年墨西哥的通货膨胀率得到了有效的控制，且墨西哥债务风险有所降低，因此通货膨胀率有望在 2019 年实现 3.5% ~ 3.6% 的目标。

失业率有望稳中微降。鉴于 USMCA 的签订和人力成本的增长，2019 年失业率可能保持在 3.2% 左右，2020 年将下降至 3.0% 的水平。

参考文献

1. 宋利芳：《WTO 框架下的墨西哥对华反倾销及中国的对策》，《拉丁美洲研究》2017 年第 1 期。

2. 刘学东：《墨西哥新政府面临的挑战与中墨合作前景分析》，《拉丁美洲研究》2018 年第 4 期。

3. 路虹：《墨西哥经济政策紧缩 OR 宽松？》，《国际商报》2019 年 7 月 12 日。

4. 宋利芳、武皖：《〈美墨加协定〉对中墨经贸关系的影响及中国的对策》，《拉丁美洲研究》2019 年第 2 期。

5. 王永中、徐沛原：《中国对拉美直接投资的特征与风险》，《拉丁美洲研究》2018 年第 3 期。

6. 国际货币基金组织：《世界经济展望》，2019 年 7 月 23 日。

7. Gobierno de México, "Informes Sobre La Situación Económica, Las Finanzas Públicas y La DeudaPública al Segundo Trimestre de 2019", *Ciudad de México*, 30 de Julio de 2019, pp. 1 – 18.

8. Gobierno de México, Documento Relativo al Cumplimiento de las Disposiciones Contenidas en el Artículo 42, Fracción I, de la Ley Federal de Presupuesto y Responsabilidad

Hacendaria "Pre – Criterios 2020", Julio de 2019, pp. 1 – 56.

9. BBVA, "Latin America Economic Outlook July 2019 3Q19", July 2019, pp. 1 – 40.

10. BBVA, "Latin America Economic Outlook July 2019 2Q19", March 29, 2019, pp. 1 – 31.

11. OECD, "OECD Economic Surveys: Mexico", May 2019, pp. 1 – 80.

专题报告

哥伦比亚投资环境与中国企业投资实践研究

严复雷*

摘　要：本文首先根据国际主要权威机构的研究报告梳理和总结了哥伦比亚的营商环境与投资环境，然后重点介绍了中国企业投资哥伦比亚的机遇和面临的挑战，以及中国企业在哥伦比亚的投资实践，最后提出中国企业积极响应"一带一路"倡议，在汽车、家电、信息通信技术行业、新能源开发和特色农产品领域投资哥伦比亚，拓展具有较大潜力的哥伦比亚及拉美地区市场，实现企业国际化经营目标的建议。

关键词：哥伦比亚　海外投资环境　海外投资建议　中资企业

中国高度重视与哥伦比亚在经贸领域开展务实和富有成效的合作。中国国家主席习近平分别于 2015 年 11 月、2016 年 11 月两次在多边场合会见哥伦比亚时任总统桑托斯。2018 年 6 月，哥伦比亚民主中心党候选人、42 岁的杜克赢得总统大选，习近平主席派特使出席杜克总统就职典礼。2019 年 7 月，在中哥建交 40 周年之际，哥伦比亚总统杜克访华，习近平主席与杜克总统友好会谈，双方签署多项合作协定；访华期间，杜克总统率团参加了上海进博会，重点推介哥伦比亚的农产品、旅游业和招商项目等，并见证多个大单合同签订。杜克总统此次访华为中哥两国在经贸、基建、人文、农业、科技和旅游等领域的良好发展开启了新的篇章。

---

*　严复雷，博士，西南科技大学副教授，主要从事国际贸易和金融研究。

在以"共商、共建、共享"为原则的"一带一路"倡议，以及哥伦比亚总统杜克把振兴经济作为新一届政府施政重点，优先加强基础设施建设、现代通信、新能源、现代农业、科技创新等领域发展的背景下，中国企业积极投资这个拉美地区发展潜力巨大的新兴市场国家既有机遇也有挑战。

一 哥伦比亚投资环境评价

国际权威机构和经济组织每年会对世界各国的营商环境、经济发展状况和投资环境等做出评价，以此指引政府政策制定者与市场参与主体客观分析投资国的投资环境，较为客观理性地做出投资决策，与此同时，这些评价报告也是世界各国政府不断改善投资环境和吸引外资参与本国建设的重要参考依据。本文选择世界银行发布的《全球营商环境报告》、世界经济论坛发布的《全球竞争力报告》，以及《华尔街日报》和美国传统基金会发布的经济自由度指数来对哥伦比亚的投资环境做出较为权威的评价。

（一）《全球营商环境报告》的评价

《全球营商环境报告》（*Doing Business*）是由世界银行发布的世界主要经济体的营商环境报告，报告旨在对世界上 190 个经济体及区域内所选城市的营商法规及其执行情况进行客观评估，为投资者和政府部门了解和改善世界各国的营商监管环境提供客观依据。该报告于 2003 年开始发布，一年一期。

如表 1 所示，2014～2019 年，哥伦比亚在拉美主要国家的营商环境总体上好于巴西和阿根廷，落后于墨西哥，其营商环境总体排名与这四个拉美国家一样，没有上升，反而出现了不同程度的下降。2014 年，哥伦比亚、智利和墨西哥营商环境的排名处于全球靠前位置，到 2019 年这三国的排名全部下降，这既与拉美地区国家营商环境总体上无明显改善直接相关，也与其他地区经济体大幅改善营商环境密切相关。

表1　2014～2019年哥伦比亚与主要拉美国家营商环境排名比较

国家	2014 年	2015 年	2016 年	2017 年	2018 年	2019 年
哥伦比亚	34/189	54/189	53/190	59/190	65/190	67/190
巴西	120/189	116/189	123/190	125/190	109/190	124/190
阿根廷	124/189	121/189	116/190	117/190	119/190	126/190
智利	41/189	48/189	57/190	55/190	56/190	59/190
墨西哥	39/189	38/189	47/190	49/190	54/190	60/190

资料来源：根据世界银行发布的 2015 年、2016 年、2017 年、2018 年、2019 年和 2020 年《全球营商环境报告》整理所得。

从哥伦比亚的营商环境来看，其营商环境排名从 2014 年的第 34 位（参与排名经济体 189 个）下降到 2019 年的第 67 位（参与排名经济体 190 个）。从营商环境考核的十大指标排名来看，哥伦比亚的获得电力便利指标没有明显改善，开办企业、办理施工许可、登记财产、合同执行 4 项指标排名明显下降，缴纳税款、跨境交易和合同执行 3 项指标位次在全球排名很低，特别是合同执行排名在 2016～2019 年一直处于全球排名靠后，获得信贷指标在 2014～2018 年全球排名中靠前，但 2019 年也出现了较大滑坡，排名下滑到第 11 位。这些指标的综合效应导致了哥伦比亚营商环境排名下降（见表2）。

表2　2014～2019年哥伦比亚营商环境细分指标排名变化情况

评价指标	2014 年	2015 年	2016 年	2017 年	2018 年	2019 年
全球排名	34/189	54/189	53/190	59/190	65/190	67/190
开办企业	84	84	61	96	100	95
办理施工许可	61	38	34	81	89	89
获得电力	92	69	74	81	80	82
登记财产	42	54	53	60	59	62
获得信贷	2	2	2	2	3	11
投资者保护	10	14	13	16	15	13
缴纳税款	146	136	139	142	146	148
跨境交易	93	180	121	125	133	133
合同执行	168	110	174	177	177	177
解决破产	30	30	33	33	40	32

资料来源：根据世界银行发布的 2015 年、2016 年、2017 年、2018 年、2019 年和 2020 年《全球营商环境报告》整理所得。

对哥伦比亚与巴西、阿根廷、智利与墨西哥4个国家2019年营商环境排名和十大细分指标做进一步对比研究，结果显示哥伦比亚的排名尽管在排名第59位的智利和第60位的墨西哥之后，但远远高于排名第124位的巴西和第126位的阿根廷（见表3）。从十大细分指标来看，登记财产、获得信贷、投资者保护、解决破产4项指标排名大多好于巴西、阿根廷、智利与墨西哥，与此同时，这4个指标排名在全球处于靠前位置，但其在缴纳税款、跨境交易和合同执行3项指标在全球排名第100位之后，尤其是合同执行排名第177位，这也说明在哥伦比亚开展国际商务的司法效率与法制环境相对较差。

表3　2019年哥伦比亚与主要拉美国家营商环境排名及细分指标排名比较

评价指标	哥伦比亚	巴西	阿根廷	智利	墨西哥
全球排名	67/190	124/190	126/190	59/190	60/190
开办企业	95	138	141	57	107
办理施工许可	89	170	155	41	93
获得电力	82	98	111	39	106
登记财产	62	133	123	63	105
获得信贷	11	104	104	94	11
投资者保护	13	61	61	51	61
缴纳税款	148	184	170	86	120
跨境交易	133	108	119	73	69
合同执行	177	58	97	54	43
解决破产	32	77	111	53	33

资料来源：根据世界银行发布的2020年《全球营商环境报告》整理而来。

（二）《全球竞争力报告》的评价

《全球竞争力报告》（Global Competitiveness Report）是世界经济论坛（World Economic Forum）于1979年开始推出的对世界主要经济体全球竞争力的排行榜，每年发布一次。2018年的《全球竞争力报告》引入了全新的全球竞争力指数4.0，对以往全球竞争力指数指标予以修正，形成了目前的12个一级指标，具体包括制度、基础设施、信息通信技术采用、宏观经济环境、健康、教育和技能、产品市场、劳动力市场、金融体系、市场规模、商业活力、创新。这 12 项主要竞争力指标又细分为 103 个二级指标，每项指标采取 0 ~ 100 分的计分制度，反映实际经济与理想状态（又称"竞争力前沿"）之间的差距。

2009 ~ 2018 年，哥伦比亚的全球竞争力排名一直处于第 60 位到第 70 位之间，在 2017 ~ 2018 年参加排名的 137 个国家或地区中位列第 66 位（2017 ~ 2018 年中国排名为第 27 位），这说明这一时期哥伦比亚的全球竞争力一直相对稳定。哥伦比亚全球竞争力没有明显的变化，而巴西则从 2009 ~ 2010 年的排名第 56 位下降到 2017 ~ 2018 年的第 80 位。哥伦比亚与拉美地区全球竞争力排名最高的智利相比，有 30 多位的差距，与墨西哥相比差距较小（见表 4）。

表 4　2009 ~ 2018 年拉美主要国家全球竞争力指数排名历年趋势

年份	哥伦比亚	巴西	智利	墨西哥
2009 ~ 2010	69	56	30	60
2010 ~ 2011	68	58	30	66
2011 ~ 2012	68	53	31	58
2012 ~ 2013	69	48	33	53
2013 ~ 2014	69	56	34	55
2014 ~ 2015	66	57	33	61
2015 ~ 2016	61	75	35	57
2016 ~ 2017	61	81	33	51
2017 ~ 2018	66	80	33	51

注：本文中提及的拉美主要国家为各项指标排名相对靠前的巴西、智利、墨西哥与哥伦比亚。因阿根廷的全球竞争力排名在第 100 位左右，故不作比较。

资料来源：根据世界经济论坛《全球竞争力报告》（2009 ~ 2010 年至 2017 ~ 2018 年）年度报告整理而来。

从世界经济论坛的《2019 年全球竞争力报告》中表示竞争力指标排名的 12 个一级指标来看，2019 年，哥伦比亚的全球竞争力指数综合排名在参与的 141 个国家或地区中排名第 57 位，在一级指标排名中健康、市场规模（主要是哥伦比亚人口规模居拉美地区第 3 位，仅次于巴西、墨西哥，人均 GDP 约为 6200 美元）、宏观经济环境、商业活力、金融体系 5 个指标排名较高，而其制度、基础设施、信息通信技术采用、教育和技能、产品市场、劳动力市场、创新 7 个指标排名则比较落后，特别是制度、产品市场指标排名在第 90 位之后，这些落后指标排名直接影响了其总体排名。与排名第 71 位的巴西相比，哥伦比亚多项指标排名领先，除了市场规模、基础设施、信息通信技术采用、创新 4 个指标落后之外。与排名第 33 位的智利相比较，哥伦比亚除了健康、市场规模 2 个指标领先之外，其他指标排名均落后于智利。与排名第 48 位的墨西哥相比较，制度、健康、教育和技能、劳动力市场、金融体系 5 个一级指标排名领先，一定程度上反映出哥伦比亚比墨西哥具有更好的制度优势和人才基础（见表 5）。

表 5　2019 年哥伦比亚与主要拉美国家全球竞争力指数一级指标全球排名比较

评价指标	哥伦比亚	巴西	智利	墨西哥
全球排名（141 个国家或地区）	57	71	33	48
制度	92	99	32	98
基础设施	81	78	42	54
信息通信技术采用	87	67	56	74
宏观经济环境	43	115	1	41
健康	16	75	37	60
教育和技能	80	96	47	89
产品市场	90	124	10	53
劳动力市场	73	105	53	96
金融体系	54	55	21	64
市场规模	37	10	46	11
商业活力	49	67	47	41
创新	77	40	53	52

资料来源：根据世界经济论坛《2019 年全球竞争力报告》整理而来。

（三）经济自由度指数的评价

经济自由度指数（Index of Economic Freedom）是由美国传统基金会

（The Heritage Foundation's Center）和《华尔街日报》发布的年度报告，该指数从1995年开始发布，每年发布一次，主要通过评估影响国家经济自由的四大政策领域，即法律制度、政府规模、监管效率、市场开放，以及12项指标，包括产权保护、政府诚信、司法效率、税收负担、政府支出、财政健康、商务自由、劳动力自由、货币自由、贸易自由、投资自由、金融自由，根据指标得分把经济体经济自由度分为自由（free，80分以上）、比较自由（mostly free，70～80分）、中度自由（moderately free，60～70分）、不太自由（mostly unfree，50～60分）和压抑（repressed，50分以下）5种类型，每个经济体的得分是通过12项指标的得分算出平均得分，指标得分越高，说明政府对经济的干预越小或政府对经济的干预水平越高，经济越自由。另外，由于经济自由度指数参考了世界银行（World Bank）、世界经济论坛（WEF）等国际重要经济组织的相关研究报告，该指数在全球具有较高影响力。

2014～2018年，哥伦比亚的经济自由度在全球排名从2014年的第34位下降到2018年的第42位，下降幅度不大，但在美洲地区（包括北美洲和南美洲）的排名从第3位下降到第6位，经济自由度也从"比较自由"下调为"中度自由"，经济自由度得分下降（见表6）。

表6　2014～2018年哥伦比亚经济自由度排名情况

	2014年	2015年	2016年	2017年	2018年
世界排名	34	28	33	37	42
美洲地区排名	3	2	3	4	6
得分	70.7	71.7	70.8	69.7	68.9
经济自由度	比较自由	比较自由	比较自由	中度自由	中度自由

资料来源：根据美国传统基金会发布的经济自由度指数（2014～2018年）整理而来。

2018年，哥伦比亚经济自由度排名位于美洲地区第6位，在南美地区仅次于智利、乌拉圭和牙买加，排名第4，但其排名远远领先于巴西、阿根廷和墨西哥。从经济自由度观测的12个细分指标得分上看，哥伦比亚在政府诚信、司法效率2个指标得分很低，在财政健康、贸易自由、税收负担、投资自由、商务自由、劳动力自由、货币自由、

政府支出、金融自由、产权保护 10 个指标得分较高，属于世界上经济
"中度自由"的国家。与巴西、阿根廷相比较，哥伦比亚的经济自由
程度明显具有竞争优势。与墨西哥相比较，除了政府诚信、政府支出、
货币自由、贸易自由 4 个指标得分落后外，其他指标均领先于墨西哥。
与智利相比较，除了税收负担、商务自由、劳动力自由 3 个指标得分
高于智利外，其他指标与总体得分均落后于智利（见表 7）。

表7　2018 年哥伦比亚与拉美其他主要国家经济自由度排名及细分指标得分情况

	哥伦比亚	巴西	阿根廷	智利	墨西哥
世界排名	42	153	144	20	63
在美洲地区排名	6	27	26	3	12
得分	68.9	51.4	52.3	75.2	64.8
经济自由度	中度自由	不太自由	不太自由	比较自由	中度自由
产权保护	60.7	55.8	40.8	67.9	58.6
政府诚信	36.4	55.5	44.5	63.4	39
司法效率	33.4	31.4	32.6	61.2	26.9
税收负担	80.3	70.6	65.7	78	75.7
政府支出	74.4	50.7	55.6	81.3	78.1
财政健康	82.2	7.7	52.6	91.7	69.8
商务自由	78.6	58.6	56.2	72.4	67.5
劳动力自由	75.2	46.8	43.3	60.4	59.8
货币自由	73.9	71.4	51.3	82.4	79.2
贸易自由	81.6	68.5	70.3	88.7	88
投资自由	80	50	55	85	75
金融自由	70	50	60	70	60

资料来源：根据美国传统基金会发布的 2018 年经济自由度指数整理而来。

（四）投资环境的国际评价总结

通过《全球营商环境报告》《全球竞争力报告》和经济自由度指数
对哥伦比亚营商环境、全球竞争力和经济自由度的排名，笔者认为，第
一，哥伦比亚营商环境处于拉美地区前列，仅次于智利和墨西哥，优于

巴西和阿根廷，在获得信贷、投资者保护、解决破产和登记财产等反映营商环境的指标方面优势明显，但在缴纳税款、跨境交易和合同执行等指标方面排名靠后，中国企业到哥伦比亚跨境投资或贸易存在较大风险。第二，哥伦比亚的全球竞争力落后于智利、墨西哥，但强于巴西等拉美地区主要国家。哥伦比亚在健康、市场规模、宏观经济环境、商业活力、金融体系5个指标排名表现较好，而制度、基础设施、信息通信技术采用、教育和技能、产品市场、劳动力市场、创新7个指标排名比较落后，特别是制度、产品市场的排名在第90名之后，这在一定程度上说明哥伦比亚市场潜力较大，是中国企业进军拉美市场的重要桥头堡市场。与此同时，由于历史、政治、民族等因素，哥伦比亚长期处于内战状态，尽管2016年哥政府与"哥伦比亚革命武装力量（FARC）"签订和平协议，但国内还有其他小股武装力量与政府长期对抗，另外，目前哥伦比亚政府与FARC和平协议落实情况还不太乐观，加上与邻国委内瑞拉的关系也极为复杂，哥伦比亚面临的外部投资环境并不太乐观，这也是中国企业在哥伦比亚开展投资与经贸往来面临的最大的不确定事件。第三，哥伦比亚属于经济"中度自由"的国家，在南美地区除了落后于智利、乌拉圭和牙买加外，其反映经济自由度的主要指标得分较高，但其政府诚信与司法效率极其低下，外国投资者投资资金和收益的安全难以保证，这也在一定程度上阻碍其吸引外商投资的增加，对极为讲求诚信与效率的中国企业来讲，适应拉美市场的节奏并做好风险防控机制就显得尤为重要。

值得一提的是，2013年时任哥伦比亚总统桑托斯正式开启申请加入经济合作与发展组织（OECD），经过五年的努力，2018年5月，经合组织各成员国接纳哥伦比亚为第37个成员。加入OECD能够为哥伦比亚实施良好的公共政策提供专业指导与咨询服务，有利于改善哥伦比亚的营商环境与提高其全球竞争力。

总而言之，哥伦比亚在拉美地区来讲是一个营商环境相对较好，具有较大投资潜力的国家，但存在的风险和挑战也不容忽视。

二 中国企业对哥伦比亚投资的机遇与面临的挑战

（一）和平进程下的哥伦比亚发展面临着诸多机遇

2016 年 11 月 24 日，时任哥伦比亚共和国总统桑托斯与"哥伦比亚革命武装力量"的领导人罗德里格·隆多尼奥·埃切韦里正式签署新的和平协议，获得国会通过，于当年 12 月 1 日正式生效，结束长达 52 年的内战状态。2017 年 9 月 1 日，"哥伦比亚革命武装力量"正式宣布弃武从政，成立"大众革命替代力量"。正当国内和平协议落实之际，2018 年 5 月哥伦比亚总统大选开启，经过两轮选举，支持 2016 年和平进程的右翼候选人伊万·杜克（获得 54% 的选票）赢得大选，杜克对"哥伦比亚革命武装力量"持比较强硬的政治立场，所以哥伦比亚的和平进程中存在诸多不确定性。纵观哥伦比亚的经济社会发展和历史文化传统，中国企业投资哥伦比亚的机遇主要表现在以下六方面。

1. 哥伦比亚具有较好的经济基础和市场潜力

哥伦比亚是拉美地区第四大经济体，经济总量仅次于巴西、阿根廷和墨西哥，市场规模大，经济发展水平在拉美地区属于较高水平。过去十多年，哥伦比亚经济持续增长，是拉美地区经济状况较好的国家之一。1999～2008 年，哥伦比亚的国内生产总值（GDP）平均增速为 3.4%，2009～2018 年，GDP 平均增速为 3.5%，在拉美主要国家中位居前列，在太平洋联盟 4 国（智利、秘鲁、墨西哥和哥伦比亚）中仅次于秘鲁，排名第 2（见表 8）。特别是 2008 年全球金融危机之后，它是拉美地区极少数能够一直保持经济稳步增长的国家之一。

表 8 2009～2018 年主要拉美国家国内生产总值（GDP）增速一览表

单位：%

国家	2009	2010	2011	2012	2013	2014	2015	2016	2017	2018	平均增速
哥伦比亚	1.7	4.0	6.6	4.0	4.9	4.4	3.1	2.0	1.8	2.7	3.5
智利	-1.6	5.8	6.1	5.3	4.0	2.0	2.3	1.6	1.5	4.0	3.1

国家	2009	2010	2011	2012	2013	2014	2015	2016	2017	2018	平均增速
墨西哥	-4.7	5.1	4.0	4.0	1.4	2.3	2.6	2.3	2.0	2.0	2.1
秘鲁	1.0	8.5	6.5	6.0	5.8	2.4	3.3	3.9	2.5	4.0	4.4
阿根廷	-5.9	10.1	6.0	-1.0	2.4	-2.5	2.6	-2.3	2.9	-2.5	1.0
巴西	-0.1	7.5	4.0	1.9	3.0	0.5	-3.8	-3.6	1.0	1.1	1.2

资料来源：根据国际货币基金组织（International Monetary Fund）发布的《世界经济展望》（*World Economic Outlook*）整理而来。

　　根据世界银行公布的数据，2018 年哥伦比亚、智利、墨西哥、秘鲁、阿根廷和巴西国内生产总值（GDP）分别为 3074 亿美元、2748 亿美元、11580 亿美元、2089 亿美元、5503 亿美元和 19153 亿美元，人均 GDP 分别为 6190 美元、14670 美元、9180 美元、6530 美元、12370 美元和 9140 美元。与中国 2018 年的人均 GDP 为 9470 美元相比较，哥伦比亚处于较低水平。如果按照购买力平价计算，哥伦比亚 2018 年的 GDP 达到 7196 亿美元，人均 GDP 为 14490 美元，经济发展水平属于拉美地区的中等收入水平（见表 9）。

表 9　2018 年主要拉美国家主要经济社会数据一览表

国家	人口（百万）	国土面积（千平方公里）	人口密度（人数/平方公里陆地面积）	国内生产总值（GDP）（十亿美元）	人均GDP（美元）	GDP增速（%）	购买力平价测算的GDP（十亿美元）	购买力平价的人均GDP（美元）
哥伦比亚	49.6	1141.7	45	307.4	6190	2.7	719.6	14490
智利	18.7	756.7	25	274.8	14670	4.0	454.1	24250
墨西哥	126.2	1964.4	65	1158.0	9180	2.0	2453.5	19440
秘鲁	32.0	1285.2	25	208.9	6530	4.0	441.7	13810
阿根廷	44.5	2780.4	16	550.3	12370	-2.5	882.1	19820
巴西	209.5	8515.8	25	1915.3	9140	1.1	3314.6	15820

资料来源：根据世界银行数据库整理而来。

　　从 2008 年金融危机以来，哥伦比亚央行采取了较为稳健的货币政策，该国通货膨胀率总体上较为稳定，2019 年通货膨胀率为 3.53%，属于较为温和的通胀率水平（见表 10）。2018 年，哥伦比亚的国内生产总值增加值构成中，农业增加值占比 6.28%，工业增加值占比 26.67%，服务业增加值占比为 57.72%，其他产业增加值占比为 9.33%。2018 年，哥伦比亚的货物与服务出口占 GDP 的比重为 15.93%，货物与服务进口占 GDP 的比重为 20.83%，属于净进口国家。2018 年哥伦比亚引进外商直接投资达到 115.35 亿美元，比 2017 年的 138.36 亿美元略有下降。截至 2018 年末，哥伦比亚经常项目逆差 130.37 亿美元，国际储备（含黄金储备）约为 478.87 亿美元①。根据哥伦比亚央行统计数据，截至 2018 年底，哥伦比亚政府外债余额为 1243.86 亿美元，约占 GDP 的 41.6%。哥伦比亚历届政府严格执行财政纪律，对外举债较为谨慎，它是拉美地区唯一从未进行过外债重新谈判的国家。

表 10　2008～2019 年哥伦比亚通货膨胀率一览表

单位：%

2008	2009	2010	2011	2012	2013	2014	2015	2016	2017	2018	2019
7.00	4.20	2.27	3.42	3.17	2.02	2.90	4.99	7.51	4.31	3.24	3.53

资料来源：WIND 全球经济数据库。

由上可见，哥伦比亚尽管经济发展水平在拉美地区国家中不算最高，但其经济增长稳定，外债金融风险远远低于阿根廷、巴西等国家，吸引的外商直接投资也一直保持在百亿美元以上，近 5000 万人口也是潜在的较大市场，所以投资哥伦比亚有着较好的经济基础与市场潜力。

2. 哥伦比亚能源产业发展潜力巨大

哥伦比亚是拉丁美洲最大煤炭生产国，也是全球第五大煤炭出口国，煤炭是哥伦比亚出口的主要产品。根据万得（WIND）行业数据库中世界主要国家或地区煤炭进出口年度数据，2017 年，哥伦比亚煤炭出

---

① 资料来源：WIND 全球宏观经济数据库。下文数据除另外说明，都来自 WIND 数据库和 WIND 新闻资料。

口 10270 万吨，比 2016 年的 8330 万吨增加 1940 万吨，增长 23.29%。2018 年哥伦比亚煤炭出口"前高后低"，最终出口量为 8190 万吨，同比减少 2080 万吨，减少 20.25%。[①] 根据哥伦比亚国家统计局（National Department Administrative of Statistics）统计数据，2018 年，哥伦比亚共出口煤炭 8689.2 万吨（与 WIND 数据库数据有差异，但基本符合），比 2017 年出口量下降 17.43%。2018 年哥伦比亚煤炭出口金额为 74.48 亿美元，较 2017 年微增 0.78%。

哥伦比亚是拉丁美洲第四大原油生产国，已探明储量近 20 亿桶。据 OPEC 公布的数据，2016 年底哥伦比亚原油储备 23.6 亿桶。自 20 世纪 80 年代以来，石油出口一直是哥伦比亚的主要外汇收入来源，其中 2016 年出口额占当年 302 亿美元总出口额的 26%。哥伦比亚的原油产量有一半用于出口，大多数输往美国。哥伦比亚的石油生产值占到 GDP 的 2%～4%。2014～2018 年，哥伦比亚原油每天平均出口量约为 72.2 万桶、73.6 万桶、61.3 万桶、65.2 万桶、59.2 万桶，占拉丁美洲原油出口量的 13% 左右。[②] 与许多南美国家一样，哥伦比亚的经济及公共财政高度依赖能源产业，哥伦比亚的石油收益是政府财政和公共开支的重要来源。国营的哥伦比亚石油公司（Colombian Petroleum Enterprise）是国家主要的石油生产者和出口者。哥伦比亚政府向国家提供汽油补贴，当地价格要比国际价格便宜很多。为吸引石油和矿产勘探投资，哥伦比亚财政部将实施总额为 1.6 万亿比索（约合 5.8 亿美元）的减税计划，以遏制该国油气储量不断下降的趋势。杜克总统当选后，提出削减企业税收，支持出口支柱的石油和矿产项目、扶持制造业。据媒体报道，哥伦比亚矿业和能源部长 Maria Fernanda Suare 指出：2018 年哥伦比亚平均每日原油产量为 86 万桶，天然气日均产量达到 9.77 亿立方英尺，发展能源产业是哥伦比亚的首要任务。[③] 大力发展能源产业是哥伦比亚近期的重要发展方向。

---

① 资料来源：WIND 数据库。
② 资料来源：根据 WIND 数据库计算而来。
③ 资料来源：WIND 新闻资讯。

3. 哥伦比亚基础设施建设投资机会较多

哥伦比亚的基础设施建设非常落后。根据世界银行编制的 2018 年物流绩效指数（LPI），哥伦比亚在全部 167 个国家和地区中名列第 89 位（2016 年排在第 94 位），远远落后于智利（第 40 位）、墨西哥（第 53 位）、巴西（第 56 位）和阿根廷（第 62 位）等国，在拉美主要国家中排名倒数。在物流绩效指数（LPI）的 6 个指标（包括海关、基础设施、国际货运、物流能力、货物跟踪与追踪、物流及时性）得分中，基础设施得分最低，从而导致哥伦比亚物流绩效指数很低。为了改变哥伦比亚基础设施建设落后局面，自 20 世纪 90 年代初以来，哥伦比亚政府通过吸引民间投资等改善该国的基础设施，但收效甚微。2010 年前任总统桑托斯总统上任后，哥伦比亚交通部推出了第四代公路计划，旨在通过特许经营模式在 2020 年以前兴建 8000 公里公路，其中包括 1370 公里双向四车道以上的高等级公路、159 条隧道和 40 个新的特许经营路段，总投资将达 47 万亿比索（约 240 亿美元）。[①] 另外，哥伦比亚还在研究实施波哥大地铁等大型基础设施建设项目的可行性。2017 年以来，哥政府主推的第四代公路建设正吸引越来越多的投资者关注。2018 年，哥伦比亚国家基础设施署发布了《关于加强外国投资者投资便利化的意见》，积极吸引外资参与哥伦比亚基础设施建设。

4. 哥伦比亚的特色产业具有很强的投资吸引力

哥伦比亚自然资源丰富，特色产业享有极高声誉。哥伦比亚最具有代表性的特色产业当数咖啡种植业、香蕉种植业和鲜花种植业。

（1）咖啡种植业。哥伦比亚曾是仅次于巴西的世界第二大咖啡出口国，其咖啡品质享誉全球。近年来，由于气候和更新植株等因素，哥伦比亚咖啡出现减产，一度被越南等多个新兴咖啡生产国超越。据哥伦比亚咖啡种植者协会统计，2017 年哥伦比亚咖啡产量约为 1419 万袋（60kg/袋），价值 7.51 万亿比索（约合 24.46 亿美元）；出口 1300 万袋

---

① 商务部国际贸易经济合作研究院、中国驻哥伦比亚大使馆经济商务参赞处、商务部对外投资和经济合作司：《对外投资合作国别（地区）指南：哥伦比亚（2019 年版）》，第 25 页。

（60kg/袋），出口额 28.07 亿美元，同比增长 8.3%。2019 年，哥伦比亚全年咖啡产量为 1475.2 万袋，创下近 25 年来最大产量纪录（1992 年哥伦比亚咖啡产量为 1610 万袋），相比 2018 年的 1355.7 万袋增长了 9%。2019 年该国出口咖啡 1370 万袋，相比 2018 年的 1280 万袋，同比增长 7%。[①] 据国际咖啡协会统计，2017/2018 咖啡年（指 2017 年 10 月至 2018 年 3 月）哥伦比亚咖啡出口量为 669.5 万袋，排在巴西和越南之后，列世界第 3 位，主要出口目的地为美国、德国、日本和加拿大。[②]

（2）香蕉种植业。哥伦比亚是世界第四大香蕉生产国及出口国。哥伦比亚香蕉出口额仅次于咖啡与鲜花，位居第三。据哥伦比亚香蕉协会统计，2017 年哥伦比亚香蕉出口 9840 万箱（20 公斤一箱），同比增长 5%，创汇 8.5 亿美元，同比增长 4.7%，主要出口目的地为比利时、英国和美国等[③]。2019 年哥伦比亚总统杜克访华，签下 4000 万美元香蕉出口中国市场的贸易协议，这也标志着哥伦比亚特色农产品进入中国市场的步伐不断加快。

（3）鲜花种植业。哥伦比亚是仅次于荷兰的世界第二大鲜花出口国，占全球总量的 14%，哥伦比亚生产的鲜切花的 98% 用于出口[④]。据哥伦比亚鲜花出口协会统计，2019 年哥伦比亚鲜花出口创汇 14.58 亿美元[⑤]，主要出口目的地为美国、日本、英国、加拿大、荷兰等，主要出口品种为玫瑰、康乃馨、菊花和六出花。

此外，哥伦比亚盛产的牛油果、柑橘等农产品在全球也具有很强竞争力。

5. 哥伦比亚具有较好的制造业发展基础

哥伦比亚在电子信息及软件产业、汽车制造业领域在拉美地区具有

---

① 资料来源：WIND 新闻资讯。
② 资料来源：WIND 新闻资讯。
③ 周洲：《哥伦比亚：香蕉出口增长》，《中国果业信息》2018 年第 5 期。
④ 《哥伦比亚鲜花出口跃居世界第二，产量仅次于荷兰》，搜狐网，https://www.sohu.com/a/138016802_617283。
⑤ 《哥伦比亚：出口锐减，鲜切花产业遭重创》，央视网，http://jingji.cctv.com/2020/06/17/。

较强的竞争力。

（1）电子信息及软件产业。尽管哥伦比亚 IT 产业在拉美 IT 产业中所占的份额不大，但其拥有巨大的发展潜力。IT 产业发展可以享受到哥伦比亚国内优惠的政策措施。哥伦比亚政府为鼓励和促进 IT 产业的发展，在税收、劳工以及知识产权保护等方面给予政策倾斜，从事 IT 产业的企业可享受包括高科技进口增值税减免、研发支出 75% 加计扣除等多项优惠政策。哥伦比亚软件产业达到拉美先进水平。根据哥伦比亚《时代报》报道，2015 年 4 月，哥伦比亚已有 56 家软件企业获得美国软件工程协会（Software Engineering Institute）3 级以上的认证证书，跨入优良软件企业行列，其中获得 3 级认证的企业有 44 家，通过最高水平的 5 级认证的企业有 12 家。从获得 3 级以上认证的软件企业数量来看，哥伦比亚已经超过巴西（52 家）、智利（14 家）和秘鲁（18 家）等地区主要经济体。① 哥伦比亚信息通信部公布的数据也表明，哥伦比亚软件产业销售额已由 2010 年的 2.6 万亿比索上升至 2014 年的 7.5 万亿比索。此外，哥伦比亚政府对区块链技术和加密货币研发给予很大的政策激励。2018 年 8 月，哥伦比亚总统杜克建议在技术领域，包括与加密货币和区块链或密码技术相关的所有企业，免除 5 年的所得税，以此鼓励新兴产业的发展。对于加密数字货币和区块链技术发展，哥伦比亚学术界广泛研讨，政府则提醒消费者注意风险，总体上没有限制这个产业的发展，政府对于大力发展数字经济表现出浓厚的兴趣。

2019 年 7 月 31 日，中国与哥伦比亚签署《中华人民共和国商务部和哥伦比亚共和国贸易、工业和旅游部关于电子商务合作的谅解备忘录》。② 根据这一备忘录，双方将分享管理和政策制定的经验、促进公私对话、开展联合研究和人员培训，鼓励企业开展电子商务交流和合作，通过电子商务推动各自国家的优质特色产品贸易。这为中国企业投资哥

---

① 《哥伦比亚软件产业达到拉美先进水平》，中国日报网，http://www.chinadaily.com.cn/interface/toutiao/1120789/2015 - 4 - 3/c d_19991889.html。

② 中华人民共和国商务部：《中国—哥伦比亚签署电子商务合作谅解备忘录》，http://www.mofcom.gov.cn/article/ae/ai/201907/20190702886478.shtml。

伦比亚的电子信息技术产业提供了政策支撑。

（2）汽车工业。哥伦比亚是拉美地区第四大汽车生产国，从业人数占该国制造业用工总数的 2.5%。2018 年，哥伦比亚国内共有各类汽车存量 530 万辆。[①] 2017 年在哥伦比亚销售最多的汽车品牌为雪佛兰、雷诺、尼桑、起亚、丰田等。哥伦比亚汽车产业近年来发展很快，销量屡创新高。目前中国的比亚迪、奇瑞、宇通、长安、江铃等车企在哥伦比亚有业务经营。哥伦比亚发展汽车工业的主要优势包括：已经形成了从零部件生产到整车组装的较完整的产业链；对汽车产业链零配件的进出口、税收、用工等方面给予了一定的优惠政策；哥伦比亚地理位置优越，具有开展汽车加工和转口贸易的优势；哥伦比亚政府积极与外国签订自由贸易协定，截至 2019 年 6 月已与委内瑞拉、智利等拉美国家签署自由贸易协定或建立自由贸易区，与美国、欧盟、加拿大、韩国等国或地区签署自由贸易区协定。这些优势为汽车工业发展提供了良好的外部环境。

6. 中国与哥伦比亚具有良好的经贸实践

中国与哥伦比亚于 1980 年 2 月 7 日建立外交关系，并于 1981 年 7 月 17 日签署了政府贸易协定。2008 年 10 月，中哥两国政府签署了《关于促进和保护投资的双边协定》。双边签署的其他协议还有《中华人民共和国国家发展改革委和哥伦比亚共和国贸易、工业和旅游部关于加强产能合作的谅解备忘录》（2015 年 5 月）、《中华人民共和国商务部和哥伦比亚共和国政府交通部关于加强中哥基础设施建设合作的谅解备忘录》（2015 年 5 月）、《中国国家开发银行与哥伦比亚国家发展金融公司关于基础设施领域合作的谅解备忘录》（2015 年 5 月）、《中华人民共和国交通运输部和哥伦比亚共和国交通部交通运输合作谅解备忘录》（2019 年 7 月）、《中华人民共和国农业农村部和哥伦比亚共和国农业和农村发展部关于加强农业投资贸易合作谅解备忘录》（2019 年 7 月）

[①] 商务部国际贸易经济合作研究院、中国驻哥伦比亚大使馆经济商务参赞处、商务部对外投资和经济合作司：《对外投资合作国别（地区）指南：哥伦比亚（2019 年版）》，第 20 页。

等，这些协议的签署对于保护中国企业赴哥伦比亚投资提供了重要保障。

2018 年，中国是哥伦比亚全球第二大贸易伙伴，而哥伦比亚是中国在拉美第五大贸易伙伴，比 2017 年提升一位。根据中国海关的统计，2018 年中哥双边贸易额总计 146.29 亿美元，同比增长 29.08%，其中中方出口 87.37 亿美元，同比增长 17.22%，进口 58.92 亿美元，同比增长 51.87%。中国对哥伦比亚出口商品主要有机电产品、汽车及其零部件等。中国从哥伦比亚进口商品主要有矿物燃料、钢铁、矿砂、铜、咖啡等。2017 年中国对哥伦比亚直接投资流量 1372 万美元。截至 2017 年末，中国对哥伦比亚直接投资存量 3.58 亿美元。① 中哥两国于 2012 年启动自由贸易区可行性研究，力争早日达成协议，为双边贸易发展翻开新篇章。

据中国商务部统计，2018 年中国企业在哥伦比亚新签承包工程合同 109 份，新签合同额 3.78 亿美元，完成营业额 2.66 亿美元；新签大型工程承包项目包括中铁一局集团有限公司承建的哥伦比亚安提奥基亚马尔利 2 号公路项目第一、二合同段，中石油东方地球物理勘探有限责任公司承建的哥伦比亚 2018 年 GRANTIERRA 公司 Alea/Nancy/Put4 区块三维地震勘探采集项目和华为技术有限公司承建的哥伦比亚电信项目等。②

（二）中国企业到哥伦比亚投资面临的主要挑战

就拉美地区来讲，哥伦比亚的营商环境较好，国内市场规模较大，市场经济运行比较稳定，但中国企业去遥远的哥伦比亚投资还是会面临诸多挑战，主要表现在以下三个方面。

---

① 商务部国际贸易经济合作研究院、中国驻哥伦比亚大使馆经济商务参赞处、商务部对外投资和经济合作司：《对外投资合作国别（地区）指南：哥伦比亚（2019 年版）》，第 28~29 页。

② 商务部国际贸易经济合作研究院、中国驻哥伦比亚大使馆经济商务参赞处、商务部对外投资和经济合作司：《对外投资合作国别（地区）指南：哥伦比亚（2019 年版）》，第 28~29 页。

1. 国内政治环境复杂，安全问题不容忽视

哥伦比亚过去十多年经济社会快速发展，除了与其自身的社会经济基础和市场规模直接相关外，也与前总统桑托斯坚持把推动国内和平进程作为首要工作的发展战略密切相关。尽管其国境内最大的反政府革命武装"哥伦比亚革命武装力量"已经于 2017 年"刀枪入库，马放南山"，组建新的政党"弃武从政"，但还有诸多小型武装力量存在，这为外国投资者投资能源开发等埋下安全隐患。2018 年哥国总统大选，虽然右翼政党民主中心党候选人伊万·杜克战胜了有反政府游击队背景的左翼候选人佩德罗，但经过两轮投票只以较少优势（54% VS 41.8%）胜出，在一定程度上也表明哥国内政治斗争激烈。杜克总统上台后对"哥伦比亚革命武装力量"和其他游击队采取更加严厉的制裁措施，这为哥国和平进程增添了不少变数。2019 年 2 月，作为美国对委内瑞拉严厉制裁的追随者，哥伦比亚宣布与邻国委内瑞拉断交，这使得哥伦比亚的周边安全环境增加了更多变数。有学者指出，减缓的经济增长，落后的基础设施，对自然资源的过度依赖，不断涌入的委内瑞拉难民，激增的毒品种植与走私，严重的城乡发展不平衡，财富分配的极度不均等，和平进程的不确定性，以及与非政府武装力量残余势力的冲突和解，是哥政府面临的最大挑战。[1] 政治安全局势仍是中国企业投资哥伦比亚优先考虑因素，值得一提的是，左翼候选人佩德罗主张全面改革经济政策，提高公司所得税，更加均衡地分配财富和土地，增加政府对教育与医疗的支出，减少对石油和煤炭出口的依赖，大力发展风能和太阳能，坚决治理腐败，加强农业及可持续发展能源发展。执政党与在野党在政见或经济发展战略上的巨大差异，为中国企业投资哥伦比亚化石能源产业增添了较大不确定性。

2. 政府诚信度不高与执行合同质效低制约了外资投入

跟众多拉美国家一样，政府工作效率低下，员工工作态度懒散、生

---

① 薛博洋：《哥伦比亚大选：过去与未来的抉择》，中拉智讯，http：//www.yidianzixun.com/article/odqo5WTI。

活节奏缓慢，一定程度制约了拉美主要国家经济增长。根据国际组织对哥伦比亚营商环境与投资环境的评估，政府诚信与执行合同得分一直很低。在国际贸易商业往来中，拉美地区时常会遇到罢工等情况，港口、码头工人罢工会直接影响合同顺利执行，另外，在国际结算业务中，拉美地区很多银行会把远期付款交单（D/P after sight）按照承兑交单（D/A）方式交单，提前把物权单据交给进口商，这可能使出口商不能按时取得进口商付款，存在"钱货两空"的风险。当外国商人或投资者与哥国商人之间产生贸易或投资纠纷时，由于哥伦比亚司法部门执行合同质效低，外国商人或投资者为争端处理而损失的经济成本和时间耗费很大。这些因素都制约了国外投资者在哥伦比亚的投资。

3. 民族文化上的差异

哥伦比亚是一个多民族、多文化的国家，近代曾是西班牙的殖民地，实现民族解放后，西班牙仍是其主要的投资国，西班牙语为哥伦比亚的官方语言。哥伦比亚虽然是发展中国家，但因受到西方文化的深刻影响，比较重视劳工权利保护、生态环境保护、矿产资源开发保护，所以在哥国投资必须了解和遵守其法律法规。例如国机集团所属中国联合工程有限公司在哥承建的煤电项目在开发中，从一期开始到二期竣工的 8 年时间里，严格遵守其法律法规，累计拯救和迁移动植物样本超过 1300 个，就连每一个鸟窝的迁移和后期鸟窝跟踪都做得一丝不苟。

三 中国企业在哥伦比亚的投资实践

（一）能源领域投资项目

1. 晶科能源投资建设的光伏电站项目①

2018 年 7 月，晶科能源有限公司（纽交所上市代码 JKS）向哥伦比亚最大的光伏电站埃尔帕索提供 250000 块 86 兆瓦单晶光伏组件。晶科能源拉丁美洲总经理 Alberto Cuter 表示："哥伦比亚主要依靠水力发电，

---

① 晶科能源官网，https：//www.jinkosolar.com/press_detail_1682.html？lan=cn。

这在干旱季节可能成为一个问题。太阳能将是整合国家能源矩阵的良好解决方案。我们期待哥伦比亚光伏市场快速增长，将继续与本地开发商密切合作，建立可持续的合作伙伴关系，以便双方能够通过晶科能源产品的卓越性能最大化其投资回报。"太阳能公园项目于 2017 年 9 月获得哥伦比亚当局的环境批准。一旦建成，项目将成为哥伦比亚最大的太阳能系统。

2. 中国联合工程有限公司 EPC 项目[①]

2018 年 5 月，国机集团所属中国联合工程有限公司 EPC（设计－采购－施工）工程（以下简称"联合工程"）总承包的哥伦比亚最大燃煤电站 GECELCA 3.2 项目（以下简称"G3.2 项目"）机组负荷升至 300MW，净发电量超过合同规定的 273MW，首次实现满负荷运行。G3.2 项目位于哥伦比亚西北部的科尔多瓦省自由港市，建设规模为 1 台 300MW 燃煤火电机组，电站的总发电量占哥伦比亚全国火力发电量的 1/3，按照家庭月平均 150 度的用电量计算，至少解决了 150 万户当地人的用电需求，是当地最大的火电站。这个项目是中国企业在哥伦比亚承建的第一个电站项目，也是中国企业通过国际招标在南美地区承接的第一个燃煤电站交钥匙项目，是一家中国标准建设的燃煤电站，这个标准远高于哥国长期使用的美国标准。加勒比电力公司的一份报告指出，联合工程热电站项目设计氮氧化物和颗粒物排放分别为 350 毫克/标准立方米和 30 毫克/标准立方米，明显低于当地的环保标准 600 毫克/标准立方米和 50 毫克/标准立方米。而二氧化硫排放 520 毫克/标准立方米，几乎只相当于当地环保标准的 1/4，对于环保标准非常严格的哥伦比亚来讲，这是一个高标准的火电厂。

（二）特色产业投资项目：黄金树开发哥伦比亚祖母绿项目[②]

2017 年 9 月，黄金树与哥伦比亚契沃尔矿全面战略合作签约，合作内容包括祖母绿的开采、加工、运输、销售各环节上的全方位合作。黄金树

---

① 《中企帮哥伦比亚补电力短板》，《人民日报》2018 年 4 月 26 日。
② 《黄金树完成黄金 e＋产业链布局，再开拓哥伦比亚祖母绿》，中国财经新闻网，http：//www.prcfe.com/finance/2017/1017/201127.html。

是由中国黄金协会会员单位、知名珠宝企业——北京紫金珠宝有限公司打造的黄金综合服务平台，业务范围包含"买金－卖金－生息－提金－回购－存金"整个黄金理财业务的闭环布局。黄金树在国企股东的融资与资源助力下，一方面夯实互联网黄金业务布局，另一方面大手笔开拓哥伦比亚祖母绿珠宝投资业务布局。哥伦比亚优质祖母绿矿石产量约占全世界优质祖母绿总产量的70%，占据着绝对领先的市场地位。其中，位于哥伦比亚的契沃尔矿是世界上最优质的祖母绿矿山之一，这里出产的祖母绿纯净度高、颜色艳丽、出产量高，再加上祖母绿本身"最标准、最美丽"的绿色以及神奇的传说、美好的寓意，使得契沃尔祖母绿在世界上久负盛名。

中国是全球最大、最重要的珠宝市场之一。《中国珠宝首饰行业投资分析及前景预测报告》数据显示，近年来，天然宝石的销量正在以年均30%的增速上升。祖母绿被称为"绿宝石之王"，价格更是一路飙升，升值速度远超过钻石，显著的保值与升值空间使其成为珠宝市场的黑马。黄金树依靠创新驱动和资源整合，延长其珠宝产业链，从祖母绿故乡直接一站式抵达国内，做到了从矿场到市场的最短商品链，将引领高端珠宝行业发展主流趋势，进一步带动祖母绿在中国市场的发展。

（三）电信领域投资项目[①]

海能达通信股份有限公司（股票代码：002583）在 2017 年 10 月收到哥伦比亚当地合作伙伴埃斯科公司（ASECONES S. A.）的专网无线通信设备采购订单，订单总金额为 1992133.26 美元（约合人民币 1314.51 万元）。此项目主要为南美洲最大、世界前十大露天煤矿之一的哥伦比亚塞雷松煤矿（Carnones del Cerrejon Limited，简称"塞雷松煤矿"）提供专业无线通信集群系统和终端产品，将塞雷松煤矿现有模拟产品升级为数字产品，该项目由哥伦比亚当地合作伙伴埃斯科公司承接，专业无线通信集群系统和终端设备将由埃斯科公司向海能达采购。

[①] 《海能达通信股份有限公司关于为哥伦比亚塞雷松煤矿提供专业无线通信设备的公告》，证券时报网，http://wap.stcn.com/dzb/2017－10－13/1048330.htm。

四 中国企业投资哥伦比亚的四点建议

1. 以"一带一路"倡议为指引，适时投资哥伦比亚

"一带一路"倡议是一个开放、合作、共建、共享的倡议，是加强发展中国家紧密合作，实现经济增长和人民福祉改善的非约束性的倡议。"一带一路"倡议为哥伦比亚加强与中国的经济、文化和其他领域合作提供了重要指引，中国企业要积极投身于包括哥伦比亚在内的拉美国家或地区经济建设中。中国企业在拉丁美洲和加勒比地区投资要优先选择与中国有着良好的外交关系，长期支持中国国家统一和核心利益的国家。

2. 重点投资布局汽车、家电、信息和通信技术等

哥伦比亚市场经济发展较为成熟，产权保护意识较强，受教育程度较高的产业工人数量众多，拥有较为庞大的市场潜力，并有着优越的地理区位优势，在哥伦比亚投资设厂，能够把产品通过海运、铁路和公路运输方式运送到其他拉美地区国家。哥伦比亚有着严格的环保标准，以及鼓励新能源汽车使用的优惠措施。据统计，2017年哥伦比亚私人轿车进口额约为20.67亿美元，这个庞大的市场机会为中国车企提供了绝佳机遇。另外，汽车工业和家电产业是中国具有全产业链与很强国际竞争力的制造业，产业链长、技术门槛较高、规模效应显著，在哥伦比亚投资布局既能给当地带来较大的工业产值和税收，提供就业机会，还能为中国车企和家电企业实现国际化发展战略提供较好的发展机遇。此外，哥伦比亚政府对新一代信息与通信产业发展极为重视，华为①、滴滴②、百度③等企业目前已在哥伦比亚开展了项目运

---

① 《华为推海外版语音助手 Celia：六国首发支持三种语言》，新浪网，https：//tech. sina. com. cn/i/2020 - 03 - 27/doc - iimxyqwa3425191. shtml。

② 《滴滴出行在哥伦比亚多个城市开通服务》，新浪网，https：//tech. sina. com. cn/i/2019 - 10 - 23/doc - iicezuev4322273. shtml。

③ 《哥伦比亚驻华使馆与百度达成全面合作意向，正式入驻百度知道》，百度网，https：//baijiahao. baidu. com/s？ id = 1640723881609512083&wfr = spider&for = pc。

营与产品销售，哥伦比亚作为南美洲重要的科技创新中心，其区位优势与技术人才优势、资源优势将会为中国互联网科技企业提供极具吸引力的投资机会。

3. 积极参与新能源、矿产资源开发与利用

哥伦比亚化石能源、矿产资源丰富，但其开发与利用有着极为严格的环境管理制度。对于开发煤炭、石油和天然气等传统能源行业来讲，由于这些领域长期被本国国有企业或西班牙的跨国公司垄断，行业进入的壁垒很高且运营成本非常高昂，所以建议中国企业尽量不要盲目开发当地化石能源行业项目。由于中国企业在新能源和矿产资源开发加工利用领域具有非常成熟的技术和系统集成开发能力，特别是在光伏发电、风力发电等新能源领域，以及大型矿产开发利用方面且具有非常强大的国际竞争力，中国企业可以采取 PPP 或 EPC 等方式积极参与当地新能源及矿产资源项目开发与利用，拓展海外市场，造福当地，扩大企业利润来源。

4. 积极参股部分具有国际竞争力的特色农产品投资项目

哥伦比亚的特色农业具有较强的国际竞争力，中国庞大的消费市场能为哥国特色农产品领域提供了重大发展机遇。我国企业可以积极参与哥伦比亚咖啡、香蕉、牛油果等特色农业或农产品项目投资，可以采用参股或并购等方式参与其中。

参考文献

1. 世界银行数据库官网，https：//data.worldbank.org。

2. 世界银行营商环境官网，https：//www.doingbusiness.org/。

3. 世界经济论坛官网，https：//www.weforum.org/。

4. 美国传统基金会官网，https：//www.heritage.org。

5. 陈涛涛、金莹、张利、寇春鹤：《巴拿马投资环境与中国企业的响应度和投资策略》，《国际经济合作》2018 年第 10 期。

6. 陈涛涛、顾凌骏、金莹、张冉：《哥伦比亚投资环境与中国企业投资策略》，《国

际经济合作》2017 年第 1 期。

7. 商务部国际贸易经济合作研究院、中国驻哥伦比亚大使馆经济商务参赞处、商务部对外投资和经济合作司：《对外投资合作国别（地区）指南：哥伦比亚（2019年版）》。

8. 中国商务部：《中国对外投资合作发展报告（2018 年）》。

拉丁美洲和加勒比经济发展分析与展望（2019）

从深度债务危机到稳健发展

——关于智利债务危机的探讨

贾洪文　孟莉莉[*]

摘　要：在世界经济发展的特定阶段，智利常因"领跑"拉美国家经济、具有拉美国家中最完备的财政稳定机制、摆脱自然资源诅咒、成为首个加入经合组织的南美国家而备受关注。历史视角下，智利经济发展历程与危机应对之路相互交织，从缓慢、周期性经济增长到深度危机，从走出危机到实现全面繁荣，从繁荣发展到"温和"债务问题及稳健发展的转变。本文基于历史视角下智利经济发展特征，从供需两侧分析智利各个阶段债务危机的原因、解决方案及效果，全面深入地分析智利从深度债务危机到稳健发展的转变过程。同时，探讨了智利在当前全球经济普遍疲软，经济增长阻力频现而动力不足，2020 年新冠肺炎疫情在世界范围的蔓延对全球经济增长的进一步冲击和阻碍，以及 2019 年 10 月以来其国内社会危机爆发等严峻的内外环境下的经济现状和应对之策，进一步展望了智利经济发展。

关键词：智利　债务危机　经济增长

一　引言

智利的经济发展之路常被冠以传奇性，这主要源于其在历次重大金

---

* 贾洪文，兰州大学经济学院副教授、硕士生导师，主要从事金融、人口和区域经济发展研究；孟莉莉，兰州大学经济学院金融学硕士，主要研究方向为公司金融。

融与债务危机中从被动应对到积极改革、稳健应对的有效转变。特别是20世纪90年代以后，智利经济发展较拉美其他国家相对稳健是以较高的经济增长率等指标数据支撑和证实的。1990年至1998年，智利经济平均增长率为7.1%，远高出同期整个拉丁美洲3.2%的平均增长率；1999年以后，在两次国际重大金融和债务危机中，智利经济增长率由波动随之趋于稳定，1999年至2013年，年均增长率为3.9%，相比其他拉美国家仍处于较高水平（见图1）。同时，智利具有较低且稳定的通胀率和失业率，根据世界银行公布的数据（见图2），1995年以后智利通胀水平基本维持在5%左右，部分年份低于2%。1991年至1998年，智利平均失业率为5.8%，一定阶段内是拉美失业率最低的国家，经过1999年至2010年的短暂波动，近年来在7%左右。2018年智利经济总量达到2982.31亿美元，人均GDP在拉美地区最高，达到25891美元（按购买力平价计算），外贸总额1496.71亿美元（出口754.82亿美元，进口741.89亿美元），同比增长11%，通胀率和失业率维持在较低水平，分别为2.44%和6.7%。

与多数拉美国家一样，智利属于资源依赖型国家，其自然资源丰富，主要包括矿产、森林和渔业，其中铜矿资源最具优势，是世界上最大的铜生产出口国。2017年智利的铜产量占全球铜储量的29%，2019年，智利铜矿产量仍在大幅增长，2019年前11个月其铜矿产量达533万吨，同比增长6%。铜矿产业对智利20世纪90年代至21世纪初经济

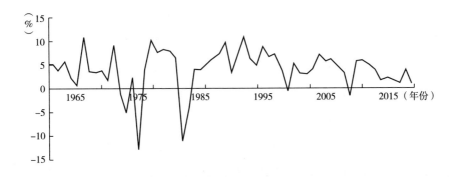

图1　1961～2019年智利GDP年均增长率

资料来源：世界银行统计数据。

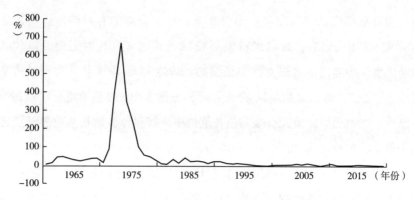

图 2　1961～2019 年智利通胀率水平

资料来源：世界银行统计数据。

的强劲增长以及当前经济发展发挥着重要作用，根据国际能源机构和 OECD 公布的数据，2016 年智利铜矿收入仍占 GDP 的 7.3%。20 世纪 70 年代之前，智利的发展主要依靠能源和农业增加出口，在西方资本流入背景下交通及主要生产部门得到一定发展。激进党执政后期（60 年代末至 70 年代初），智利政府以超过 35% 的幅度增加工人收入，进行铜矿和银行国有化及将土地重新分配给农民等经济和社会改革。受益于这些改革，1971 年智利 GDP 增长率达到 9.4%，较改革当年增长超过近 8 个百分点，但由于国内改革的激进性，1973 年 GDP 增长率下降为 -5%，且通胀率高达 414.8%。作为石油进口国，1973 年石油危机等并发性因素使智利通胀率在 1974 年超过 500%。国内改革中铜矿等企业以及银行的大规模国有化（1973 年底智利国营经济占国民经济的 70%）造成财政负担过重，铜矿行业作为智利经济发展的主要支撑，同期收入也因国际大宗商品价格走低而大幅降低，激进党执政末期系列改革以失败告终。

1973 年 9 月 11 日的军事政变开启了智利政治环境和经济发展新的历史阶段。70 年代中期智利开始经济自由化改革，这场改革被认为是弗里德曼的"新自由主义实验"，历史证明这些改革具有双刃性，但也成为智利应对金融和债务危机以及经济快速发展的必要基础。新一轮经济改革使 GDP 增长率由改革初年的 -12.9% 迅速提升至 3.8%，并在 80 年代危机前保持在 6.5% 以上。与此同时，高通胀率水平也得到显著改善和长期控制，1982 年下降到 7.7%。该阶段被认为是智利经济发展的最重要的历史阶段之一。

1980 年至 1982 年，智利经济增长率再度出现大幅下降。一方面，在国内监管系统还未适应高度自由化的经济环境的情况下，以稳定通货膨胀率为主要目标，紧缩政策和资本账户全面开放使得国内利率水平被持续推高，第二次石油危机再度推动国际银行在发展中国家的业务扩张，这加剧了智利外债规模持续性扩张。另一方面，20 世纪 80 年代初期美国利率市场化改革及世界范围内普遍的紧缩政策提升了国际市场的实际利率，并造成大宗商品价格普遍下跌，国际市场利率上涨和铜价下跌使智利在 1981 年的外债成本增加 57.3%，出口收入下降 18.5%，经常项目赤字增加 1.4 倍。在内外因素的共同作用下，智利在 1982 年陷入了深度债务危机。政府赤字的大幅上升使智利同其他拉美国家一样陷入了严重的财政危机。相比其他多数拉美国家，智利当时已经基本具备高度自由化的市场经济环境，依托于此，智利得以有效利用"债务资本化"等市场化手段解决外债问题，其在危机后较早启动持续性财政改革来进一步推动智利快速走出深度债务危机，持续性的财政改革使智利成为一个摆脱了自然资源诅咒的新兴国家，并先于其他拉美国家从财政危机走向财政可持续。危机后大宗商品繁荣带动铜价大幅上涨，同时在一系列债务偿付和转化以及财政改革的共同刺激下，智利 1982 年至 1989 年经济增长率持续上升，1990 年至 1998 年亚洲金融危机前平均经济增长率达到 7.1%，明显高于同期拉丁美洲 3.2% 的整体增长率（见图 3）。

2008 年金融危机之后的阶段被称为"后危机时代"，这个阶段可以包括 2008 年至 2018 年甚至未来更长的时间。在"后危机时代"，整体上可将智利经济发展分成三个阶段，第一阶段是 2009 年至 2010 年快速复苏阶段，依托于高度自由化的经济环境和已经形成的财政可持续，90 年代经济的繁荣发展使智利在全球金融危机发生时具备相对优越的宏观经济基础：较低的政府债务和赤字水平、较高的货币政策体系可靠度和金融部门清偿能力。为应对 2008 年至 2009 年全球金融危机的负面外部

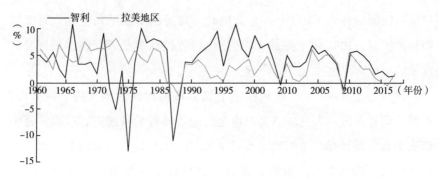

图 3　1960～2018 年智利与拉美地区 GDP 平均增长率趋势对比

资料来源：世界银行统计数据。

冲击，智利政府在危机发生初期实施强有力的逆周期政策：在智利经济增长积累的主权基金和信誉（主要包括其主权稳定基金和净债权人头寸）以及私人部门资金支持下，通过扩张性财政和货币政策有效地减少外部强劲冲击的影响。政策实施的结果是智利财政从 2004 年至 2007 年的 5.4% 的财政盈余转变为实际赤字，2009 年赤字占 GDP 的 4.4%。2010 年经济增速重新回到危机前的平均水平，达到 5.8%，并在 2013 年以前呈现持续稳健的增长，伴随经济增长，汇率再次大幅升值，消费者价格指数（CPI）被锚定。2010 年 2 月 27 日的地震海啸一定程度上中断了经济活动的恢复，国内生产总值在几个星期内有所下降，但在铜价进一步上涨以及震后重建财政支出的支持下，复苏不仅很快重新启动并且进一步拉动国内需求。同年 5 月智利成为第一个加入经合组织的南美国家。第二阶段是 2011 年至 2013 年稳速增长阶段，鉴于仍有大量未充分利用的产能，加速公共支出、拉动国内需求与实现实际宏观经济平衡的趋势是一致的，因此智利在危机后的第一阶段有效地降低了实际 GDP 与宏观经济平衡下潜在 GDP 之间的隐性差距，同时维持了较低通胀水平。相对于 20 世纪 90 年代的繁荣发展，这个阶段智利平均经济增长率为 5.3%，超过同期整个拉美地区约 1.4 个百分点，继续引领着拉丁美洲经济发展。智利经济从繁荣高速发展进入了持续性稳健发展阶段。第三阶段是 2013 年至 2019 年新的经济周期。2013 年经济增速再次放缓说明了国内需求与宏观经济平衡下潜在 GDP 之间的隐性差距已经消失，但当年财政支出与长期税收收入相比仍然过高（见表1）。经过危机后逆周期政策调节，2013年智利财政支出超过2007年的52%，而非铜收入仅增长36%。尽管从趋势铜价的快速高估中受益，但政府的结构性财政平衡体系仍出现0.5%的赤字，并因此，智利的预算政策在2012年和2013年从逆周期转向顺周期。智利经济发展在这个阶段所呈现的不确定性说明其进入了一个新的经济周期。

表1　2008～2015年智利财政收入与支出状况

指标	2013年指数	2008～2013年平均增长率（%）	2014年指数	2015年指数	2014～2015年平均增长率（%）
GDP	125.9	3.9	128.3	131.2	2.1
实际财政支出	152.4	7.3	161.7	173.7	6.8
实际财政收入	103.0	0.5	104.2	109.6	3.2
非铜财政收入	136.1	5.3	139.2	150.4	5.1
国内需求	140.2	5.8	139.7	142.6	0.8

注：以2007年为100计算的指数。

资料来源：Ricardo Ffrench - Davis, "*Challenges for the Chilean Economy under Cyclical Shocks 1999 - 2016*", *Journal of Post Keynesian Economics*, 2017, 40（1）：67 - 74。

从历史的角度审视智利经济发展不难解释智利为什么能在2018年国际金融海啸和2019年欧债危机时表现得相对从容，以及危机后何以快速恢复并领跑拉美经济。智利债务问题的形成和演变与其经济发展具有一致性，且多数情况下，债务情况及其变化趋势往往前置于经济增长。因此，本文将在历史视角下分析智利历次债务危机，探讨其从深度债务危机到稳健发展的转变，总结智利经济发展路径及应对之策，并根据当前经济形势做进一步展望。

二　智利债务危机及其历史性特征

在一定程度上，智利债务危机或债务问题是其经济发展的直接产物，与此同时，智利经济发展又在很大程度上受到债务危机发生及解决的推动。但探讨智利债务问题时，很少有学者将两者联系起来。从本质来看，债务危机既是发展危机，也是借贷危机。债务形成与供给和需求密切相关，这正如马歇尔的"剪刀双刃性理论"所解释的，从智利经济发展和应对三轮危机所表现的重大转变可以看到，智利债务规模的周期性扩张似乎是难以避免的，但债务危机是可控的。

（一）20世纪70年代以前：被动发生和应对

1. 外债基本情况

20世纪70年代以前智利与其他拉美国家的外债情况相似，19世纪20年代前后建立独立政府的多数拉美国家（包括智利）经济发展主要依靠欧美资本的流入，因此其经济发展历程始终贯穿着"外债"。国际资金流的高度周期性使智利等拉美国家在20世纪30年代大萧条之前就出现了系统性支付问题以及金融崩溃，其债务规模分别在独立后不久的19世纪20年代、50年代和19世纪末及20世纪早期经历明显增长，这些阶段债务的增减主要跟随海外资本的流入和流出变化。① 到20世纪20年代，智利等拉美国家迎来另一次投资热潮，当时来自英国的海外投资占所有资金来源的50%以上，美国（一战后的重要投资者）和法国分别占15%、8%，该阶段外债的1/3是以债券和对私人公司的直接投资构成的投资组合，具有长期性特征。在大萧条时期，智利等国出口收入的大幅下滑造成债务偿还普遍延期，1937年拉美地区85%的公共美元债券债务被迫延期，偿债困难的反向作用推动拉美债券价格在国际市场的进一步下跌，这使很多国家可以以较低的价格回购本国的债券，智利在1935年曾以15美分/美元的价格回购其发行的面值为8800万美元的公债。②

但第一次普遍的债务偿还和违约使拉丁美洲的国际私人信贷在之后的20年里基本停滞，因此二战以后智利等拉美国家的外债情况是：严

---

① T. H. Donaldson, *Lending in International Commercial Banking*, London: MacMillan Publishers Ltd., 1983.

② David Folkerts - Landau, "*The Changing Role of International Bank Lending in Development Finance*", Washington D. C.: International Monetary Fund, 1984 (12): 6.

重依赖国际直接投资和公共部门贷款（政府之间），从 1951 年至 1982 年拉丁美洲非石油输出国（包括智利）的外部资金的平均流动情况中可以发现，相比 70 年代及以后的情况，战后到 70 年代以前智利等国家在海外融资方面仍处在较为苛刻的金融环境中，国际资金净流入规模平均仅达到 3.5 亿美元，但也说明 70 年代以前智利外债规模较低，债务问题并不突出：债务规模未超过 50 亿美元，占 GDP 比重约为 30%。

2. 债务危机表现特征及经济影响

很难量化智利在 20 世纪 70 年代以前出现的债务问题或债务偿还困难，但根据现有资料不难说明智利确实在该阶段发生过债务危机。和外债情况一致，智利债务问题在该阶段与其他拉美国家具有一致性，智利分别在 1822 年、1827 年、1880 年、19 世纪 90 年代和 20 世纪 30 年代经历了不同程度的债务或偿还危机。债务危机在 19 世纪和 20 世纪初更多表现为出口收入下滑形成的系统性支付问题或金融恐慌，其中 1827 年的整体性偿付危机造成的经济影响是：在接下来超过 20 年的时间里，以欧美为代表的海外资本流入基本停滞。[①] 19 世纪 80 年代和 90 年代支付能力恶化均表现为债务违约，一个整体的数据是：1880 年底，拉丁美洲地区向英国发售的国债中有 85% 出现违约，但这两次偿付危机的经济影响是相对短暂的，19 世纪 90 年代末和 20 世纪初海外资金又重新开始流入。20 世纪 30 年代智利及整个拉美地区的债务危机与大萧条时期是重合的，因此具有并发性。1931 年智利发生债务违约，出口下跌、海外资本的直接投资受损和债务难以偿付并大量违约是此次危机的直接表现，造成的经济影响也是显而易见的，海外资本停止流入，并在这之后的 15 年间失去了国际资本渠道，依托海外资金的经济发展也几乎停滞，世界经济严重衰退，国际贸易和商品价格持续性下跌，使早期依赖出口收入的智利遭受巨大损失。综上所述，智利 70 年代以前债务问题往往是"顺潮流"发生，即具有明显的并发性和周期性，造成

---

① 罗伯特·德夫林：《拉丁美洲债务危机——供给侧的故事》，张月、徐轲译，上海财经大学出版社，2018。

的最明显经济影响是使其在危机后的很长一段时间内失去再贷款的机会。由于经济发展还处于较低水平，危机的经济影响无法准确量化，但在历史视角下，该阶段债务问题与其后来经历的危机相比并不突出。

3. 债务危机起因

多数拉美国家（包括智利）在独立伊始主要依靠外资流入推动经济发展，因此其发展历程始终贯穿着外债，智利该阶段的债务问题发生呈现周期性与其经济发展特征是密切相关的。我们需要从外债需求侧和供给侧综合分析 70 年代以前智利债务问题的起因，但结合其经济发展的历史特征，供给侧因素在此阶段表现得更为显著（强调债务周期性、国内出口和政治环境）。

从需求角度，智利该阶段发生债务问题的起源可以归纳为两个方面：一是经济增长过度依赖能源出口，国际贸易和商品价格出现大幅下跌造成国债利息（20 世纪以前外债的主要形式）支付困难和债务偿还普遍延期，并进一步发生债务危机。二是经济发展主要依托外资流入，这造成早期阶段对国际资本的需求过于迫切，并且在经济发展没有形成其他支撑条件和稳定财政的情况下，债务积累到债务违约成为必然。但从智利经济发展的历史角度来看，需求侧因素具有不可避免性。

从供给角度，我们认为该阶段海外资本是债务统一的供给方，因此造成这些债务问题的供给侧因素是显而易见的，其可以分为：一是国际资本本身所具有的顺周期性，当贷款需求方具有足够的经济增长潜力，这些资本会快速发觉并集中涌入，而一旦发现高估了"被投资方"的价值时又会迅速撤离，后者造成的影响往往是双向的，但海外资本的损失一定低于对资金需求方经济发展的破坏。该阶段处于智利独立后的早期阶段，其铜矿能源及出口等潜力吸引了大量海外资本流入，基础设施建设也是直接投资和外债的主要发力点，但随着出口商品价格的波动性调整等，资本出现周期性流入和流出，海外资本大量流入推动债务积累，而流出则引发债务违约。二是私人国际资本的扩张，即使在 19 世纪 90 年代发生偿付危机的情况下，19 世纪末和 20 世纪早期拉美仍再一次迎来资金的涌入，这被称为"海外资本的黄金时代"。私人国际投资集中在此次海外资金流入中，这不仅造成智利等拉美国家进一步的债务积累，同时也不利于其对危机解决方案和机制的探索。三是海外资本出现严重不确定性，随着金融全球化的不断深化，海外资本明显受到国际经济、金融环境的制约。智利债务危机中除海外资本本身具有的周期性特征外，还受到世界经济周期的影响，这很大程度上造成智利早期阶段的周期性债务危机。

4. 解决方案及效果

首先，早期应对债务危机是缺乏技术基础的，特别是20世纪30年代以前，智利解决危机的措施主要是延期支付，为维护国家信誉，国家会进一步等待商品价格繁荣以增加出口收入来继续偿付债务，这些措施使得债务的解决将是一个长期的过程。其次，在大萧条时期，一方面继续延用上述方法，另一方面开始通过回购公债解决债务。相比20世纪70年代及以后的情况，这些措施的效果是不显著且缓慢的。

（二）80年代债务危机：从被迫调整到积极迎击

1. 外债基本情况

智利等拉美国家整体的国际融资环境发生了明显改善（见表2），从1971年开始出现较大规模的净资金流入，直到1982年拉美债务危机发生时才转为净流出。智利70年代至80年代危机前，外债规模增长突出，甚至脱离了与拉美整体的一致性。1970年至1973年，智利外债总额从60年代的27.6亿美元增长到39.05亿美元。1974年后的8年间，智利外债剧增并上升到172亿美元，增长了340.46%。从1978年到1982年，智利的总外债以美元计就增长了134%，占GDP的比重高达71%，而该占比在1973年以前仍处于30%以下，其中1981年所借的中长期贷款达到51亿美元，被称为智利的"债务年"。[①] 1982年危机发生时智利人均外债已达1523美元，是当时拉美国家中人均外债最高的国家。

---

① 王晓燕：《智利债务可望进一步缓解》，《拉丁美洲研究》1991年第4期。

表 2　1951～1982 年拉丁美洲外部资金流动与资源转移（非石油出口国）

单位：10 亿美元（以 1970 年美元为基准）

年度平均	海外直接投资		净非补偿性贷款		总流量	要素报酬	净转移
	（1）	中长期（2）	短期（3）	总和（4）	（5）=（1）+（4）	（6）	（7）=（5）-（6）
1951～1965 年	0.3	0.4	0.1	0.5	0.8	0.5	0.3
1966～1970 年	0.4	0.9	0.4	1.3	1.7	1.3	0.4
1971～1975 年	0.8	3.2	3.7	3.7	4.5	1.7	2.8
1976～1980 年	1.1	4.3	0.8	5.1	6.2	3	3.2
1981 年	1.3	7.6	-1.4	6.2	7.5	5.3	2.2
1982 年	1.2	4.8	0.3	5.1	6.3	6.9	-0.6

资料来源：罗伯特·德夫林：《拉丁美洲债务危机——供给侧的故事》，张月、徐轲译，上海财经大学出版社，2018。

2. 债务危机表现特征及经济影响

智利 20 世纪 80 年代债务危机是 1982 年拉丁美洲债务危机的直接表现，该次危机被认为是智利经济发展进程中对经济影响最为深刻的一次。债务危机在发生前和发生时表现出明显的趋势特征，这些特征可以总结为五点：一是危机发生前债务数额急剧膨胀，智利从 70 年代初外债规模不到 50 亿美元，到 1980 年外债规模超过 100 亿美元，并在接下来的 2 年持续上升至约 200 亿美元，占 GDP 比重达到 117.7%。二是债务负担明显加重，1982 年危机爆发时，拉丁美洲国家利息支出占出口收入的平均比重达到 41%，该水平可以说是空前的，而智利具有更严重的表现，接近 50%，智利利息支出占出口收入比例在危机发生前 2 年就快速上升，1981 年已经达到了 38.8%（见图 4）。同时，国际市场利率上涨和铜价下跌使智利在 1981 年的外债成本增加 57.3%。另外，有证据可以表明智利在 70 年代向大量利率高、偿还期短、条件苛刻的金融机构和私人商业银行贷款，贷款结构的改变进一步加重债务支付负担。三是国际收支状况逐步恶化，债务危机发生前，智利相比美国等发达经济体经济结构相对单一，出口仍主要以铜等初级产品为主，这些商品价格在 70 年代和 80 年代的较大波动使智利从 1978 年开始国际收支状况逐步恶化，收支盈余持续减少，1982 年危机发生时出现国际收支赤字，赤字达到 11.65 亿元（见表 3）。四是债务危机具有较强突发性。此次危机一方面表现在债务规模巨大，另一方面该危机在当时看来极具突发性，这主要源于墨西哥宣布债务违约的突发性以及由此带来的负面效应：如果一个国家发生了债务危机，那么一定程度上也会影响国际市场和银行对其他国家债务偿付风险的判断。显然，智利很快被认定为"拉丁美洲下一个即将崩溃的国家"①，历史视角下，债务危机的发生显然是迅速的。在墨西哥等国债务违约后试图减少甚至停止与陷入债务困境的国家的经济往来，也未能避免新增贷款稀缺、贷款期限缩短和贷款成本增加并因此陷入危机的现实情况。可以看到，1981 年智利与多数拉美国家资金仍然是充足的，到 1982 年至1983 年贷款额急剧下降，但利息支出急速上升，净资金转移量为负。更加严重的是，大量的资金外流加速国内金融环境恶化，出现资金向债权国转移的趋势。五是银行及私人部门的债务水平增幅显著。1981年，智利债务总规模达到 173 亿美元，其中银行及私人部门外债占到约 58%，达到近 100 亿美元。1981 年下半年，伴随大量企业破产银行体系开始亏损，到 1982～1983 年，危机不断深化，外国资本停止流入，银行体系出现挤兑危机，从而使外债偿付难以为继。

图 4 1979～1987 年智利利息支出占出口收入的比例

资料来源：ECLAC，"Preliminary Overview of the Latin American Economy 1987，" December 1987，Table 17.

---

① 西土瓦：《智利经济何以领跑拉美国家——智利散记二》，《上海质量》2019 年第 3期。

表3　1978~1983年智利及拉美部分国家国际收支差额

单位：亿美元

国　　家	1978	1979	1980	1981	1982	1983
巴　　西	46.65	-32.15	-34.74	6.22	88.28	59.69
智　　利	7.12	10.47	12.44	0.67	-11.65	-5.41
哥伦比亚	5.28	16.11	12.35	2.42	-7.01	-17.23
墨西哥	—	—	10.24	7.00	-41.1	20.22
阿根廷	32.00	43.78	-25.15	-34.33	—	—

资料来源：世界经济年鉴编辑部：《世界经济年鉴（1988版）》，中国社会科学出版社，1988。

智利80年代债务危机不仅反向造成外债情况进一步恶化，也给智利经济发展带来20世纪30年代以来最严重的冲击和影响，1982年智利GDP下降14.3%，超过5000家企业破产，工业生产大规模下降，失业率上升至23.7%。银行和私人部门的债务进一步转嫁至政府债务，1982年政府债务达到经济总量的112.2%，危机前平均占GDP总量的3%的财政盈余迅速转变为严重财政赤字，危机后的5年之间财政赤字占GDP比重达到2.2%。智利经济总量呈现60年代以来持续最长的连续降低趋势，直到20世纪80年代中期以后经济才出现明显复苏。

3. 债务危机起因

智利80年代债务危机的系列表现和经济影响足以证明这场危机在智利经济发展历程中的破坏性和重要性，是智利应对债务危机，实现向好转变的范例。1982年拉美债务危机被认为是充足甚至过度的信贷资金供给和借款方有限的吸收资源的能力之间的博弈，同样，反映到智利危机中，债务及其问题的核心是国际信贷市场的供需状况，即来自供需两侧的综合因素交互造成了此次危机的发生。

从需求角度，可以将智利此次债务危机产生的原因归纳为三个方面。

一是70~80年代过快的经济自由化改革和资本项目开放。智利的经济自由化改革不仅促进了智利70年代经济增长，而且为其长期经济发展和危机解决的重要基础。但许多学者的研究也将其视为智利80年代重大债务危机产生的主要原因。[1] 基于历史的视角，果断而快速的自由化改革确实在一定程度上使智利私人部门外债加速增长，由此导致经济陷入过度借贷综合征：债务积累与经济开放程度、出口表现呈现显著不匹配，从而引发外债和银行体系危机。如上文所述，在经济自由化改革以前，智利的外债规模较低，且主要由公共部门外债构成。在 1975 年银行体系进行快速私有化后，由于逐步放松甚至完全取消对银行部门国际借贷业务的限制，在智利国内私人部门和银行体系之间紧密关联的背景下，银行及私人部门外债规模大幅增长。此外，智利 80 年代资本项目的全面开放，金融部门的自由化政策，加速了外债在银行等金融部门的积累，同时形成大规模外债流入。这些金融自由化政策包括取消对外国贷款的限制，允许私人银行不受央行批准和监督约束可直接进行外国贷款，同时，银行和金融部门可接受外国投资等。

另外，虽然智利政府是基于国内长期高利率的压力进行改革，但其 70 年代末期资本项目开放过程中有关非银行机构外债管理的相关举措仍具有相对审慎性，即维持了相对严格的外债管制："禁止借入期限小于 24 个月的外债（征收 100% 的无息准备金率）；对期限在 24 个月到 66 个月之间的外债征收 10% ~25% 的无息准备金。"这些限制使智利外债期限在 80 年代初平均达到 59 个月。因此，需要进一步探讨智利国内为什么形成较长时间的高利率。

二是相对滞后的经济监管。智利 70 ~80 年代不可持续的债务积累一方面源于财政和货币政策的相对缺失，但区别于其他多数拉美国家，为了抑制前期国内改革形成的严重通货膨胀，智利在 70 年代经济自由化改革进程中实施紧缩的财政政策，且其国内利率长期处于较高水平，后者是其进行利率市场化改革和 70 年代大量向外借贷的原因。另一方面，相比快速完成的资本账户开放，高利率水平实质从侧面反映出智利银行等金融部门监管及治理的滞后性，银行部门在监管缺失下通过不断推高利率以掩盖其持续恶化的贷款结构，同时，智利银行体系的快速私

---

① 罗强、刘毅：《智利外债管理经验借鉴》，《中国外汇》2016 年第 9 期。

有化是以国内金融资本集团利用其充裕资金买入银行股份方式推进的，这使银行与财团之间形成大规模关联借贷：银行与企业之间存在普遍性交叉持股。随着危机发生，在存款保险制度未建立和金融资本集团濒临危机的情况下，智利政府只能采取完全救助方式以控制危机蔓延，这本质上是提供国家层面的隐性担保。这些相互交错的潜在问题造成银行发放关联贷款限制措施、贷款风险分类制度等相关银行监管处于无法落实或严重滞后的状态，银行为防止风险暴露必须反向增加借贷成本，而外债则成为维持经济增长和信贷繁荣的较优选择，经济监管的严重滞后和被动性使得依靠持续外资流入来推动国内经济活动成为必然。

三是国际市场并发因素的负面冲击。首先，第二次石油危机再度推动国际银行在发展中国家的业务扩张，油价大涨所形成的外部冲击导致智利等发展中国家产生外部融资需求，进而推动智利外债规模持续增长。当顺周期的国际资本流动减速并趋于停止时，智利经济必然受到严重冲击。其次，20世纪80年代初期，美国利率市场化改革和世界范围内普遍的紧缩政策造成国际市场实际利率走高以及大宗商品价格普遍性下跌，这使智利经济增长受阻且进一步出现贸易逆差，其在1981年的外债成本增加57.3%，出口收入下降18.5%，经常项目赤字增加1.4倍。虽然在1976年至1980年智利实际净资金流入超过了之前5年，但实际贸易条件下的贸易赤字大幅缩小并达到了初步收支平衡，这说明贸易条件的明显恶化基本抵消了资金流入，以及存在通过举债来积累外汇储备的可能。最后，70年代中期后，西方国家实行"削减官方发展援助"政策，政府优惠贷款的减少使智利等拉美国家只能接受高利率、短偿还期、条件严苛的金融机构和私人商业银行贷款来维持债务偿还和利息支付，贷款结构发生改变的结果是进一步加深其债务支付负担。由此，在内外因素的共同作用下，智利在1982年陷入了深刻债务危机。

从供给角度，智利一方面利用国内开放的金融环境吸引外资，形成过度借贷并致使危机爆发，另一方面需要强调来自供给侧的宽松本质。国际银行特别是私人商业银行与公共部门相比，是灵活、有效的金融中介，其能够以合理、非政治化的商业条件提供融资，因此，国际银行在满足智利等发展中国家的融资需求时具有绝对优势。与官方借贷机构不同，私人银行贷款业务模式具有明显的顺周期性，即在经济上行周期扩张，而在下行时紧缩，因而极易受到经济波动的影响。但之所以银行机构向外围渗透过程中会被"新兴市场借款人"吸引，是因为其借贷决策建立在多样化投资组合的基础上，它们为新贷款所付出的是名义上的风险管理成本。理论上，当少数银行出现在类似拉美地区这样的新兴市场时，更多具有国际业务的银行会被吸引进入，进而银行机构的信贷供给曲线会迅速趋于平坦、拉长并由上行转向下行，[①] 在这样的信贷市场环境下，客观上是需求导向供给。在国际资本看来，70 年代正进行经济自由化改革的智利拥有足够的经济增长潜力，其对银行机构具有绝对的吸引力。借贷早期供需方的合同贷款极为容易获得：智利面临持平或者递减的贷款边际成本，并且可以得到比初始预期更多的贷款。贷款供给侧的宽松条件致使债务的早期偿付基本完全依托再贷款，正如我们所看到的，在 1978 年以前，智利长期处在这样的信贷环境中。70 年代末和 80 年代初，随着贷款在银行投资组合中的比重增大，银行体系考虑到贷款风险问题后则开始减少贷款供给，市场对借款方的纪律约束随之产生。但由于银行贷款呈指数型增长的偿付义务，贷款需求实质上仍是日益增加的，这正如智利危机前所经历的那样，此时供给方已经掌握了绝对议价权，但智利等贷款需求方则陷入了潜在的"债务陷阱"。

4. 解决方案和效果

如上文所述，智利的确在重大债务危机中较快实现了从被动表现到主动应对和高效解决的转变，基于这种转变，我们将智利应对此次危机的过程分为两个阶段：被动应对和主动迎击。

第一阶段，80 年代中期以前的智利政府主要采取被动方式应对。1982 年 8 月至 1985 年 8 月，智利同其他多数债务国一样，处于被动等待并接受债权国和第三方组织机构危机解决方案的安排阶段。该期间债

---

① 罗伯特·德夫林：《拉丁美洲债务危机——供给侧的故事》，张月、徐轲译，上海财经大学出版社，2018。

权方认为债务危机主要是由债务国缺乏清偿能力造成，为防止重债国单方面技术性违约造成债权国及国际金融体系受到冲击，债权国、国际经济组织和主要商业银行主要采取"抢救式"的解决方案：通过商业条件重新谈判以调整还债结构，智利等债务国在国际货币基金组织监督下被动进行紧缩性经济调整，国际商业银行以此为条件提供用于偿还到期债务利息的非自愿性贷款。抢救措施使类似 30 年代大萧条等系统性经济危机得到暂时性避免，且通过资产减值有效减少了债权国银行在智利等债务国的债务风险。此外，80 年代智利债务结构的主要构成是银行和私人企业债务，而银行和企业在债务危机发生前后的集中性破产使智利必须通过债务和银行业重组以减少冲击，同时受到债权方商业银行一系列非自愿性贷款条件的硬性要求，智利政府必须接管破产银行及企业的债务。但实质上，这些安排并未起到缓解智利主权债务违约的作用。这种抢救方式使智利外债有增无减且进一步加重了政府债务负担，债务危机引发财政危机，经济出现严重衰退。1986 年，智利外债规模占国内生产总值的比重达到 120%，这超过了 1982 年 117.7% 的水平。1983 年之后的 2 年，即使仍有国际贸易盈余（年均盈余达到 250 亿美元），进出口收入也仅为到期债息的 66%，平均年资金净外流占国内生产总值的 4%。

第二阶段，80 年代中期至进入 21 世纪的主动迎击和改革。1985 年 9 月起，抢救安排的消极效果让以美国为首的债权国认识到债务的长期结构性问题是债务危机产生的主要原因，债务危机解决方案也相应改变：通过各种计划和安排调整债务国债务偿还结构。可以将这些计划和安排分成以下三个过渡。

首先是 1985 年 9 月美国提出的"贝克计划"，设想在 3 年内动员商业银行提供 200 亿美元贷款和 90 亿美元官方贷款，帮助 17 个重债国重新调整债务偿还结构。由于该办法以商业银行提供贷款为主，而商业银行为避免投资组合进一步受损，在面对新的不确定性时拒绝选择合作。

其次是债务资本化。一些债权银行为避免呆账风险，将部分外债债券折扣出售，形成债务市场。智利等债务国先后采取一些措施，鼓励国内外投资者购进这种外债债券并转化为在本国的投资。债务资本化是通过市场将债务自愿转化，当时智利已经完全具备市场条件，因此 1985 年之后债务问题解决主要采用此方式。其具体做法是：债权银行以一定的折扣率在国际二级证券市场上出售到期的外币债券，由国内外投资者购买后到央行用以本国货币计算的债券兑换，再到指定银行进行贴现从而转换为对债务国的投资或购买债务国相关企业的股份。智利政府为有效推动外债资本化的开展，为投资者制定了相当优惠的政策：投资者可以在国外二级市场上以 65 美元买回面值 100 美元的智利外债债券，之后智利央行会按 85 美元折成比索的价格兑换。实质上，首先受损失的是以一定折扣率出售债券的债权人，主要是债权银行；其次，智利央行也承担了相应损失，而投资者始终受益。智利外债资本化对外国投资者更具吸引力是由于智利政府向外国投资者提供比本国投资者更为优惠的条件：对直接用外币购买债券没有数额限制，利润率高达 25.9%。1985 年，外国投资者购入智利外债债券 2600 万美元，1986 年上升到 2.03 亿美元，1987 年上半年迅速升至 5 亿多美元。到 1987 年末，智利通过外债资本化减少外债 25 亿美元，占智利外债总额的 14%，相当于减少中长期债息的 18%。由于这种办法是通过市场将债务自愿转化，这对智利这样一个已经具备市场条件的国家来说，能够起到减债作用，但其他多数债务国还无力接受这种解决办法。

最后是从 1989 年开始进行的"布雷迪计划"，其实质是减债计划，通过动员各债权方资金，重点是为债务国商业银行减债，其主要做法是在借贷双方自愿的基础上通过商业谈判逐一解决。智利在该方案提出后也进行了尝试和落实，1989 年 8 月起，智利政府与世界银行、国际货币基金组织及有关债权银行进行了一系列谈判，政府拟用不超过 3.3 亿美元现汇，按不低于 40% 的折扣，从国际金融二级市场购回智利部分外债债券，然后由世界银行、国际货币基金组织和一些商业银行向智利提供与智利政府付出现汇相应的贷款。虽然得到世界银行和国际货币基金组织的支持，但这种支持是有限的，且国际商业银行仍未广泛融入。由于债务国与债权银行之间的利益不一致，一是债权银行惜售智利债券，二是在折扣问题上存在较大分歧，最终结果是智利政府按平均 41.3% 的折扣购回了约 1.4 亿美元的债券，远未达到 5.5 亿美元债券的目标。此外，90 年代恢复民主后，智利新政府认为国外商业银行贷款在智利外债结构的比重并不大，因此，智利政府并未通过大规模"布雷迪计划"解决其债务问题。

另外，这些有助于解决危机的改革主要是指智利开始于 20 世纪 80 年代中期的财政预算改革，该改革可分为三步：第一步，1987 年建立铜稳定基金，为建立审慎、负责和稳健财政预算制度打好基础。第二步，20 世纪 90 年代恢复民主以后，为加强财政责任机制，逐步建立起财政约束规则，包括增加预算支出限制、加强政府支出总额控制、建立政府项目评估体系等改革措施。第三步，2001 年建立了称为结构性财政平衡（The Structural Fiscal Balance，SFB）的财政约束规则，排除经济增长和铜价波动等周期性因素对财政支出安排的影响，使实际预算平衡管理更有效地指导财政政策的制定。2006 年进一步将 SFB 制度化，设立两个主权财富基金以保证财政支出在中长期持续稳定。财政改革更多建立在实现财政稳定以及形成推动经济发展的长效机制的目标之上，但实际情况是，其有效解决了由债务危机引发的财政危机，并且财政规则的稳健性使智利形成了长期优越的财政基础，很大程度上减少和降低了之后债务危机的发生，其次是指 90 年代智利实施的无息准备金政策。国际资本的顺周期性再一次体现到智利 90 年代经济繁荣发展阶段，为了限制大规模资本流入，智利政府要求资本流入的一部分应存入智利央行的不计息账户，称为无息准备金。无息准备金政策在 1991 年 7 月开始实施，其涉及范围和比例在实施期间不断扩大，随着经济形势的变化，1996 年开始无息准备金存款的比例逐步下调，直到 1998 年取消。实施无息准备金政策最重要的原因是减少净资本流入以抑制智利比索升值。比索实际汇率贬值是 80 年代中期后智利经济快速复苏的关键因素，同时，无息准备金对短期资金征收高于长期资本的隐含税，这也有利于减少国际市场投机资本流动造成的经济冲击。此外，智利 90 年代很长时间内实行盯住一个中间平价的爬行的汇率区间制度。在这种有管理的汇率体制下，资本管制使得货币政策独立性得到一定保证。

（三）90 年代末和 21 世纪"温和"债务问题：剧烈冲击与"从容"应对

1. 外债基本情况

80 年代债务危机后到 1988 年，智利债务总额占经济总量的比重降到 60% 以下，1989 年智利政府外债 162.8 亿美元，占经济总量的比重仍小幅升至 62%。随着经济逐渐复苏以及以财政预算改革为主的多方面改革和危机解决措施的持续实施，90 年代至 1998 年亚洲金融危机之前，智利外债状况发生明显改善。1992 年，智利政府总债务占 GDP 的比重已下降到风险警戒线之下，并在其后逐年下降（见表 4）。但 1998 年新兴市场金融危机的冲击使智利政府债务规模和占 GDP 的比重在 1999 年至 2002 年均出现小幅度上升。不过此次危机对智利外债状况的影响是相对温和且短暂的，智利债务占国内产出的比重最高达到 15.1%（远低于 80 年代危机时 120% 的水平），并且债务规模从 2003 年开始下降，到 2005 年总债务占 GDP 的比重下降到 7%（该占比已经远低于 1998 年以前的平均水平），净债务及其占比均为负值且长期保持了这一优势。即便在 2008 年金融危机爆发时，智利政府债务占 GDP 的比重仅为 4.9%，净债务为 –287.45 亿美元，净债务占 GDP 的比值为 –19.3%，处于近十年的峰值水平。

表 4　1992～2013 年智利中央政府债务情况

单位：百万美元

	总债务		净债务	
	总额	占 GDP 比重（%）	总额	占 GDP 比重（%）
1992	13385	31.1	6505	15.3
1993	13075	28.5	6238	13.8
1994	13498	22.9	4796	8.3
1995	12435	17.5	2803	4.0
1996	11117	14.7	1099	1.5
1997	10445	12.9	– 352	– 0.4

续表

	总债务		净债务	
	总额	占 GDP 比重（%）	总额	占 GDP 比重（%）
1998	9651	12.2	-219	-0.3
1999	9677	13.3	1186	1.7
2000	9690	13.2	2264	3.2
2001	9929	14.4	3856	5.8
2002	10228	15.1	5153	7.9
2003	11095	12.6	5727	6.5
2004	11126	10.3	4305	4.0
2005	9373	7.0	-72	-0.1
2006	7666	5.0	-10176	-6.6
2007	7094	3.9	-23649	-13.0
2008	7335	4.9	-28745	-19.3
2009	11096	5.8	-20089	-10.5
2010	20358	8.6	-16651	-7.1
2011	25927	11.1	-22909	-8.7
2012	32423	11.9	-18387	-6.7
2013	31913	12.0	-18230	-6.8

资料来源：General Treasury of the Republic，Chile。

2008 年金融危机及其引致的 2009 年欧债危机再次对世界主要经济体和多数拉美国家经济发展形成严重负面冲击，但此次危机对智利外债情况的影响在横向和纵向上表现得相对微弱和短暂。首先，通过智利与其他几个主要拉美国家在 2008 年危机后总债务和财政平衡情况占 GDP 比值的比较可见，受危机和相关危机应对政策的影响，2008 年以后智利债务规模整体呈上升趋势，但横向对比阿根廷、秘鲁和巴西等国家，智利外债情况是相对稳定的。其次，2008 年危机发生时智利政府资产负债表和财政状况均表现强健，即使净债务开始增加，但截至 2013 年仍为负值。同时，即便财政从巨额盈余变为实际赤字，2009 年赤字占到 GDP 的 4.1%，但在 2011 年就重新恢复了总体平衡并出现盈余。最后，通过各个历史阶段的纵向对比，智利走出 80 年代危机用了至少 5 年的时间，而此次在两个危机的综合冲击下，智利外债并没有出现大规模增长，且在 2 年后基本恢复稳定（见图 5）。

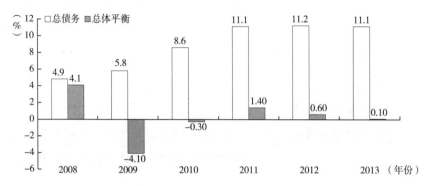

图 5　2008～2013 年智利总债务和总体平衡占 GDP 的比重
资料来源：国际货币基金组织统计数据（2013：Table 5、Table 8）。

2. 债务危机表现形式及经济影响

历史视角下，1998 年亚洲金融危机、2008 年全球金融危机以及其引发的 2009 年欧债危机都是世界范围内最严重的经济危机之一，其表现形式和造成的经济影响使欧美等发达经济体也未能幸免。而这些危机反映或蔓延至智利时却呈现"温和"的特征：债务规模短暂变动，并未发生实际意义上的债务危机。因此，可以认为智利已经实现了从深度债务危机到稳健发展的转变。1998 年亚洲金融危机对智利经济造成冲击的直接表现是：智利政府的债务规模和占 GDP 的比重在危机发生后的 2 年出现明显上升，但对债务水平增长速度和持续时间的影响远小于以往危机。而2008～2009 年危机在智利的表现以及经济影响在横向和纵向上都是相对微弱且短暂的。首先，危机前夕智利外债情况和经济增长并未出现明显的恶化趋势，相反，其外债规模可控且经济持续增长。其次，根据智利外债情况，横向对比阿根廷、秘鲁和巴西等国家，其外债情况是相对稳定的。最后，其财政表现稳健，2008 年危机发生时智利政府资产负债表和财政状况均表现强健，即使净债务开始增加，但截至 2013 年仍为负值。同时，即便财政从巨额盈余增加到实际赤字，但在 2011 年就重新恢复了总体平衡并出现盈余。

3. 债务问题起因

此次债务问题的起因不具有显著的需求侧或供给侧特征，债务问题的发生主要归因于国际市场的外部冲击，由于世界经济发展已经处于金融全球化的第二阶段（1972～2012 年），世界各国经济发展受到来自国际市场金融波动的影响具有不可避免性，而在智利高度自由化的市场经济体制、汇率机制以及开放的资本项目下，必然会出现一定的债务问题。

4. 解决方案及效果

2008 年金融危机爆发时，与 80 年代相比，智利政府具备强健且稳定的经济基础：经济增长强劲和财政基础稳健，在此支持下，智利应对此次重大经济危机时采取了高强度和大规模的逆周期政策。2009 年 1 月，智利政府及时启动 40 亿美元逆周期财政刺激计划（全球第四大规模），该逆周期刺激计划由经济刺激项目和社会保护项目共同构成：①7 亿美元用于公共设施投资；②大约 10 亿美元用于对智利最大的国有企业进行资本重组；③1 亿美元用于注资发展机构，以提高其信用担保能力；④其他资金则用于刺激内需或以现金形式直接补贴低收入家庭、对投资实行税收减免、对培训和雇用年轻人进行专项补贴等。[①] 政策实施过程中，2010 年 2 月发生的重大地震灾害进一步造成 300 亿美元经济损失，在金融危机与重大自然灾害的共同冲击下，逆周期政策持续大规模资金需求造成政府债务迅速上升，达到 203.58 亿美元，该值为 20 世纪 90 年代以来的最高水平。2008 年智利政府总债务为 73.35 亿美元，2012 年上升到 324.23 亿美元，相应地，债务占 GDP 的比重也从 2008 年的 4.9% 上升到 2012 年的 11.9%。然而，这个比重仍是较低的，一方面，远远低于 60% 的财政风险警戒线；另一方面，对比部分发达经济体在内的多数国家，在"后危机时代"，很多政府债务占 GDP 的比重均超过了 60% 的水平。同时，在逆周期政策实施中，智利财政状况基本未受影响，且净债务在 2009 年实现负值后（政府净资产占 GDP 比

---

① 马骏：《从财政危机走向财政可持续：智利是如何做到的?》，《公共行政评论》2014 年第 1 期。

重为 -4.1%），在 2010 年和 2011 年继续实现了一定规模的净资产。

三　危机解决效果评价

（一）如何看待智利在历次债务危机中的表现

上文提到智利经济发展的禀赋条件在拉美国家中并不具有突出优势，且在 20 世纪 70 年代以前其经济发展和债务问题并未呈现相对特殊或较为典型的特征，因此，将早期智利经济发展或债务问题作为主体研究的很少，学者更多聚焦 70 年代以后智利经济自由化改革和结构性财政平衡以及在历次债务危机中的表现，可以说智利两次改革的效应积极面都表现出色，且是智利债务危机应对和解决机制的关键构成。

20 世纪 70 年代以前智利在阶段性债务问题中的表现同阿根廷、巴西和墨西哥等主要拉美国家具有一致性，债务违约或危机的出现与 20 世纪 30 年代经济危机等基本重合，并且对经济增长和产出的影响具有短期性。[1] 70 年代智利经历了经济自由化改革，这被认为是造成智利 70 年代债务过度积累并引致 80 年代债务危机的直接因素[2]，但高度自由化的市场经济体制对经济发展的积极效应也是显而易见的，它有效地推动了智利 70 年代经济增长。因此，有学者进一步研究了造成智利资本项目开放过快的国内持续性高利率以及形成高利率的深层因素：国内银行体系的监管与治理严重滞后，并认为这是造成外债规模扩大的内在因素，[3] 另外，国内储蓄率低以及施行双重放贷利率也造成智利外债迅速增长，[4] 后者是指智利在较长一段时期内在国内分别实行国内美元借贷和本国货币借贷两种利率，且后者高于前者以鼓励私人部门向外借债。

---

① Banco de México, "The Economic Impact of Sovereign Defaults in Latin America 1870 - 2012", Revista de Historia Económica, Journal of Iberian and Latin American Economic History, 2016 (01): 81 - 104.

② Ronald I. McKinnon, "International Overborrowing: A Decomposition of Credit and Currency Risks", World Development, 1998, 26 (7): 1267 - 1282.

③ 罗强、刘毅：《智利外债管理经验借鉴》，《中国外汇》2016 年第 9 期。

④ 王晓燕：《智利债务可望进一步缓解》，《拉丁美洲研究》1991 年第 4 期。

80 年代拉丁美洲经历了有史以来最严重的一次经济或债务危机，智利也深陷其中。在危机发生的早期复苏阶段，智利与多数拉美国家的应对和解决措施具有统一性，即主要通过被动地等待并接受债权国或国际公共解决方案的安排，这些安排主要包括获得 IMF 等国际组织支持的财政计划、协商延期还款或再贷款以及实施财政紧缩。20 世纪六七十年代，拉美多数国家仍在坚持内向型经济发展战略，未向出口导向型经济发展战略转型，这使得该区域易受到债务危机的侵袭和影响，并且在危机发生时难以进行动态响应，即这些国家应对危机的经济决策在很多情况下都表现得过于迟钝、短视，缺乏逻辑和连续性。[①] 80 年代中期以后智利开始主动制定新支付方案，"债务资本化"是智利解决债务问题的主要措施，[②] 并在经济复苏中启动财政预算改革，改革从 1985 年进行到 2001 年基本完成，改革最显著的作用是使智利公共部门债务从 1992 年开始逐年下降。

1998 年亚洲金融危机再一次冲击智利经济发展，其外债和债务占比重新上升，但此次危机的负面冲击已经出现相对弱化的现象：债务规模增长相对缓慢且其占国内生产总值比重远远低于 80 年代危机时的水平，从 2005 年开始，智利债务水平便开始下降，债务占国内生产总值的比重迅速从 15% 下降至 10% 以下。[③] 到 2008 年全球金融危机以及 2009 年欧债危机爆发，欧美等发达经济体深陷违约危机时，智利债务占 GDP 的比重仅为 4.9%，政府在这个阶段采取了强有力的逆周期政策，[④] 2009 年最后一季度智利经济活动就出现显著复苏。

可以说，智利在 80 年代债务危机以后的全球经济危机中没有再出现实际意义上的严重偿还问题，经济危机引起的只是债务规模短期内的

---

① 罗伯特·德夫林：《拉丁美洲债务危机——供给侧的故事》，张月、徐轲译，上海财经大学出版社，2018。

② 范文辉：《智利解决外债问题的措施》，《经济社会体制比较》1991 年第 1 期。

③ 马骏：《从财政危机走向财政可持续：智利是如何做到的?》，《公共行政评论》2014 年第 1 期。

④ Ricardo Ffrench - Davis, "Challenges for the Chilean Economy under Cyclical Shocks, 1999 - 2016", *Journal of Post Keynesian Economics*, 2017, 40（1）: 67 - 74.

上升，其相应的解决方案也更多是为复苏经济而非解决债务问题。智利在重大债务危机中较快实现从被动表现到主动应对和高效解决的转变，2010年智利成为首个加入经合组织的南美国家，这体现了国际社会对其的认可。截至2019年，智利经济增长稳健，财政持续保持了相对稳健性，外债问题不再是经济发展的显性问题。

历史视角下，智利的经济发展历程与走出危机之路是相互交织的，从缓慢、周期性经济增长到深刻危机，从走出危机到实现全面繁荣，从繁荣发展到存在"温和"债务问题再至稳速发展的不断转变，我们看到智利为促进经济增长和实现稳定发展，经历了激进的经济自由化和审慎的财政预算改革，为应对和解决债务危机，智利从采取技术性违约和被动等待国际经济组织及债权国危机解决方案的安排，到进行"债务资本化"、逆周期政策的主动刺激和调节，这些过程是曲折且漫长的，不能简单用"传奇性"予以概括。

一方面，智利政府在历次债务危机中实现被动到主动的角色转变。智利80年代中期开始的财政改革是这种转变的直接体现，有效改革不仅使智利政府的财政治理引起国际社会广泛关注，而且使智利先于其他拉美国家快速从财政危机走向财政可持续，2010年加入经合组织是其国家信誉进一步提升的证明，智利财政改革对中国等发展中国家的财政预算改革具有重要的借鉴意义。智利的经济发展之路是漫长且曲折的，在经济改革和政策调整过程中多次陷入严重困境。70年代经济自由化改革初期，智利政府为了抑制通货膨胀采取紧缩性宏观经济管理，紧缩政策的负面影响是：国内利率水平持续走高，经济增长短期内进一步下行，失业率大幅上升，全国失业率在1975年曾高达20%。为保证维持人民生活水平和社会稳定，智利政府采取开放资本项目、吸引外资等多项改革和政策尝试，虽然改革和应对方案表现得过于激进，但能看到智利政府较早认识到市场经济体制的高效性，以及为促进经济发展所做的尝试性改变。80年代初期，在同时受到国际利率上升、商品价格下跌等多种外部因素冲击下，智利外债支付成本快速增加、经济增长长期依赖的铜等商品出口收入出现严重下滑，1981年其外债付息增加57.3%，出口收入下降 18.5%，经常项目赤字增加 1.4 倍。为此，智利政府从推出减少进口、紧缩性货币政策、控制外债规模等"急救"措施，到 1982 年危机发生后，在债权国和国际经济组织的多方压力和监督下进行债务延期、财政紧缩等被动应对，再到 1985 开始推动"债务资本化"、财政预算改革等主动解决方案，以此实现实质性的角色转变。此外，80 年代多数拉美国家在经济发展过程中尝试采取过这些"智利方案"，但解决效果远不如智利，这很大程度上在于智利得益于特定阶段相对稳定的国内经济及社会环境。

另一方面，智利外债管理已见成效，债务问题已不再是制约智利经济发展的主要问题。从经济发展实践来看，历次危机中，智利经济活动复苏越来越快，经济增长率的恢复时间逐渐变短，并且经济增长率往往会超过危机发生前的水平，这在 90 年代表现得最为显著。2008 年危机后，可以看到智利经济发展进入相对稳健的增长阶段，相比 90 年代的繁荣发展，这个阶段智利经济平均增长率为 5.3%，但仍超过同期整个拉美地区约 1.4 个百分点，从经济增速及长期趋势来看，智利经济增长维持在区域平均水平之上，仍然引领着拉丁美洲经济发展。可以说智利经济从繁荣高速发展进入了稳健发展阶段。

（二）"智利方案"的优劣面

从历史角度综合来看，智利在经济发展和危机复苏过程中的一系列改革和应对措施具有很多值得肯定和借鉴的方面。首先，智利在 70 年代就肯定了市场在经济发展中的决定性作用，其经济自由改革不仅让智利的通货膨胀长期稳定下来，也为国内私营经济发展奠定了基础。同时，使其在应对 1982 年和 2008 年危机的解决方案得以顺利实施，并且在 2009 年逆周期政策实施中得到了私人部门的资金补偿。① 其次，1985年启动并持续推动和完善的财政预算改革，使智利成为一个摆脱了资源

---

① Ricardo Ffrench – Davis, "Challenges for the Chilean Economy under Cyclical Shocks, 1999 – 2016", *Journal of Post Keynesian Economics*, 2017, 40 (1): 61 – 74.

诅咒的新兴国家。这场改革的积极面是毋庸置疑的,智利在实施审慎宏观经济管理的国家中具有典型性,在 2008～2009 年世界金融危机爆发时,智利不仅是经合组织的最新成员,而且其在经合组织中拥有最好的财政表现,其公共债务总额处于该组织国家中最低水平。2010～2014年,智利财政盈余在经合组织国家中平均排第 2 位,仅次于产油国挪威。① 结构性财政平衡使智利具备可靠的财政基础和盈余,并使强有力的逆周期财政刺激得以顺利展开。最后,在两次改革基础上采取和有效推进的"债务资本化"、无息准备金和逆周期政策进一步使智利逐步脱离债务问题。无息准备金一定程度上起到稳定利率、控制 90 年代资本大规模流入以及优化外债结构的作用,但多数学者认为无息准备金的两种宏观效应相对有限,而其提高相关经济主体外国资本成本的微观影响较为显著,它有效降低了国内金融机构、企业及私人部门的债务货币错配风险。两个危机解决方案的优势首先在于实施的及时性,其次在于高效推动。"债务资本化"通过市场机制实现债务的自愿转化,依托高度市场化的经济环境,债务资本化在智利得到高效推动并起到明显的减债作用。同时,债务资本化的高利润率进一步刺激投资增长,智利经济增长从 1985 年开始显著加快,GDP 年均增长率由 4% 持续上升到 1989 年的 10%。债务资本化的推进和国内投资的持续上升使危机发生前后外流的资本开始回流,其中包括国内居民的境外存款等本国资源的回流。

债务资本化过程不断深化并最终形成的经济效果是:一方面,智利外汇储备明显增加,外债支付和偿付能力得到提升;另一方面,多数外债转换为国内债务或资本,极大程度调整和优化了智利各经济主体的债务规模及结构。智利私人及企业的债务杠杆有效降低,债务本息的减少使其节约了大量可用于企业长期发展的资金,这也起到缓解国内资金供给压力、稳定利率上浮的作用。经济的增长与国际储备的增加有力地争

---

① Luis Felipe Céspedes, Eric Parrado, Andrés Velasco, "Fiscal Rules and the Management of Natural Resource Revenues: The Case of Chile", *Annual Review of Resource Economics*, 2014 (6): 105 – 132.

取到外部新资金的流入。两个方面的联动效应最终起到促进经济增长的作用。而大力度的逆周期政策不仅有效应对和减少了重大金融危机的负面冲击及经济波动，使得智利在欧债危机爆发时已经恢复了危机前的经济增速，而且平滑了财政支出波动，使得公共政策得以持续，极大地减少了对社会和经济活动的负面影响。

但"智利方案"的确也存在一些弊端或风险。首先，两次改革的消极面一方面体现在改革的激进性，正如上文所分析的，过快的经济自由化改革是智利 80 年代债务危机的主要原因。另一方面，智利的结构性平衡规则仍需不断调整和完善，真正的宏观经济平衡被长期忽略是智利进入"新经济周期"经济增长脆弱性的原因之一。智利结构性平衡规则的完善将是一个持续、长期的过程，面对"新经济周期"经济发展的新要求，保证结构性平衡的同时应当更加注重和重新强调整体宏观经济平衡。其次，外债资本化虽然是一种有效减轻债务负担、有利于经济结构调整的较优方案，但相关债务国仍要根据自身国情谨慎运用。一方面，由于这种债务结构调整方式建立在国内经济环境的高度市场化之上；另一方面，该方案也存在 4 个较为显著的风险：一是强劲外汇需求影响汇率变动；二是阻碍外国私人投资；三是具有通货膨胀的风险；四是加大国家资本账户风险，易使国家经济被国外资本控制。而危机后逆周期政策调节，使政府支出大量增加。2013 年智利财政支出超过 2007 年的 52%，而非铜收入仅增长 36%。尽管从趋势铜价的快速高估中受益，政府的结构性财政平衡体系仍出现 0.5% 的赤字，智利的预算政策在 2012 年和 2013 年从逆周期转向顺周期，这一定程度上使智利进入新经济周期后经济发展具有相对不确定性。

四 智利经济展望

2013 年以来，智利经济稳速发展，但同时也应看到增速明显放缓的发展实际，如上文说明的，进入新经济周期，智利国内需求与宏观经济平衡下潜在 GDP 之间的隐性差距已经消失，但当年财政支出与长期税收收入相比仍然显得过高。新经济周期智利经济增长的不确定性通过四方面体现出来。第一，进入 2013 年，智利财政责任机制不再强健，被认为具备拉美国家最完备的财政稳定机制的智利出现不稳定。2013 年国际铜价仍然维持在每磅 3.61 美元的高价，但智利仍在 2012 年再次成为净债务国，2013 年实际财政赤字占其国内生产总值的 0.6%。危机复苏阶段政府借款大幅增加，其仍需继续向主权基金存款，因此智利政府在 2014 年进行新一轮的税制改革，将税收收入提高到 GDP 的 3% 来增加财政收入。第二，2013 年智利经济不再引领拉丁美洲，并且低于该区域的主要国家。智利 2013 年至 2017 年平均增长率为 2.2%，智利发展优势开始走弱。第三，其国内投资走弱，总投资在 2013 年下半年下降了 9%，这与 GDP 增长率的下降趋势保持了一致性。第四，实际汇率高估引起贸易不平衡。在长达 10 年的价格繁荣期间，根据智利央行相关数据，智利进口额增长了 117%，而出口仅增长 25%。一系列经济表现反映出智利在新经济周期经济发展的脆弱性。历史视角下，智利当前经济发展仍有积极的一面，智利高度自由化的市场环境为其经济发展和政策调节奠定了基础，结构性财政平衡为其储备了相当于国内生产总值 11% 的流动资产，经济增长和信誉提升使其具备相对有利的国际借贷环境，央行的国际储备净额占国内生产总值的 16%。尽管过去几年贷款存量迅速上升，但其银行系统仍处于稳健的状态，[①] 并且总投资比率已从 2008～2009 年的冲击中回升并处于相对较高的水平，2013 年占 GDP 的 26.2%。因此，智利在利弊面的综合环境下，更需要的是寻找促进经济增长的新动力，推动资本形成和创新以减小与发达经济体之间的生产率差距，尝试结构性宏观经济平衡向真正的宏观经济平衡的转变以实现包容性发展。

　　一系列经济表现反映出智利在新经济周期经济发展的脆弱性，2013 年至 2015 年智利经济总量连续走低，经济下行压力明显。结合实践经

---

① Ricardo Ffrench – Davis, "Challenges for the Chilean Economy under Cyclical Shocks, 1999 – 2016", *Journal of Post Keynesian Economics*, 2017, 40 (1): 61 – 74.

验，智利再次实施有力的逆周期计划以避免经济自发的隐性调整，并不断完善促进经济增长的长效机制。智利在推动经济持续发展中取得了一定成效，2016 年经济增长逐渐回稳，2018 年智利 GDP 年增长率达到 4%，可以从贸易结构看出其经济结构的调整和改善，2018 年智利非铜产品出口增长 13%，达到 389.87 亿美元（历史峰值）。2019 年 10 月 18 日公民游行、社会暴乱等社会危机的爆发和持续使得智利经济又一次陷入困境。根据世界银行公布数据，2019 年智利经济增速再次下降到 1.3% 的历史低值。社会暴乱严重阻碍国内经济活动的有序进行，智利经济活动指数下降，失业人数增加，2019 年 11 月至 2020 年第 1 季度失业率升至 7.4%（为 2011 年 9 月以来的最高值）。受危机影响，智利财政部门将 2020 年财政预算的计划增长率由 3.3% 调至 2.3%。2020 年全球新冠肺炎疫情暴发成为智利经济发展的又一个挑战。

经济全球化背景下，智利经济发展受国内经济环境变革和国际经济形势影响较大。当前全球经济疲软，经济增长阻力频发而动力不足，尤其是 2020 年新冠肺炎疫情对全球经济造成进一步冲击和影响。这些外部因素对智利既是挑战也是机遇。世界银行《全球经济展望》报告中预测 2020 年智利 GDP 年增长率可恢复至 2.5%，2021 年至 2022 年达到 3% 并趋稳（见图 6），这是国际经济组织看好智利经济基础及发展的体现，同时也是智利经济发展的利好预测。智利经济应如何突破内外围阻力和瓶颈走向稳健发展？对内，智利首先需要快速有效地平稳社会动乱，加快恢复国内经济活动，通过制定就业促进政策、释放就业利好信号来促进就业，对受暴乱影响严重的中小企业及旅游、零售及服务等行业进行必要的经济及政策支持，同时，经济持续发展基于社会环境的长期稳定，智利应理性分析此次社会危机的根本动因，并将其作为结构性问题去逐步解决。其次，智利需持续强化控制新冠肺炎疫情的蔓延。对外，应对当前全球经济形势，智利应将被动转化为主动。全球产业链出现断裂使各国生产制造均面临严峻挑战，但创新创造型研发将得到有效刺激和推动，可替代材料、技术等的开发和生产有益于经济的长期发展，同时也构成经济增长的新动力，智利应做好政策引导，给予必要的经济支持。创新发展是智利维持经济增长和发展的必然选择，根据近年来智利经济增长情况，我们看到仅依靠资源的相对优势无法保证经济的持续性发展，智利需尝试逐步走出资源依赖型国家行列，合理调整经济、产业及贸易结构，推动旅游、服务等具有竞争性行业的快速发展，加快农业特别是水果产业升级，同时，吸收和培养人力资本，培育发展高新技术产业。在此基础上，根据经济发展实践和未来展望，智利需要进一步渐进地完善国家金融系统以保证经济发展的持续性和稳定性。

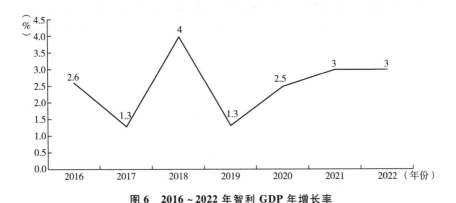

图6　2016～2022年智利GDP年增长率

资料来源：世界银行《全球经济展望》，2020。

1. 完善和控制经济结构的长期稳健性

从智利应对并走出80年代债务危机的过程可以得出这样的结论：为防止危机发生或在保证经济发展体系不受或较少受冲击的前提下应对危机，债务国最优的解决方案是在经济保持增长的环境下进行国家经济结构上的改革，否则危机的发生总会伴随严重的代价。智利70年代经济自由化改革虽然存在一定弊端，但从更长期来看，其不仅有效调动私人及银行部门的积极性，同时激活国内市场提升企业乃至整个经济体的国际竞争力，有助于协调资源外流和融资，同时使应对和解决80年代重大债务危机的相关技术性措施得以有效落实。智利通过财政预算改革成为拉美国家中具有最完备财政稳定机制的国家，严格的财政纪律、结构性财政平衡、财政预算的高度集权制和统一预算管理均形成于持续性改革和优化财政预算体系的过程中。财政强健是智利90年代以来国内投资和经济增长保持高位的重要原因。因此，一国外债管理应建立在动态完善和控制国内经济结构长期平衡的基础上，通过有效改革和政策实施保证经济总量、投资水平等经济发展要素的稳健增长，从而更有效地协调资源流出与流入等潜在风险问题。

2. 重视外债资金流动的系统性风险

根据智利经济发展和外债管理经验，在重视外债规模管理的同时应更加关注外债资金流动对经济与金融的系统性影响。随着金融全球化不断深化，国际贸易投资便利化程度在不断提升，以往仅通过限制外债规模来控制债务主体偿付能力的外债管理模式很难适应并防止持续资本流入的累积效应，当发现外债问题时，应对方案也会缺乏能动性。智利 70 年代和 90 年代的资金大规模流入均表明：国际资本的顺周期性能使资金持续流入一国并形成债务累积，同时也会在内外部因素作用下集中逃离，当后者发生时，债务国汇率以及经济、金融的稳定性将受到考验。为保证汇率和经济金融系统的稳定，在实施外债规模控制的同时必须将静态管理与动态管理结合起来，外债资金流动的系统性风险需要审慎的外债管理，同时管理模式应当具备更强的逆周期性。吸取和借鉴智利 70 年代外债管理的经验和教训，私人部门等债务主体的货币错配风险及风险转移需要长期重视并动态监管，通过传统和创新性逆周期操作工具有效防范外债资金流动可能引致的各种系统性风险。

3. 发挥银行等金融机构的实质性作用

80 年代智利债务危机更多表现为私人和银行部门外债危机，银行部门监管滞后是债务积累和危机发生的主要原因。由此得到的经验启示是必须重视银行等金融机构在债务性资金流动中的关键作用。多数国家对国内私人及企业具有不同程度的外债管制，但银行等金融机构可以利用其特有的国际融资渠道为前者融到外债资金以满足其一定的融资需求，但这种融资渠道或功能若不加以制衡，在普遍存在国家对金融部门的长期隐性担保和可能存在的银行与其他资金多方关联贷款等潜在风险下，银行部门外债问题容易引致难以控制的系统性危机，这正如智利 80 年代的债务危机。基于此，外债审慎管理被普遍提上日程，严格管理银行等金融部门的外债动态是审慎管理的重要构成。金融机构外债管理不仅要关注和控制其外债的相对规模，同时，银行部门的外汇贷款业务规模以及可能引起的借款方货币错配风险、通过担保行为参与形成的私人及企业外债规模和结构均须得到全面关注和系统监管。因此，要使银行等金融机构在外债资金流动中起到实质性作用，首先，需要不断加强对金融机构外债实施全口径审慎监管，控制债务偿付风险的同时重视货币错配与关联贷款；其次，逐步放开对私人及企业的外债管制，从一定程度上分散金融体系潜在债务风险；最后，持续发展外汇市场，为金融机构、企业等经济主体提供更多汇率管理和规避风险的工具，使外债的内部管理不滞后于外部监管。

4. 加强汇率弹性对外债管理的特殊作用

一国的汇率制度对控制外债风险具有重要作用，这在智利外债管理中得以体现：70年代，智利实行的固定汇率实质上对其陷入"过度借贷综合征"起到加速作用，固定汇率一定程度上会为借款人提供币值稳定的隐性担保，进而使借贷双方容易忽略汇率波动风险，同时很大程度上减少金融机构及相关企业进行主动性外债风险管理。智利90年代实行汇率自由化则有效地加强了借贷主体对货币错配风险的关注。结合世界各国发展实际，固定汇率制度往往会放大国际资本流动的负面冲击：在大规模资本流入阶段，汇率调整的迟滞将加大对本币升值的预期，进而吸引更多资金流入；而在资本集中性流出阶段，汇率调整机制的滞后同样也会加大对本币贬值的预期，放大资本流出效应。1998年亚洲金融危机时，智利在短期内出现外债规模上升、本币贬值和资本净流出现象。智利央行的研究认为，资本净流出并不仅仅是外国资本的逃离，而更多受到本国资源加速外流的影响，仅智利银行体系持有的境外资产占总资产的比重从1997年低于1%的水平迅速上升到1999年的6%，资本净流出接近GDP的5%。因此，从智利及世界各国汇率制度演变历程来看，逐步放开汇率管制、实行浮动汇率制度、实现汇率自由化是缓解和抑制国内外相关经济主体资本流出、资源外流等投机行为的有效途径，较强的汇率弹性有助于防范外债风险和进行审慎外债管理。

参考文献

1. 萨缪尔森：《经济学》，萧琛主译，人民邮电出版社，2008，第 618～623 页。

2. J. E. 米德：《公债是一种负担吗?》，转引自汉森《二十世纪六十年代的经济问题》，张伯健、朱基俊等译，商务印书馆，1964，第 176～179 页。

3. 汉森：《二十世纪六十年代的经济问题》，张伯健、朱基俊等译，商务印书馆，1964，第 180～191 页。

4. 王克明：《巴西、墨西哥、智利的债务处理方式》，《经济导刊》1997 年第 2 期。

5. 陈颖：《拉美及欧洲债务危机：成因及解决机制》，《金融经济》2017 年第 16 期。

6. 西土瓦：《智利经济何以领跑拉美国家——智利散记二》，《上海质量》2019 年第 3 期。

7. 杨仲杰：《智利经济调整改革获成效》，《现代国际关系》1992 年第 3 期。

8. 杜萌：《主权债务违约成因及违约成本问题研究》，博士学位论文，东北财经大学，2016。

9. C. M. Reinhart，"Rogoff K. S. Growth in a Time of Debt"，*American Economic Review*，2010（100）.

10. T. M. Boonman，"The Economic Impact of Sovereign Defaults in Latin America 1870 – 2012"，*Revista De Historia Económica*，2016（35）.

11. Daul Krugman，"Debt and Transfiguration"，*The New York Times*，Retrienecl Februany 9，2011.

12. Harold L. Coleand，Patrick J. Kehoe，"Models of Sovereign Debt：Partial VS. General Reputations"，Federal Reserve Bank of Minneapolis，1997.

13. M. A. Vribe，Fiscal Theory of Sovereign Risk，European Central Bank，Working Paper，2002.

14. Larry Sjaastad,，"International Debt Quagmire：To Whom Do We Owe It？"，*The World Economy*，1983（6）.

15. Chile，*International Debt*，chap. 1.

16. Arthur MacEwan，"The Current Crisis in Latin America and the International Economy"，*Monthly Review*，1985（36）.

17. Beryl Sprinkle, "Ground for Increasing Optimism", *Economic Impact*, 1984（2）.

18. Latin American Economic Conference, CEPAL Review, 1984（22）, 39 – 52.

19. Ronald I. McKinnon, "International Overborrowing: A decomposition of Credit and Currency Risks ", *World Development*, 1998, 26（7）.

20. W. Arthur Lewis, "The Slowing Down of the Engine of Growth", *American Economic Review*, 1980（70）.

21. P. M. Romer, "Increasing Returns and Long – run Growth", *Journal of Political Economy*, 1986, 94（5）, 1002 – 1037.

22. Connell Joan, "Savings in the Uzawa – Lucas Model of Economic Growth", *Journal of Macroeconomics*, 1998, 20（2）.

23. David Folkerts – Landau, "The Changing Role of International Bank Lending in Development Finance", *International Monetary Fund*, 1984（12）.

24. Anthony Saunders, "An Examination of the Contagion Effect in the International Loan Market", *International Monetary Fund*, 1983（12）.

25. Antonio Spilimbergo, "Copper and the Chilean Economy, 1960 – 98", *Journal of Economic Policy Reform*, 2002, 5（2）.

26. Luis Felipe Cespedes, Eric Parrado, Andres Velasco, "Fiscal Rules and the Management of Natural Resource Revenues: The Case of Chile", *Annual Review of Resource Economics*, 2014（6）.

拉丁美洲和加勒比经济发展分析与展望（2019）

附录 统计资料

附表1 2009～2018年拉丁美洲和加勒比地区GDP及人均GDP年均增长率

单位：%

国家或地区	GDP年均增长率										人均GDP年均增长率									
	2009年	2010年	2011年	2012年	2013年	2014年	2015年	2016年	2017年	2018年	2009年	2010年	2011年	2012年	2013年	2014年	2015年	2016年	2017年	2018年
拉丁美洲和加勒比地区b	-1.8	6.2	4.5	2.8	2.9	1.2	-0.2	-1.0	1.3	1.2	-3.0	4.9	3.2	1.6	1.7	0.1	-1.2	-2.1	0.2	0.2
拉丁美洲	-1.8	6.3	4.5	2.8	2.9	1.2	-0.2	-1.0	1.3	1.1	-3.0	5.0	3.3	1.6	1.7	0.1	-1.3	-2.1	0.2	0.1
加勒比	-3.6	1.5	1.1	1.3	1.2	0.3	1.2	-2.1	0.2	1.9	-4.2	0.8	0.5	0.7	0.6	-0.3	0.6	-2.6	-0.3	1.4
安提瓜和巴布达	-12.1	-7.2	-2.1	3.5	-0.1	4.7	4.0	5.6	3.0	5.3	-13.1	-8.3	-3.2	2.4	-1.2	3.5	2.9	4.5	2.0	4.3
阿根廷	-5.9	10.1	6.0	-1.0	2.4	-2.5	2.7	-1.8	2.9	-2.6	-6.9	9.0	4.9	-2.1	1.3	-3.5	1.7	-2.8	1.9	-3.9
巴哈马	-4.2	1.5	0.6	3.1	-0.4	-0.1	1.0	-1.7	1.4	2.5	-5.8	-0.1	-1.0	1.6	-1.8	-1.4	-0.2	-2.8	0.4	1.5
巴巴多斯	-4.0	0.3	0.7	0.3	0.0	0.0	0.9	2.0	-0.2	-0.5	-4.4	-0.1	0.3	-0.1	-0.3	-0.3	0.6	1.7	-0.5	-0.7
伯利兹	0.7	3.4	2.2	2.9	0.9	3.7	3.4	-0.6	1.4	2.2	-1.8	0.9	-0.2	0.6	-1.3	1.5	1.2	-2.7	-0.7	0.1
玻利维亚	3.4	4.1	5.2	5.1	6.8	5.5	4.9	4.3	4.2	4.4	1.6	2.4	3.5	3.4	5.1	3.8	3.2	2.7	2.6	2.9

国家或地区	GDP 年均增长率										人均 GDP 年均增长率									
	2009年	2010年	2011年	2012年	2013年	2014年	2015年	2016年	2017年	2018年	2009年	2010年	2011年	2012年	2013年	2014年	2015年	2016年	2017年	2018年
巴西	-0.1	7.5	4.0	1.9	3.0	0.5	-3.5	-3.3	1.1	1.3	-1.2	6.4	2.9	0.9	2.0	-0.4	-4.4	-4.1	0.3	0.5
智利	-1.0	5.8	5.8	5.5	4.0	1.8	2.3	1.3	1.5	3.9	-2.0	4.7	4.8	4.5	3.0	0.9	1.4	0.4	0.7	3.1
哥伦比亚	1.2	4.3	7.4	3.9	4.6	4.7	3.0	2.0	1.8	2.7	0.1	3.2	6.2	2.8	3.5	3.7	2.0	1.1	0.9	1.9
哥斯达黎加	-1.0	5.0	4.3	4.8	2.3	3.5	3.6	4.2	3.3	3.0	-2.3	3.6	3.0	3.6	1.1	2.4	2.6	3.2	2.3	2.0
古巴	1.5	2.4	2.8	3.0	2.8	1.0	4.4	0.5	1.6	1.1	1.4	2.3	2.7	2.8	2.6	0.9	4.3	0.5	1.6	1.1
多米尼克	-1.2	0.7	-0.2	-1.1	-0.6	4.4	-2.6	2.5	-9.5	-4.4	-1.4	0.4	-0.6	-1.5	-1.1	3.8	-3.1	2.0	-10.0	-4.9
多米尼加	0.9	8.3	3.1	2.7	4.9	7.6	7.0	6.6	4.6	6.3	-0.4	6.9	1.8	1.4	3.6	6.3	5.8	5.4	3.4	5.2
厄瓜多尔	0.6	3.5	7.9	5.6	4.9	3.8	0.1	-1.2	2.4	1.0	-1.1	1.8	6.2	4.0	3.3	2.2	-1.4	-2.7	-0.9	-0.4
萨尔瓦多	-2.1	2.1	3.8	2.8	2.4	2.0	2.4	2.6	2.3	2.4	-2.5	1.7	3.4	2.4	2.0	1.6	2.0	2.2	1.9	2.0
格林纳达	-6.6	-0.5	0.8	-1.2	2.4	7.3	6.4	3.7	5.1	5.2	-6.9	-0.9	0.4	-1.5	1.9	6.9	6.0	3.3	4.6	4.7
危地马拉	0.5	2.9	4.2	3.0	3.7	4.2	4.1	3.1	2.8	2.9	-1.7	0.6	1.9	0.8	1.5	2.1	2.1	1.1	0.9	1.1
圭亚那	3.6	4.1	5.2	5.3	5.0	3.9	3.1	3.4	2.2	3.4	3.7	4.0	4.7	5.3	4.3	3.2	2.4	2.7	1.6	2.8
海地	3.1	-5.5	5.5	2.9	4.2	2.8	1.2	1.5	1.2	1.4	1.5	-6.9	4.0	1.4	2.8	1.4	-0.1	0.1	-0.1	0.1
洪都拉斯	-2.4	3.7	3.8	4.1	2.8	3.1	3.8	3.8	4.8	3.7	-4.3	1.8	2.0	2.3	1.1	1.4	2.2	2.2	3.3	2.3
牙买加	-4.3	-1.5	1.7	-0.6	0.5	0.7	0.9	1.4	1.0	1.5	-4.8	-1.9	1.3	-1.0	0.1	0.3	0.6	1.0	0.7	1.2
墨西哥	-5.3	5.1	3.7	3.6	1.4	2.8	3.3	2.9	2.1	2.2	-6.8	3.5	2.2	2.2	0.0	1.4	1.9	1.6	0.8	0.9
尼加拉瓜	-3.3	4.4	6.3	6.5	4.9	4.8	4.8	4.7	4.9	-4.1	-4.5	3.1	5.0	5.2	3.7	3.6	3.6	3.5	3.7	-5.1

续表

国家或地区	GDP 年均增长率										人均 GDP 年均增长率							
	2009年	2010年	2011年	2012年	2013年	2014年	2015年	2016年	2017年	2018年	2011年	2012年	2013年	2014年	2015年	2016年	2017年	2018年
巴拿马	1.6	5.8	11.8	9.2	9.6	5.1	5.7	5.0	5.3	4.2	9.9	7.4	7.8	3.4	4.1	3.3	3.7	2.6
巴拉圭	-0.3	11.1	4.2	-0.5	8.4	4.9	3.1	4.3	5.2	4.2	2.8	-1.9	7.0	3.5	1.8	3.0	3.9	3.0
秘鲁	1.1	8.3	6.3	6.1	5.9	2.4	3.3	4.0	2.5	3.8	4.9	4.7	4.4	1.0	1.9	2.7	1.3	2.6
圣基茨和尼维斯	-3.4	-1.5	1.8	-0.7	5.5	6.1	2.1	2.3	1.2	2.1	0.7	-1.8	4.3	4.9	1.1	1.3	0.2	1.3
圣卢西亚	-1.5	0.3	4.1	-0.3	-2.0	0.0	0.3	3.9	3.7	2.5	3.4	-0.9	-2.5	-0.4	-0.2	3.4	3.2	2.0
圣文森特和格林纳丁斯	-2.1	-3.4	-0.4	1.4	1.8	1.0	1.8	1.3	0.7	3.2	-0.4	1.4	1.8	0.9	1.7	1.1	0.5	2.9
苏里南	3.0	5.2	5.8	2.7	2.9	0.3	-3.4	-5.6	1.7	1.9	4.8	1.6	1.9	-0.7	-4.3	-6.4	0.8	1.0
特立尼达和多巴哥	-4.4	3.3	-0.3	1.3	2.0	-1.0	1.8	-6.5	-1.9	1.9	-0.8	0.8	1.5	-1.4	1.4	-6.8	-2.2	1.6
乌拉圭	4.2	7.8	5.2	3.5	4.6	3.2	0.4	1.7	2.7	1.9	4.8	3.2	4.3	2.9	0.0	1.3	2.3	1.5
委内瑞拉	-3.2	-1.5	4.2	5.6	1.3	-3.9	-6.2	-16.5	-13.0°	-15.0°	2.7	4.2	0.0	-5.1	-7.4	-17.5	-14.0°	-16.0°

注：a. 初步数据；b. 以 2010 年美元价格为基础核算；c. 估计值。

资料来源：拉丁美洲和加勒比经济委员会官方数据。

附表 2 2015~2017 年拉美地区 GDP 与人均 GDP

国家或地区	人均 GDP（美元，当前美元价格）			GDP（亿美元，当前美元价格）		
	2015 年	2016 年	2017 年	2015 年	2016 年	2017 年
拉丁美洲和加勒比地区	8684	8230	8931	54808.10	52490.55	57548.94
安提瓜和巴布达	13602.42	14506.60	14803.01	13.59	14.65	15.10

国家或地区	人均GDP（美元，当前美元价格）			GDP（亿美元，当前美元价格）		
	2015年	2016年	2017年	2015年	2016年	2017年
阿根廷	14853.44	12654.38	14399.62	6449.03	5548.62	6374.86
巴哈马	29055.97	28785.52	29824.67	112.40	112.62	117.92
巴巴多斯	15703.85	16042.71	16494.17	44.63	45.72	47.13
伯利兹	4950.26	4960.18	5076.99	17.79	18.20	19.02
玻利维亚	3077.03	3117.33	3393.96	330.00	339.41	375.09
巴西	8750.21	8633.64	9821.44	18022.12	17928.00	20555.12
智利	13736.64	13960.89	15346.73	2439.99	2500.36	2770.81
哥伦比亚	6044.53	5756.86	6301.59	2915.20	2800.91	3091.91
哥斯达黎加	11393.02	11732.71	11734.10	547.76	569.89	575.65
古巴	7608.62	7961.85	8433.09	872.06	913.70	968.51
多米尼克	7392.23	7824.92	6719.34	5.41	5.75	4.97
多米尼加	6534.91	6793.54	7052.27	688.02	723.43	759.32
厄瓜多尔	6150.16	6018.53	6273.49	992.90	986.14	1042.96
萨尔瓦多	3669.88	3768.84	3889.31	231.66	239.12	248.05
格林纳达	9333.27	9892.48	10451.03	9.97	10.62	11.27
危地马拉	3923.57	4140.72	4470.96	637.67	686.63	756.20
圭亚那	4119.68	4531.24	4555.07	31.66	35.04	35.43

拉丁美洲和加勒比经济发展分析与展望（2019）

续表

国家或地区	人均 GDP（美元，当前美元价格）			GDP（亿美元，当前美元价格）		
	2015 年	2016 年	2017 年	2015 年	2016 年	2017 年
海地	780.02	700.43	775.97	83.55	75.98	85.21
洪都拉斯	2341.28	2375.09	2480.13	209.80	216.44	229.79
牙买加	4939.84	4885.62	5129.85	141.87	140.77	148.27
墨西哥	9298.26	8450.89	8967.17	11705.67	10778.30	11582.29
尼加拉瓜	2073.49	2143.82	2221.78	126.11	131.84	138.14
巴拿马	13684.13	14332.97	15087.68	543.16	578.21	618.38
巴拉圭	4109.37	4077.76	4321.51	272.83	274.24	294.35
秘鲁	6053.04	6031.43	6572.35	1899.24	1916.42	2114.03
圣基茨和尼维斯	15936.68	16413.31	16817.95	8.65	9.00	9.31
圣文森特和格林纳丁斯	6914.68	6994.39	7098.78	7.57	7.67	7.80
圣卢西亚	9155.70	9188.36	9606.97	16.22	16.36	17.18
苏里南	8724.56	5871.48	6757.43	48.26	32.78	38.07
特立尼达和多巴哥	17941.69	16340.42	16145.25	244.02	223.04	221.05
乌拉圭	15524.86	15298.35	17120.18	532.74	526.88	591.80
委内瑞拉	11053.56	9230.07	7977.36	3443.75	2913.76	2550.93

资料来源：拉丁美洲和加勒比经济委员会官方数据。

附表 3 2009～2018 年拉丁美洲和加勒比地区固定资本形成总额[a]（GDP 百分比）

国家或地区	2009 年	2010 年	2011 年	2012 年	2013 年	2014 年	2015 年	2016 年	2017 年	2018[b] 年
拉丁美洲和加勒比地区[b]	19.1	20.2	21.0	21.3	21.2	20.7	19.7	19.0	17.9	17.9
阿根廷	14.5	16.6	18.4	17.3	17.3	16.5	16.7	16.1	17.4	18.7
巴哈马	26.4	26.2	27.6	30.1	26.9	30.6	24.4	25.1	27.7	—
伯利兹	20.1	15.3	14.8	14.3	17.7	18.0	21.7	23.4	20.3	—
玻利维亚	16.1	16.6	19.5	19.0	19.9	20.7	20.7	20.6	22.1	22.8
巴西	18.7	20.5	21.1	20.9	21.4	20.4	18.2	16.6	16.0	16.2
智利	20.7	21.9	23.7	25.1	24.7	23.1	22.5	22.1	21.5	21.6
哥伦比亚	20.3	21.1	23.4	23.3	23.6	25.2	24.2	23.8	23.5	23.7
哥斯达黎加	19.8	19.7	19.5	20.4	19.9	19.8	19.7	19.8	18.3	18.2
多米尼加	23.3	25.2	23.9	23.1	21.5	22.5	25.3	26.4	25.4	26.0
厄瓜多尔	23.1	24.6	26.1	27.3	28.7	28.3	26.5	24.5	25.2	25.9
萨尔瓦多	16.9	14.8	15.7	15.7	16.4	15.1	15.1	15.3	15.0	15.0
危地马拉	15.6	14.8	15.2	15.3	15.0	15.0	15.3	15.2	15.3	15.6
海地	25.7	25.4	—	—	23.1	22.5	24.4	21.9	—	—
洪都拉斯	22.1	21.6	24.3	24.2	23.1	22.5	24.4	21.9	22.4	23.0
墨西哥	21.7	21.6	22.5	22.7	21.7	21.7	22.1	21.7	20.9	21.2
尼加拉瓜	20.6	21.2	24.3	27.5	27.6	27.3	31.5	31.1	30.2	28.9
巴拿马	28.2	30.2	33.7	37.3	41.0	43.4	43.7	42.5	43.2	—
巴拉圭	18.6	21.3	21.0	19.3	19.2	19.6	18.3	18.2	18.3	19.1

拉丁美洲和加勒比经济发展分析与展望（2019）

续表

国家或地区	2009年	2010年	2011年	2012年	2013年	2014年	2015年	2016年	2017年	2018ᵇ年
秘鲁	20.9	23.5	24.3	26.3	26.2	25.1	22.5	20.7	20.4	20.5
乌拉圭	17.7	19.1	19.4	22.1	22.0	21.8	19.7	19.1	15.7	15.9
委内瑞拉	19.6	18.7	18.7	21.9	19.6	17.0	17.6	21.0	—	—

注：a. 根据官方数据，按2010年不变价格以美元表示；b. 初步数据。

资料来源：拉丁美洲和加勒比经济委员会官方数据。

附表4　2016～2018年拉丁美洲和加勒比地区国际收支

分表1

单位：百万美元

国家或地区	货物出口额（FOB）			服务出口额			货物进口额（FOB）			服务进口额		
	2016年	2017年	2018ᵃ年	2016年	2017年	2018ᵃ年	2016年	2017年	2018ᵃ年	2016年	2017年	2018ᵃ年
拉丁美洲和加勒比地区	896464	961212	—	154420	163867	—	893430	948908	—	198811	202724	—
拉丁美洲	882050	954588	1050311	141722	152320	158512	869832	933666	1044934	190118	196522	200487
加勒比	14415	6625	—	12697	11547	—	23598	15242	—	8693	6202	—
安提瓜和巴布达	85	208	87	951	931	971	443	554	501	468	437	456
阿根廷	57930	58446	61860	12801	14196	14621	53505	63993	62985	20992	24083	23119
巴哈马ᵇ	481	571	—	2930	2850	—	2632	3108	—	1814	1863	—
巴巴多斯	835	803	—	1249	1297	—	1792	1933	—	-161	-223	—
伯利兹ᵇ	443	458	—	526	581	—	916	846	—	216	241	—

续表

国家或地区	货物出口额（FOB）			服务出口额			货物进口额（FOB）			服务进口额		
	2016年	2017年	2018[a]年	2016年	2017年	2018[a]年	2016年	2017年	2018[a]年	2016年	2017年	2018[a]年
玻利维亚	7030	8105	9118	1245	1399	1447	7931	8621	8811	2858	3057	3270
巴西	184453	217243	238370	33300	34478	34185	139416	153215	183857	63747	68329	68329
智利	6073323	69230	77274	9452	10098	10129	55293	61308	70504	12732	13156	14053
哥伦比亚	3409159	39597	44982	7771	8382	8978	43239	44247	48451	11302	12524	13400
哥斯达黎加	10100	10808	11399	8537	8749	9364	14526	15150	15908	3427	3657	3813
多米尼克	26	22	21	255	212	103	188	174	200	126	134	110
多米尼加	9840	10121	10907	8309	8791	9369	17399	17700	19780	3370	3509	3644
厄瓜多尔	17425	19618	22287	2140	2300	3096	15858	19307	22396	3194	3294	3157
萨尔瓦多	4321	4662	4796	2556	2558	2793	8954	9499	10581	1773	1867	1864
格林纳达	38	35	38	555	549	578	315	370	399	238	231	242
危地马拉	10581	11100	11045	2784	2854	2854	15767	17110	18479	3026	3267	3408
圭亚那	1434	1042	—	166	31	—	1341	1027	—	447	62	—
海地	995	992	1072	607	566	571	3183	3618	4522	1014	1072	1072
洪都拉斯	7940	8675	8762	1269	1318	1346	10559	11324	12214	1732	1907	1971
牙买加	1195	1306	—	3218	3523	—	4169	5149	—	2167	2363	—
墨西哥	374304	409775	454850	24219	27668	29882	387369	420765	471239	33136	37463	38961
尼加拉瓜	3772	4143	3935	1394	1557	1495	6384	6613	6014	1000	1044	1033

拉丁美洲和加勒比经济发展分析与展望（2019）

续表

国家或地区	货物出口额（FOB）			服务出口额			货物进口额（FOB）			服务进口额		
	2016 年	2017 年	2018ᵃ 年	2016 年	2017 年	2018ᵃ 年	2016 年	2017 年	2018ᵃ 年	2016 年	2017 年	2018ᵃ 年
巴拿马	11687	12474	13988	12824	14002	14982	20699	22298	23748	4767	4663	4429
巴拉圭	11984	13546	14489	883	937	937	9789	11524	13260	1104	1210	1319
秘鲁	37082	45275	50396	6312	7394	7542	35128	38704	42863	8287	8828	9976
圣基茨和尼维斯	51	25	23	467	503	560	308	310	329	206	223	233
圣卢西亚	125	129	117	951	931	971	576	576	567	343	353	371
圣文森特和格林纳丁斯	47	—	—	239	—	—	295	—	—	119	—	—
苏里南	1440	2028	—	166	139	—	1202	1293	—	500	518	—
特立尼达和多巴哥	8214	—	—	1025	—	—	9422	—	—	2210	—	—
乌拉圭	10379	10778	10783	4156	5073	4920	8463	8671	9321	3336	3594	3666
委内瑞拉	27403	—	—	1163	—	—	16370	—	—	9322	—	—

分表 2

单位：百万美元

国家或地区	贸易余额			收益余额			经常转移余额			经常项目余额		
	2016 年	2017 年	2018ᵃ 年	2016 年	2017 年	2018ᵃ 年	2016 年	2017 年	2018ᵃ 年	2016 年	2017 年	2018ᵃ 年
拉丁美洲和加勒比地区	-41484	-26770	—	-133358	-140011	-147050	75563	83096	—	-98469	-84930	—
拉丁美洲	-36178	-23281	-36598	-130568	-140923	—	72897	78860	88017	-93850	-85344	-95631

国家或地区	贸易余额			收益余额			经常转移余额			经常项目余额		
	2016年	2017年	2018ᵃ年	2016年	2017年	2018ᵃ年	2016年	2017年	2018ᵃ年	2016年	2017年	2018ᵃ年
加勒比	-5306	-3489	—	-2196	-2024	—	2883	2393	—	-4619	-2971	—
安提瓜和巴布达	125	148	101	-109	-68	-72	-55	-46	-48	-39	34	-20
阿根廷	-3765	-15434	-9624	-12105	-16343	-16800	1176	453	1223	-14693	-31324	-25201
巴哈马ᵇ	-1034	-1552	—	-440	-365	—	316	-55	—	-1158	-1971	—
巴巴多斯	452	490	—	-237	-242	—	-421	-436	—	-206	-189	—
伯利兹ᵇ	-163	-48	—	-109	-155	—	108	72	—	-163	-131	—
玻利维亚	-2514	-2174	-1517	-621	-1107	-1200	1191	1268	1294	-1944	-2013	-1423
巴西	14590	30178	20368	-41219	-42615	-39000	2944	2632	2790	-23684	-9805	-15841
智利	2160	4863	2846	-7045	-10802	-13400	1385	1793	3405	-3499	-4146	-7148
哥伦比亚	-12679	-8793	-7892	-5225	-8394	-11229	5880	6596	7446	-12024	-10591	-11675
哥斯达黎加	684	750	1043	-2452	-2941	-3500	510	507	486	-1257	-1685	-1971
多米尼克	-33	-74	-187	-20	-11	1	57	286	45	5	202	-141
多米尼加	-2619	-2297	-3148	-3253	-3489	-3861	5058	5621	6457	-815	-165	-852
厄瓜多尔	513	-683	-171	-1845	-2354	2687	2654	2665	2315	1322	-372	-543
萨尔瓦多	-3850	-4145	-4855	-1229	-1448	-1503	4580	5092	5550	-500	-501	-808
格林纳达	40	-17	-25	-61	-104	-109	-12	-23	-25	-34	-144	-159

拉丁美洲和加勒比经济发展分析与展望（2019）

续表

国家或地区	贸易余额			收益余额			经常转移余额			经常项目余额		
	2016年	2017年	2018[a]年	2016年	2017年	2018[a]年	2016年	2017年	2018[a]年	2016年	2017年	2018[a]年
危地马拉	-5428	-6423	-7988	-1507	-1363	-1293	7959	8975	9783	1023	1189	501
圭亚那	-188	-161	—	-5	-15	—	320	102	—	-83	-246	-358
海地	-2595	-3132	-3951	48	54	53	2462	2832	3541	-83	-246	-358
洪都拉斯	-3082	-3238	-4078	-1508	-1635	-1636	4003	4493	4910	-587	-380	-804
牙买加	-1922	-2684	—	-570	-421	—	2389	2392	—	-103	-713	—
墨西哥	-21982	-20784	-25469	-28521	-27942	-28839	26527	29674	32790	-23977	-19053	-21518
尼加拉瓜	-2218	-1957	-1617	-357	-390	-300	1586	1653	1768	-989	-694	-149
巴拿马	-956	-485	792	-3559	-4331	-4400	-119	-125	-62	-4634	-4941	-3671
巴拉圭	1974	1749	847	-1474	-1216	-1155	775	823	806	1276	1356	498
秘鲁	-21	5137	5099	-9184	-11263	-12300	3967	3712	3616	-5239	-2414	-3584
圣基茨和尼维斯	4	-5	21	-84	-65	-67	-26	-17	-19	-102	-86	-64
圣文森特和格林纳丁斯	-127	—	—	-25	—	—	30	—	—	-122	—	—
圣卢西亚	30	57	122	-107	-121	-125	21	17	17	-57	-47	14
苏里南	-96	355	—	-176	-457	—	102	100	—	-170	-2	—
特立尼达和多巴哥	-2392	—	—	-258	—	—	53	—	—	-2598	—	—
乌拉圭	2735	3586	2716	-2594	-3342	-4000	183	197	199	324	441	-1085
委内瑞拉	2874	—	—	-6918	—	—	174	—	—	-3870	—	—

分表3

国家或地区	资本和金融项目余额[b]			国际收支余额			储备资产变化[c]			其他融资项目		
	2016年	2017年	2018[a]年	2016年	2017年	2018[a]年	2016年	2017年	2018[a]年	2016年	2017年	2018[a]年
拉丁美洲和加勒比地区	118023	107965	—	19554	19650	—	-19194	-20193	—	-136	581	—
拉丁美洲	113426	104206	99832	19576	18862	4202	-19379	-19414	-4399	-198	552	—
加勒比	4596	3759	—	-23	788	—	185	-779	—	62	29	—
安提瓜和巴布达	13	-51	44	-26	-16	24	26	16	-24	0	0	0
阿根廷	29004	45880	23134	14311	14556	-2067	-14311	-14556	2067	0	0	—
巴哈马[b]	1250	2485	—	92	513	—	-92	-513	—	0	0	—
巴巴多斯[b]	83	52	—	-123	-137	—	123	137	—	0	—	—
伯利兹[b]	104	64	—	-59	-67	—	59	67	—	0	0	—
玻利维亚	-1102	2001	-332	-3046	-12	-1755	3046	12	1755	0	0	—
巴西	32922	14898	27341	9237	5093	11500	-9237	-5093	-11500	0	0	—
智利	5605	1397	5835	1805	-2750	-1313	-1805	2750	1313	0	0	—
哥伦比亚	12189	11136	11543	165	545	-132	-165	-545	132	0	0	—
哥斯达黎加	1022	1266	1569	-235	-419	-402	235	419	402	0	0	—
多米尼克	91	-211	157	96	-10	16	-96	—	—	0	0	—
多米尼加	1707	894	1057	892	729	204	-780	-731	-204	-112	2	—
厄瓜多尔	-115	-1486	925	1207	-1859	382	-1763	1808	-382	556	51	—
萨尔瓦多	952	809	1250	453	308	442	-453	-308	-442	0	0	—
格林纳达	44	164	147	10	20	-12	0	—	—	10	20	-12

续表

国家或地区	资本和金融项目余额[b]			国际收支余额			储备资产变化[c]			其他融资项目		
	2016年	2017年	2018[a]年	2016年	2017年	2018[a]年	2016年	2017年	2018[a]年	2016年	2017年	2018[a]年
危地马拉	368	1377	87	1392	2566	588	-1392	-2566	-588	0	0	—
圭亚那	-181	-119	—	-53	-45	—	2	19	—	51	25	—
海地	164	273	159	81	27	-198	-142	-202	198	61	175	—
洪都拉斯	637	1265	642	50	885	-161	-66	-884	161	16	-1	—
牙买加	482	1197	—	379	484	0	-379	-468	0	0	-16	—
墨西哥	23841	14287	25630	-136	-4765	4112	136	4765	-4112	0	0	0
尼加拉瓜	933	994	-319	-57	300	-468	57	-300	468	0	0	—
巴拿马	5961	3644	2952	1327	-1296	-719	-609	971	719	-718	325	0
巴拉圭	-318	-479	-797	957	877	-298	-957	-877	298	0	0	—
秘鲁	5407	4043	-1614	168	1629	-5198	-168	-1629	5198	0	0	—
圣基茨和尼维斯	147	94	20	44	8	-44	0	-8	44	0	0	0
圣文森特和格林纳丁斯	142	—	-20	20	—	—	-20	—	—	—	—	—
圣卢西亚	43	62	—	-13	15	-5	13	-15	5	0	0	0
苏里南	248	23	—	78	21	—	-78	-21	—	0	0	—
特立尼达和多巴哥	2130	—	—	-467	—	—	467	—	—	0	—	—
乌拉圭	-2512	2007	769	-2189	2449	-316	2189	-2449	316	0	0	—
委内瑞拉	-2938	—	—	-6808	—	—	6808	—	—	0	—	—

注：a. 估计值；b. 包含错误和遗漏；c. 负号表示储备资产增加。

资料来源：拉丁美洲和加勒比经济委员会官方数据。

附表 5　2016～2018 年拉丁美洲和加勒比地区国际货物贸易（指数 2010＝100）

货物出口额（FOB）

国家或地区	值			量			单位价值		
	2016 年	2017 年	2018ᵃ 年	2016 年	2017 年	2018ᵃ 年	2016 年	2017 年	2018ᵃ 年
拉丁美洲	100.8	118.2	130.0	123.6	132.1	137.6	81.6	89.5	94.5
阿根廷	84.8	85.6	90.6	89.7	89.3	87.5	94.5	95.8	103.5
玻利维亚	109.8	126.6	142.4	127.8	124.7	124.7	85.9	101.5	114.2
巴西	91.6	107.9	118.4	115.9	124.0	129.6	79.0	87.0	91.3
智利	85.4	97.4	108.7	110.6	108.4	114.6	77.2	89.8	94.8
哥伦比亚	83.6	97.1	110.4	146.9	143.9	141.7	56.9	67.5	77.9
哥斯达黎加	134.8	144.2	152.1	126.9	134.4	139.1	106.2	107.3	109.4
多米尼加	144.4	148.5	160.0	109.0	108.5	113.4	132.5	136.9	141.2
厄瓜多尔	96.1	108.2	122.9	87.6	96.7	96.1	109.7	111.9	127.9
萨尔瓦多	124.4	134.2	138.1	119.0	127.2	128.4	104.5	105.6	107.5
危地马拉	124.0	130.0	129.4	139.9	141.1	141.3	88.6	92.2	91.6
海地	176.6	176.1	190.2	177.6	169.3	179.3	99.4	104.0	106.1
洪都拉斯	126.7	138.5	139.9	149.8	157.4	160.8	84.6	88.0	87.0
墨西哥	125.2	137.1	152.2	151.6	154.8	164.3	82.6	88.6	92.6
尼加拉瓜	138.4	152.0	144.4	136.7	147.1	141.0	101.2	103.3	102.4
巴拿马	92.2	98.4	110.4	94.4	98.8	108.6	97.7	99.6	101.6
巴拉圭	114.4	129.3	138.3	110.9	117.6	121.7	103.1	110.0	113.7
秘鲁	103.6	126.5	140.8	121.1	130.8	133.6	85.5	96.7	105.4
乌拉圭	129.2	134.2	134.3	130.2	143.8	134.4	99.3	93.3	99.9
委内瑞拉	41.0	—	—	69.5	—	—	59.0	—	—

续表

国家或地区	货物进口额（FOB）								
---	值			量			单位价值		
	2016年	2017年	2018ᵃ年	2016年	2017年	2018ᵃ年	2016年	2017年	2018ᵃ年
拉丁美洲	105.2	119.0	133.1	108.2	118.9	127.4	97.3	100.1	104.5
阿根廷	98.8	118.2	116.3	112.1	128.4	122.6	88.1	92.0	94.9
玻利维亚	141.9	154.2	157.6	93.9	99.8	97.8	151.1	154.6	161.2
巴西	76.3	83.8	100.6	85.0	89.8	101.6	89.7	93.3	98.9
智利	100.1	111.0	127.7	118.0	124.7	135.5	84.9	89.0	94.3
哥伦比亚	112.6	115.2	126.2	134.8	136.0	143.5	83.5	84.7	87.9
哥斯达黎加	131.6	137.2	144.1	124.0	127.9	129.0	106.1	107.3	111.7
多米尼加	114.4	116.4	130.0	94.4	88.7	93.5	121.2	131.2	139.0
厄瓜多尔	80.7	98.3	114.0	82.0	97.3	108.2	98.5	101.1	105.4
萨尔瓦多	119.5	126.7	141.2	115.0	126.9	134.5	103.9	99.9	104.9
危地马拉	123.1	133.6	144.3	116.6	130.9	136.1	105.6	102.1	106.0
海地	105.8	120.2	150.2	121.8	140.6	164.3	86.8	85.5	91.5
洪都拉斯	118.5	127.1	137.1	114.8	128.0	130.5	103.3	99.3	105.0
墨西哥	128.4	139.4	156.1	123.1	130.4	140.8	104.3	106.9	110.9
尼加拉瓜	141.5	146.5	133.3	124.4	134.0	115.3	113.7	109.3	115.6
巴拿马	120.2	129.5	137.9	124.8	138.7	142.8	96.3	93.4	96.6
巴拉圭	102.0	120.1	138.2	127.5	139.0	154.3	80.0	86.4	89.6
秘鲁	121.9	134.3	148.7	124.3	130.0	134.5	98.1	103.4	110.6
乌拉圭	98.9	101.1	108.9	117.1	117.4	119.7	84.5	86.3	91.0
委内瑞拉	39.2	—	—	42.1	—	—	93.1	—	—

注：a. 预估数据。

资料来源：拉丁美洲和加勒比经济委员会官方数据。

附表 6　2009～2018 年拉丁美洲和加勒比地区外国直接投资净额[a]

单位：百万美元

国家或地区	2009 年	2010 年	2011 年	2012 年	2013 年	2014 年	2015 年	2016 年	2017 年	2018[b] 年
拉丁美洲和加勒比地区	73264	114099	147254	150155	146512	143912	136673	130710	135935	—
安提瓜和巴布达	81	97	65	133	95	42	94	67	98	106
阿根廷	3306	10368	9352	14269	8932	3145	10884	1474	—	—
巴哈马	664	872	667	526	382	168	70	74	62	—
巴巴多斯	352	329	83	565	-62	—	—	—	—	—
伯利兹	108	95	95	193	92	138	59	31	25	—
玻利维亚	426	672	859	1060	1750	690	556	246	632	—
巴西	36033	61689	85091	81399	54744	71140	61200	64978	64417	—
智利	6622	6599	3898	9736	10937	10936	5026	4909	4595	—
哥伦比亚	4530	947	6227	15646	8557	12268	7505	9333	10324	—
哥斯达黎加	1340	1589	2328	1803	2401	2818	2541	2127	2583	—
多米尼克	42	43	35	59	23	14	23	32	-3	—
多米尼加	2165	2024	2277	3142	1991	2209	2205	2407	3570	—
厄瓜多尔	309	166	644	567	727	772	1322	767	618	—
萨尔瓦多	366	-226	218	466	179	306	396	348	792	—
格林纳达	103	60	43	31	113	58	89	91	105	—
危地马拉	574	782	1009	1205	1262	1282	1104	1068	1001	—

续表

国家或地区	2009 年	2010 年	2011 年	2012 年	2013 年	2014 年	2015 年	2016 年	2017 年	2018ᵇ 年
圭亚那	164	198	247	278	201	238	117	6	141	—
海地	57	178	119	156	162	99	106	105	375	—
洪都拉斯	505	971	1012	851	992	1315	952	900	1013	—
牙买加	480	169	144	411	631	584	921	564	857	—
墨西哥	8323	12961	12081	-948	34125	24185	24581	29312	26947	—
尼加拉瓜	463	475	929	704	665	790	905	835	816	—
巴拿马	1259	2363	2956	3254	3612	4130	3966	4652	4631	—
巴拉圭	71	462	581	697	245	412	308	371	456	—
秘鲁	6020	8189	7194	11710	9663	3640	8144	6560	6507	—
圣基茨和尼维斯	131	116	110	108	136	158	132	89	51	85
圣文森特和格林纳丁斯	110	97	86	115	160	108	48	90	—	—
圣卢西亚	146	121	81	74	92	53	86	117	118	115
苏里南	-93	-248	218	169	187	-283	101	173	154	—
特立尼达和多巴哥	709	549	-13	-2080	-1197	689	205	153	—	—
乌拉圭	1512	2349	2511	2175	2789	2512	827	-1117	-2207	—
委内瑞拉	-3613	-918	6110	1679	1928	-704	2204	—	—	—

注：a. 流入一国的外国直接投资减去该国居民的对外直接投资，包括再投资收益；b. 初步数据。

资料来源：拉丁美洲和加勒比经济委员会官方数据。

附表7 2009～2018年拉丁美洲和加勒比地区外债总额

单位：百万美元

国家或地区	类型	2009年	2010年	2011年	2012年	2013年	2014年	2015年	2016年	2017年	2018ᵃ年
拉丁美洲和加勒比地区[b,c]	—	921798	1112505	1243927	1380244	1512936	1688548	1699430	1770775	1873209	1898727
安提瓜和巴布达	公共	416	432	467	445	577	560	573	562	565	575
阿根廷	总额	149359	144653	156300	156478	155489	158742	167412	181170	234549	261483
巴哈马	公共	767	916	1045	1465	1616	2095	2176	2373	3234	3232
巴巴多斯	公共	1321	1366	1385	1322	1434	1563	1553	1535	1502	1447
伯利兹	公共	1017	1021	1032	1029	1083	1127	1177	1203	1256	1267
玻利维亚	总额	5801	3050	6553	6954	8078	8842	9796	10703	12687	12799
巴西	总额	333607	452780	516030	570831	621439	712655	665101	676647	667103	648996
智利	总额	72617	86570	100973	122668	136351	152135	160904	166974	181513	180447
哥伦比亚	总额	53779	64792	75622	78784	92073	101404	111927	120414	124481	126249
哥斯达黎加	总额	8276	9527	11286	15381	19629	21671	24030	25470	27142	28644
多米尼克	公共	222	232	238	263	275	287	285	270	271	261
多米尼加	公共	9375	11057	12761	13888	16132	17280	16928	17170	18124	21655
厄瓜多尔	总额	13514	13914	15210	15913	18744	24115	27813	34181	39994	42961
萨尔瓦多	总额	11307	11399	11858	13353	14035	14800	15217	16376	16006	16309
格林纳达	公共	512	528	535	535	618	634	613	602	535	543
危地马拉	总额	11248	12026	14021	15339	17826	20031	20885	21651	23178	22515

拉丁美洲和加勒比经济发展分析与展望（2019）

续表

国家或地区	类型	2009年	2010年	2011年	2012年	2013年	2014年	2015年	2016年	2017年	2018ᵃ年
圭亚那	公共	933	1043	1206	1358	1246	1216	1143	1162	1241	1250
海地	公共	1278	353	727	1126	1503	1875	1993	2019	2107	2134
洪都拉斯	总额	3365	3785	4208	4861	6709	7184	7456	7499	8600	8638
牙买加	公共	6594	8390	8626	8256	8310	8659	10314	10244	10103	9970
墨西哥	总额	160427	194766	210713	226492	259977	286624	298398	316177	335406	342585
尼加拉瓜	公共	6533	7286	8126	8957	9677	10132	10543	11025	11515	11728
巴拿马	公共	10150	10439	10858	10782	12231	14352	15648	16689	18390	19629
巴拉圭	总额	3177	3713	3970	4563	4780	5839	6197	6540	7585	8046
秘鲁	总额	35157	43674	47977	59376	60823	69215	73274	74645	76894	75267
圣基茨和尼维斯	公共	325	296	320	317	320	284	214	195	157	162
圣文森特和格林纳丁斯	公共	262	313	328	329	354	387	399	455	424	444
圣卢西亚	公共	373	393	417	435	488	526	509	529	610	607
苏里南	公共	269	334	601	707	878	942	1156	1870	2046	2012
特立尼达和多巴哥	公共	1849	2032	2191	1934	2474	2473	2489	3454	3831	3662
乌拉圭	总额	17969	18425	18345	36104	37767	40898	43311	39970	41160	43191
委内瑞拉	总额	84602	102354	118285	130785	132362	135767	138869	—	—	—

注：a. 初始数据；b. 外债总额包括IMF借款；c. 不包括委内瑞拉。

资料来源：拉丁美洲和加勒比经济委员会官方数据。

附表 8　2009～2018 年拉丁美洲和加勒比地区国际储备总额

单位：百万美元

国家或地区	2009 年	2010 年	2011 年	2012 年	2013 年	2014 年	2015 年	2016 年	2017 年	2018ᵃ 年
拉丁美洲和加勒比地区	566282	656118	771019	834207	829112	857144	911729	830956	859326	857344
拉丁美洲	552275	640130	753915	818328	812889	838882	794866	814069	842692	841896
阿根廷	47967	52145	46376	43290	30599	31443	25563	38772	55055	52988
玻利维亚	8580	9730	12019	13927	14430	15123	13056	10081	10261	8506ᵇ
巴西	238520	288575	352012	373147	358808	363551	356464	365016	373972	381168
智利	24946	26977	39210	39954	40002	39957	38459	39883	38708	37395ᵇ
哥伦比亚	25365	28464	32303	37474	43639	47328	46740	46683	47637	47506ᵇ
哥斯达黎加	4066	4627	4756	6857	7331	7211	7834	7574	7150	6748
多米尼加	3307	3765	4098	3559	4701	4862	5266	6047	6781	6985ᵇ
厄瓜多尔ᶜ	3792	2622	2958	2483	4361	3949	2496	4259	2451	2833
萨尔瓦多	2985	2882	2503	3175	2745	2693	2787	3238	3567	4009ᵇ
危地马拉ᶜ	5213	5954	6188	6694	7273	7333	7751	9160	11770	12357ᵇ
海地	733	1284	1344	1337	1690	1163	977	1105	1258	1199ᵈ
洪都拉斯	2174	2775	2880	2629	3113	3570	3874	4100	5012	4850ᵉ
墨西哥	99893	120587	149209	167050	180200	195682	177597	178025	175450	179562
尼加拉瓜	1490	1708	1793	1778	1874	2147	2353	2296	2583	2125ᵉ
巴拿马	3222	2561	2234	2441	2775	3994	3911	4511	3531	2812ᶠ
巴拉圭	3861	4168	4984	4994	5871	6891	6200	7144	8146	7847ᵇ

拉丁美洲和加勒比经济发展分析与展望（2019）

续表

国家或地区	2009年	2010年	2011年	2012年	2013年	2014年	2015年	2016年	2017年	2018ᵃ年
秘鲁	33175	44150	48859	64049	65710	62353	61537	61746	63731	58533[b]
乌拉圭	7987	7656	10302	13605	16290	17555	15634	13436	15959	15643
委内瑞拉	35000	29500	29889	29887	21478	22077	16367	10992	9662	8829
加勒比	14007	15988	17104	15879	16223	18262	16863	16887	16634	15448
安提瓜和巴布达ᶜ	108	136	147	161	202	297	356	330	314	339[g]
巴哈马	816	861	892	812	740	787	808	902	1408	1440[f]
巴巴多斯ᶜ	563	575	587	630	516	467	434	315	197	217[h]
伯利兹	210	216	242	289	402	483	432	371	306	284[g]
多米尼克ᶜ	64	66	75	92	85	100	125	221	211	226[g]
格林纳达ᶜ	112	103	106	104	135	158	189	201	195	193[g]
圭亚那	628	780	798	862	777	666	599	616	584	453[e]
牙买加	1752	2979	2820	1981	1818	2473	2914	3291	3781	3460[b]
圣基茨和尼维斯ᶜ	123	157	233	252	291	318	280	313	357	356[g]
圣卢西亚ᶜ	151	184	192	208	168	235	298	2889	307	295[g]
圣文森特和格林纳丁斯ᶜ	75	111	88	109	133	156	165	191	180	174[g]
苏里南	659	639	941	1008	779	625	330	381	424	547[b]
特立尼达和多巴哥ᶜ	8746	9181	9983	9371	10176	11497	9933	9466	8370	7465[e]

注：a. 数据截至 11 月；b. 数据截至 10 月；c. 净国际储备；d. 数据截至 2 月；e. 数据截至 9 月；f. 数据截至 8 月；g. 数据截至 6 月；h. 数据截至 7 月。

资料来源：拉丁美洲和加勒比经济委员会官方数据。

附表 9 2009~2018 年拉丁美洲和加勒比地区消费者价格指数年度变化率

单位：%

国家或地区	2009年	2010年	2011年	2012年	2013年	2014年	2015年	2016年	2017年	2018[a]年
拉丁美洲和加勒比地区[b]	4.6	6.5	6.8	5.7	7.5	9.4	16.5	—	—	—
拉丁美洲和加勒比地区[c]	3.5	5.4	5.8	4.9	5.0	6.3	7.9	7.3	5.6	7.0
安提瓜和巴布达	2.4	2.9	4.0	1.8	1.1	1.3	0.9	-1.1	2.4	1.3[g]
阿根廷[d]	7.7	10.9	9.5	10.8	10.9	23.9	27.5	38.5	25.0	45.5
巴哈马	1.3	1.4	3.2	0.7	0.8	0.2	2.0	0.8	1.8	3.4[f]
巴巴多斯	4.4	6.5	9.6	2.4	1.1	2.3	-2.3	3.8	6.6	5.5[g]
伯利兹	-0.4	0.0	2.6	0.8	1.6	-0.2	-0.6	1.1	1.0	0.6[g]
玻利维亚	0.3	7.2	6.9	4.5	6.5	5.2	3.0	4.0	2.7	1.3
巴西	4.3	5.9	6.5	5.8	5.9	6.4	10.7	6.3	2.9	4.6
智利	-1.4	3.0	4.4	1.5	3.0	4.6	4.4	2.7	2.3	2.9
哥伦比亚	2.0	3.2	3.7	2.4	1.9	3.7	6.8	5.7	4.1	3.3
哥斯达黎加	4.0	5.8	4.7	4.5	3.7	5.1	-0.8	0.8	2.6	2.0
古巴[e]	-0.1	1.5	1.3	2.0	0.0	2.1	2.4	-3.0	0.6	2.0
多米尼克	3.2	2.3	1.3	3.4	-0.4	0.5	-0.5	0.6	0.6	1.0[g]
多米尼加	5.7	6.3	7.8	3.9	3.9	1.6	2.3	1.7	4.2	3.5
厄瓜多尔	4.3	3.3	5.4	4.2	2.7	3.7	3.4	1.1	-0.2	0.3
萨尔瓦多	-0.2	2.1	5.1	0.8	0.8	0.5	1.0	-0.9	2.0	1.4[f]
格林纳达	-2.3	4.2	3.5	1.8	-1.2	-0.6	1.1	0.9	0.5	0.4[g]

拉丁美洲和加勒比经济发展分析与展望（2019）

续表

国家或地区	2009 年	2010 年	2011 年	2012 年	2013 年	2014 年	2015 年	2016 年	2017 年	2018ᵃ 年
危地马拉	-0.3	5.4	6.2	3.4	4.4	2.9	3.1	4.2	5.7	4.3
圭亚那	3.6	4.5	3.3	3.4	0.9	1.2	-1.8	1.4	1.5	0.6ʰ
海地	2.0	6.2	8.3	7.6	3.4	6.4	12.5	14.3	13.3	14.1ᶠ
洪都拉斯	3.0	6.5	5.6	5.4	4.9	5.8	2.4	3.3	4.7	4.7
牙买加	10.2	11.8	6.0	8.0	9.7	6.2	3.7	1.7	5.2	4.7
墨西哥	3.6	4.4	3.8	3.6	4.0	4.1	2.1	3.4	6.8	4.9
尼加拉瓜	1.8	9.1	8.6	7.1	5.4	6.4	2.9	3.1	5.7	4.8
巴拿马	1.9	4.9	6.3	4.6	3.7	1.0	0.3	1.5	0.5	1.1
巴拉圭	1.9	7.2	4.9	4.0	3.7	4.2	3.1	3.9	4.5	4.1
秘鲁	0.2	2.1	4.7	2.6	2.9	3.2	4.4	3.2	1.4	1.8
圣基茨和尼维斯	1.2	4.3	2.0	0.5	0.6	-0.5	-2.4	0.0	0.8	-0.8ᵍ
圣文森特和格林纳丁斯	-1.6	0.9	4.7	1.0	0.0	0.1	-2.1	1.0	3.0	2.4ᵍ
圣卢西亚	-3.1	4.2	4.8	5.0	-0.7	3.7	-2.6	-2.8	2.0	1.9ᵍ
苏里南	1.3	10.3	15.3	4.4	0.6	3.9	25.2	49.2	10.0	6.8ᶠ
特立尼达和多巴哥	1.3	13.4	5.3	7.2	5.6	8.5	1.5	3.1	1.3	1.0ᶠ
乌拉圭	5.9	6.9	8.6	7.5	8.5	8.3	9.4	8.1	6.6	8.0
委内瑞拉ᵉ	25.1	28.2	27.6	20.1	56.2	68.5	180.9	—	—	—

注：a. 截至 2018 年 10 月年度变化率；b. 加权平均；c. 加权平均，不包括委内瑞拉；d. 从 2017 年开始对大布宜诺斯艾利斯的数据进行合并，以便进行年度比较；e. 本国货币市场；f. 截至 2018 年 8 月年度变化率；g. 截至 2018 年 6 月年度变化率；h. 截至 2018 年 3 月年度变化率。

资料来源：拉丁美洲和加勒比经济委员会官方数据。

分表1

单位：百万美元

国家或地区	2014年			2015年			2016年		
	进出口额	出口额	进口额	进出口额	出口额	进口额	进出口额	出口额	进口额
全球	4301527.34	2342292.70	1959234.64	3953032.72	2273468.22	1679564.50	3685557.41	2097631.19	1587926.22
拉丁美洲	263277.53	136223.56	127053.97	235893.25	132096.61	103796.64	217007.36	113936.14	103071.23
安提瓜和巴布达	172.40	172.36	0.04	53.08	53.07	0.01	133.49	133.45	0.04
阿根廷	12926.77	7679.83	5246.94	14522.58	8805.11	5717.48	12321.8	7203.7	5118.1
阿鲁巴岛	237.86	53.58	184.28	48.28	48.28	0.01	25.67	25.29	0.38
巴哈马	743.06	742.87	0.19	1609.74	1585.37	24.37	411.16	359.56	51.6
巴巴多斯	86.26	71.46	14.80	84.03	65.20	18.83	91.07	72.43	18.46
伯利兹	103.13	95.86	7.27	80.28	78.50	1.79	90.93	89.99	0.94
玻利维亚	1198.51	705.94	492.57	1012.67	568.85	443.83	936.64	610.55	326.09
博内尔	47.43	0.29	47.14	0.35	0.35	0.00	0.67	0.67	0.00
巴西	86543.36	34890.13	51653.24	71501.58	27412.23	44089.36	67834.32	21979.27	45855.05
开曼群岛	8.46	8.46	0.00	60.95	60.94	0.00	169.12	169.11	0.02
智利	34003.38	13017.50	20985.88	31729.29	13290.32	18438.96	31411.71	12806.74	18604.96
哥伦比亚	15642.22	8043.33	7598.89	11125.93	7580.79	3545.14	9300.75	6756.12	2544.63
多米尼克	37.61	37.04	0.57	31.41	30.76	0.65	34.75	33.77	0.99
哥斯达黎加	5295.81	1109.54	4186.27	2156.64	1330.68	825.96	2192.71	1495.3	697.41

拉丁美洲和加勒比经济发展分析与展望（2019）

续表

国家或地区	2014年			2015年			2016年		
	进出口额	出口额	进口额	进出口额	出口额	进口额	进出口额	出口额	进口额
古巴	1395.48	1062.47	333.01	2216.38	1886.37	330.00	2056.86	1783.11	273.75
库拉索岛	25.65	25.63	0.02	27.75	27.61	0.14	23.15	23.15	0.003
多米尼加	1547.43	1273.63	273.80	1765.44	1557.43	208.01	1697.47	1567.21	130.26
厄瓜多尔	4309.43	3245.14	1064.51	4129.87	2891.42	1238.45	3197.95	2258.03	939.92
法属圭亚那	12.95	12.94	0.01	14.44	14.44	0.01	13.14	13.14	0.05
格林纳达	14.87	14.86	0.01	9.94	9.93	0.01	13.14	13.14	0.05
瓜德罗普岛	36.53	36.51	0.02	33.17	33.16	0.00	33.59	33.58	0.01
危地马拉	1918.68	1867.28	51.40	2253.77	2052.66	201.10	1955.67	1855.61	100.07
圭亚那	207.51	167.29	40.22	208.32	158.95	48.37	206.62	178.36	28.26
海地	406.21	391.38	14.83	444.69	434.22	10.47	460.42	454.03	6.39
洪都拉斯	848.20	686.54	161.66	889.28	853.79	35.49	748.52	720.67	27.85
牙买加	560.56	523.04	37.52	656.68	625.37	31.31	521.87	506.14	15.73
马提尼克岛	24.40	24.38	0.02	24.56	24.55	0.01	23.66	23.64	0.02
墨西哥	43428.80	32255.39	11173.41	43819.27	33791.76	10027.52	42692.16	32367.42	10324.74
蒙特塞拉特岛	0.43	0.42	0.01	0.50	0.49	0.01	0.35	0.34	0.01
尼加拉瓜	611.50	568.13	43.37	700.98	666.25	34.73	642.1	624.21	17.89
巴拿马	9434.88	9307.39	127.49	8834.10	8518.88	315.21	6381.74	6344.09	37.65

国家或地区	2014年			2015年			2016年		
	进出口额	出口额	进口额	进出口额	出口额	进口额	进出口额	出口额	进口额
巴拉圭	1451.87	1396.24	55.63	1309.75	1267.97	41.78	1192.09	1169.71	22.38
秘鲁	14241.72	6100.85	8140.87	14304.89	6354.97	7949.92	15482.37	5991.56	9490.81
波多黎各	2040.22	1036.70	1003.52	1649.33	765.35	883.98	1271.15	596.16	674.99
萨巴	0.10	0.10	0.00	0.08	0.08	0.00	0.06	0.06	0.00
圣卢西亚	29.94	29.90	0.04	18.36	18.29	0.07	16.99	16.95	0.04
圣马丁岛	5.98	5.98	0.00	12.69	12.69	0.00	6.82	6.82	0.00
圣文森特和格林纳丁斯	37.29	37.29	0.00	37.17	37.12	0.05	17.54	17.48	0.06
萨尔瓦多	612.37	601.89	10.48	780.45	726.69	53.76	818.16	772.33	45.83
苏里南	229.54	176.87	52.67	250.05	199.21	50.85	166.03	136.73	29.29
特立尼达和多巴哥	528.71	427.98	100.73	517.52	478.31	39.21	521.30	346.36	174.94
特克斯和凯科斯群岛	1.10	1.09	0.01	0.75	0.75	0.00	0.91	0.91	0.00
乌拉圭	5087.58	2458.48	2629.09	4371.11	1960.57	2410.54	3721.36	1773.25	1948.10
委内瑞拉	16977.48	5657.42	11320.06	12093.49	5315.77	6777.71	8082.36	2519.54	5562.82
英属维尔京群岛	114.98	114.97	0.01	424.19	424.18	0.01	37.14	37.13	0.01
圣基茨和尼维斯	27.09	26.66	0.43	11.19	10.85	0.34	4.65	4.20	0.44
圣皮埃尔和密克隆	—	—	—	0.12	0.12	0.00	0.01	0.01	0.00
荷属安的列斯群岛	59.89	59.89	0.01	63.84	63.68	0.16	49.47	49.37	0.10
其他	1.68	0.62	1.06	2.39	2.32	0.07	1.56	1.56	0.00

拉丁美洲和加勒比经济发展分析与展望（2019）

分表 2

单位：百万美元

国家或地区	2017年			2018年		
	进出口额	出口额	进口额	进出口额	出口额	进口额
全球	4105217	2263329	1841888	4623040	2487400	2135640
拉丁美洲	257848.86	130826.48	127022.38	307402.78	148790.99	158611.79
安提瓜和巴布达	45.23	45.22	0.01	55.48	55.43	0.05
阿根廷	13808.92	9067.15	4741.77	11939.28	8418.29	3520.99
阿鲁巴巴岛	24.30	24.29	0.01	32.40	32.37	0.03
巴哈马	299.49	278.49	21.01	32.40	32.37	0.03
巴巴多斯	132.57	107.80	24.77	158.02	136.74	21.28
伯利兹	87.64	87.23	0.41	92.53	92.28	0.25
玻利维亚	1083.60	729.02	354.58	1167.03	836.16	330.87
博内尔	1.12	1.12	0.00	0.64	0.64	0.00
巴西	87542.4	28957.14	58585.26	111180.83	33668.78	77512.05
开曼群岛	256.98	256.97	0.01	101.32	101.18	0.14
智利	35394.97	14413.44	20981.53	42749.52	15875.57	26873.94
哥伦比亚	11304.11	7440.06	3864.05	14603.89	8718.38	5885.50
多米尼克	49.83	49.13	0.70	—	—	—
哥斯达黎加	2286.69	1495.06	791.63	2440.12	1662.75	777.37
古巴	1758.90	1360.91	397.99	1555.62	1075.64	479.99

国家或地区	2017 年			2018 年		
	进出口额	出口额	进口额	进出口额	出口额	进口额
库腊索岛	29.69	29.69	0.01	41.08	41.06	0.02
多米尼加	1871.55	1703.88	167.67	2288.96	2108.43	180.53
厄瓜多尔	4085.86	2962.72	1123.15	5711.40	3718.18	1993.22
法属圭亚那	16.05	15.84	0.21	14.00	13.86	0.14
格林纳达	10.71	10.70	0.01	13.15	13.15	0.00
瓜德罗普岛	37.55	37.54	0.01	42.62	42.61	0.01
危地马拉	2065.84	1959.03	106.80	2419.68	2333.22	86.46
圭亚那	227	188.62	38.38	265.12	222.03	43.08
海地	540.12	532.52	7.61	623.39	615.89	7.50
洪都拉斯	868.83	844.90	23.03	1036.09	987.73	48.35
牙买加	564.69	516.72	47.97	659.57	583.29	76.28
马提尼克岛	27.22	27.16	0.06	22.31	22.29	0.02
墨西哥	47673.35	35899.75	11773.6	58057.07	44014.51	14042.56
蒙特塞拉特岛	0.27	0.22	0.02	0.34	0.34	0.00
尼加拉瓜	652.50	624.15	28.36	579.73	473.99	105.74
巴拿马	6690.52	6628.49	62.04	7020.80	6939.05	81.75
巴拉圭	1593.78	1560.76	33.02	1711.25	1671.05	40.20
秘鲁	20152.76	6957.81	13194.95	23109.91	8066.45	15043.47

续表

国家或地区	2017 年			2018 年		
	进出口额	出口额	进口额	进出口额	出口额	进口额
波多黎各	1093.94	597.82	496.12	1776.09	882.99	893.11
萨巴	0.01	0.01	0.00	0.01	0.01	0.00
圣卢西亚	18.97	15.92	0.06	18.92	18.86	0.06
圣马丁岛	9.55	9.55	0.00	13.21	13.21	0.00
圣文森特和格林纳丁斯	42.24	41.79	0.44	37.19	36.96	0.23
萨尔瓦多	888.87	772.51	116.37	1091.62	927.19	164.43
苏里南	203.78	177.55	26.23	267.89	214.86	53.03
特立尼达和多巴哥	612.22	429.88	182.35	732.50	347.06	385.44
特克斯和凯科斯群岛	2.72	2.71	0.00	3.01	3.01	0.00
乌拉圭	4802.64	2152.25	2650.39	4620.39	2064.88	2555.50
委内瑞拉	8921.46	1746.56	7174.91	8539.66	1145.84	7393.82
英属维尔京群岛	11.95	11.84	0.11	36.84	36.82	0.02
圣基茨和尼维斯	9.39	8.69	0.70	—	—	—
圣皮埃尔和密克隆	0.07	0.04	0.03	0.02	0.02	0.00
荷属安的列斯群岛	44.31	44.26	0.05	28.76	28.64	0.12
其他	4.54	1.47	3.07	3.31	3.28	0.03

资料来源：2014~2016 年数据来自 2015 年至 2017 年《中国统计年鉴》，中国统计出版社出版；2017~2018 年数据来自中国海关总署。

图书在版编目（CIP）数据

拉丁美洲和加勒比经济发展分析与展望.2019／陈
朝先，刘学东主编. -- 北京：社会科学文献出版社，
2020.12

ISBN 978 - 7 - 5201 - 7430 - 5

Ⅰ.①拉…　Ⅱ.①陈…②刘…　Ⅲ.①经济分析 - 拉
丁美洲 - 2019②经济展望 - 拉丁美洲 - 2019　Ⅳ.①F173

中国版本图书馆 CIP 数据核字（2020）第 190535 号

拉丁美洲和加勒比经济发展分析与展望（2019）

主　　编／陈朝先　刘学东

出 版 人／王利民
组稿编辑／张晓莉
责任编辑／邓　翃

出　　版／社会科学文献出版社·国别区域分社（010）59367078
　　　　　　地址：北京市北三环中路甲 29 号院华龙大厦　邮编：100029
　　　　　　网址：www.ssap.com.cn
发　　行／市场营销中心（010）59367081　59367083
印　　装／三河市尚艺印装有限公司

规　　格／开 本：787mm × 1092mm　1/16
　　　　　　印 张：17.25　字 数：251 千字
版　　次／2020 年 12 月第 1 版　2020 年 12 月第 1 次印刷
书　　号／ISBN 978 - 7 - 5201 - 7430 - 5
定　　价／128.00 元

本书如有印装质量问题，请与读者服务中心（010 - 59367028）联系